中國史學基本典籍叢刊

皇宋中興兩朝聖政輯校

二

〔宋〕佚名撰
孔學輯校

中華書局

增入名儒講義皇宋中興聖政卷之三

高宗皇帝三

建炎二年春正月丙戌朔，上在揚州。

丁亥〔一〕，詔略曰：「河東、河北郡縣自太原、真定失守之後，皆困攻圍，官吏軍民，誓以死守。在昔兵火之際，有一城固守不下，則褒載信史，誇耀後世。今數千里之廣，億萬之衆，無一人忍負國者，忠義之俗，前古未有。訪聞失職之吏、失次之軍、失業之民渡河東南者，未有所歸，其令帥臣、監司，悉心措置，分布收係。」

恤兩河官吏軍民

臣留正等曰：親之於子也，有無窮之恩，故子之愛親也亦無窮；君之於民也，有無窮之德，故民之戴君也亦無窮。舜、禹之民，謳歌獄訟者皆歸，非私於舜、禹也，私其德也。國家一祖八宗，聖聖相承，深仁厚澤，固結民心。兩河千里之廣，億萬之衆，遭罹兵禍，所以寧忘死以扞賊〔二〕，而不忍偷生以負君。聖詔失職之吏，失次之軍，失業之民，皆在所恤，則其德愈厚而民之戴之也愈固，雖其地未即歸版圖，臣知民心之猶在，恢復之功無難矣。

劉汲死鄧州

戊子，金女真萬户銀朱陷鄧州〔三〕，轉運副使劉汲攝守事，虜大至〔四〕，汲死之。

壬辰，知鎮江府錢伯言奏：「已依處分，螺鈿椅卓於市中焚毀，萬姓觀者，莫不悦服。」上曰：「朕早來語御史張浚：還淳返樸，須人主以身先之，天下自然向化。」

併榷務茶場

詔併真州榷貨務、都茶場于揚州，以行在務場爲名，以黄潛厚言真州地近行在，而兩處給鈔非便故也。

宗澤擊退金人

金人犯東京〔五〕，至白沙鎮，留守宗澤遣兵擊却之。

復明法科

癸巳，復置明法科，嘗得解或被貢人，許就試。

籍記贓吏

乙未，詔：「自今犯枉法自盜贓人，令中書省籍記姓名，罪至徒者，永不敘用。按察官失於舉劾者，並取旨科罪，不以去官原免。」時議者以爲崇、觀以來，贓吏甚衆，其害民甚於盜賊，故條約之。

婁宿陷長安

唐重等死長安

戊戌，婁宿陷長安〔六〕，守臣京兆府路經略使唐重死之，陝府西路轉運副使桑景詢、判官曾謂、京兆府路提點刑獄公事郭忠孝、經略司主管機宜文字王尚及其子建中，與馬步軍副總管楊宗閔皆死，提舉軍馬陳迪猶率餘衆巷戰，嘔血誓衆，虜大入〔七〕，死之。忠孝，逵子，嘗事程頤，授其易與中庸學。

孫昭遠死河南府

己亥，河南尹孫昭遠爲叛兵所殺。

葉夢得提舉江州太平觀，坐守杭州軍變故也。

賜乾順詔

庚子，主客員外郎謝亮持詔書賜夏國主乾順，何澤爲太學博士偕行。

宗澤再敗虜

虜遊騎至京城下〔八〕，見宗澤不之備，疑不敢入。是日，統制官劉衍與虜遇於板橋〔九〕，敗之，追擊至滑州，又敗之，虜引去。

邵成章以言汪黃竄

辛丑，入内内侍省押班邵成章除名，南雄州編管。時金人攻掠陝西，京東諸郡，而群盜起山東。黃潛善、汪伯彦皆蔽匿不以奏。及張遇焚真州，去行在六十里，上亦不聞。成章上疏條具潛善、伯彦之罪曰：「必誤國。」上怒，故有是命也。

臣留正等曰：自古人君求言之路至廣也，上自公卿百執，下逮芻蕘庶人，惟宦官、女子不與焉〔一〇〕，豈以其皆無能言者歟？直以其非所當言爾。非所當言而言，借曰有益，已爲非宜，況其未必有益，而常至於黨邪害正者乎？唐明皇時，雲南數喪師，邊將擁兵太盛，在朝之臣無一敢言，高力士一日獨爲明皇言之，可謂切矣，而論者猶以爲朝廷無賢，百官失職，而至於宦者言天下事，蓋深爲明皇不取也。邵成章言大臣之失，未必非衆人之所難言者，太上皇帝謂祖宗以來所未有，蓋以爲非所當言而言，故斷然竄黜之，可謂深得聽言之道矣。且内侍毁大臣，固在所當責，而其輒爲之譽者，亦豈免妄言之罪？或毁或譽，俱不由於左右近習，而以至明來天下之公論，不亦善乎？

劉豫之始

劉豫，阜城人，世爲農，至豫始舉進士。中書侍郎張慤與豫有舊，力薦於朝，除知濟南府。時山東盜起〔一一〕，豫欲易東南一郡，而執政皆拒之，豫痛憾而去。

趙伯振死鄭州

金人陷鄭州〔一二〕，通判州事趙伯振率兵巷戰，爲流矢所中，墜馬，虜剖其腹而殺之〔一三〕。

周中韓浩死濰州

癸卯，金人陷濰州〔一四〕。時右副元帥宗輔引兵犯山東〔一五〕，而京東無帥，朝議大夫周中世居濰州，獨不肯去，率家人乘城拒守，中弟辛盡散其財以享

陸有常等死臨淄

張侃死益都

丁興宗死千乘縣

戰士，城陷，中闔門百口皆死，守臣韓浩亦遇害。浩，琦孫也。宗輔又陷青州，知臨淄縣陸有常率民兵拒守，死於陣。知益都縣張侃、知千乘縣丞丁興宗亦死。

論擇郡守

宗澤披心動人

甲辰，知壽春府康允之奏丁進解圍，上謂輔臣曰：「此郡守得人之效也。卿等六人，宜廣詢人才，若人得二人，則列郡便得十餘守稱職。然須參議，不可徇私。」尋遷允之直龍圖閣。時進既受閤門宣贊舍人、京城外巡之命，遂引所部屯京城，往參留守宗澤。將士疑其非真，主管侍衛步軍司公事閭勍等請以甲士陰衛，澤曰：「正當披心待之，雖木石可使感動，況人乎？」及進至，澤拊勞甚至，待之如故吏，進等感服。翌日，請澤詣其壁，澤許之不疑，進益懷感畏。後其黨有陰謀以亂京師者，進自擒殺之。

詔招安群盜

丁未，詔曰：「凡今日奪攘縱暴之侶，皆異時忠義向方之人，白日照臨，明爾遷善之意；皇天覆燾，監予止殺之誠。應盜賊能回心易慮、散歸田野，或失業不能自還者，令所在官司條具以聞，朕當區處。其日前罪犯，一切不問。」

臣留正等曰：民流散而至於奪攘，皆非其本心，苟生朝夕，失計而爲之也。從而殲之，不爲無罪，要非先有以化誨而使之自新，聖人不忍遽絶之也。斯詔之頒，勉其遷善之意，諭以止殺之誠，丁寧懇惻，亦云至矣。昔周之於頑民，勿庸殺而姑教之，且曰：「我惟一人，弗恤弗蠲，乃事時同于殺。」蓋言民爲亂而我不哀恤之，不蠲潔之。雖民以罪致死，與我殺之何異？周之待頑民如此，卒能致其保受，威命明德，同於友民，忠厚之風，詩人歌之。竊讀斯詔〔一六〕，豈非所謂忠厚之至歟？

宗澤請還京

東京留守宗澤復奉表請上還京師，且曰：「京師乃太祖大一統之本根，薄海内外，莫不率俾之地，陛下奈何不念四海生靈，切切徯后之意，乃偏聽姦邪之言，托爲時巡，駐蹕淮甸；不思二帝蒙塵，朝夕懷迎取之志，陵寢園廟，久缺祭祀。願陛下以祖宗二百年基業爲意，早敕回鑾，則天下皆知一人來歸，盜賊屏息，夷狄鑠謀〔一七〕。」

詔罷編籍指揮

辛亥，詔曰：「近緣臣僚論列，乞以崇寧以來無狀之人，編爲一籍。已降旨揮，候諫官、御史具到，令三省、樞密院參酌施行。然念才行難於兼全，一眚不可終廢，當宏大度，咸俾圖新。除參酌到罪惡深重，不可復用人外，並許隨材選任。如顯有蹟效，可以補前行之失者，因事奏陳，特與湔洗，仍許擢用。」

王淵招降張遇

兩浙制置使王淵招賊張遇，降之，得其軍萬人，隸世忠。

后族不任侍從

壬子，顯謨閣直學士、提舉醴泉觀孟忠厚爲常德軍承宣使，用臺諫、給舍六章論列也。仍詔后族自今不得任侍從官，著爲令。

臣留正等曰：臣聞章獻明肅太后垂簾時，外戚馬季良爲待制。仁祖親政，於明肅之政無大變更，獨季良即日易武弁，以爲祖宗之制，不可以私恩廢也。太上皇帝奉隆祐太后至矣，而不敢抑言者以私忠厚。嗚呼！此我宋家法，萬世所當守也。

行入中法

詔以京師乏糧，出榷貨務錢五十萬緡付留守司，召江淮、兩浙商人入中。

魏祐論汪黄

癸丑，太學生魏祐上書論黄潛善、汪伯彦誤國十罪〔一八〕，不報。

孫默死潁昌

金人陷潁昌府〔一九〕，守臣孫默爲所殺。

二月乙卯朔，言者請令群臣入對，其所得上語，除機密外，關治體者，悉録付史官。從之。

不許報天文

丙辰，詔太史局天文，自今除報御前外，並不許報諸處。

金虜再犯東京　閻中立戰死　宗澤戮李景良等

虜再犯東京〔二〇〕，宗澤遣統制官李景良、閻中立、統領官郭俊民等領兵萬餘趨滑、鄭，遇虜大戰〔二一〕，爲虜所乘，中立死之，俊民降虜。景良以無功遁去，澤捕得，謂曰：「勝負兵家之常，不勝而歸，罪猶可恕，私自逃遁，是無主將也。」即斬之。既而俊民與虜將史姓者及燕人何祖仲直抵八角鎮，都巡檢使丁進與之遇，生獲之。虜令俊民持書招澤，澤謂俊民曰：「汝失利就死，尚爲忠義鬼。今乃爲虜遊説，何面目見人邪？」捽而斬之。謂史虜〔二二〕：「上屯重兵近甸，我留守也，有死而已，何不以死戰我，而反以兒女語脅我邪？」又斬之。謂祖仲：「本吾宋人，脅從而來，豈出得已？」解縛而縱之。諸將皆服。

罷市易務存抵當庫

癸亥，罷在京及諸路市易務，以其錢輸左藏庫，惟抵當庫仍舊。

宗澤與虜争滑州

甲子，金人犯滑州〔二三〕，東京留守宗澤聞之，謂諸將曰：「滑，衝要必争之地，失之則京城危矣。不欲再勞諸將，我當自行！」果州防禦使張撝曰：「願效死。」澤大喜，即以鋭卒五千授之。

乙丑，開封府判官范延世奉宗澤表至行在，上諭以旦夕北歸之意，澤復上表以謝。

復學士名

丁卯，復延康殿學士爲端明殿學士，述古殿直學士爲樞密直學士，從舊制也。

張撝死滑州

宗澤遣王宣擊虜

己巳，張撝至滑州，身率士卒與虜迎〔二四〕，敵衆且十倍。諸將請少避其鋒，撝曰：「退而偷生，何面目見宗元帥？」鏖戰數合，日暮，虜少却〔二五〕，澤遣統制官王宣以五千騎往援，未至，撝再戰，死之。後二日，宣至滑州，與虜大戰於北門，士卒争奮，虜出不意，退兵河上。宣曰：「虜必夜濟。」收兵不追，半濟而擊之，斬首數百，所傷甚衆。澤即命宣權知滑州，且令載撝喪以歸，爲之服緦，厚加賻恤，仍請於上，贈撝拱衛大夫、明州觀察使，録其家四人。虜自是不復犯東京矣。

張浚攻胡珵黨李綱

辛未，殿中侍御史張浚試侍御史。時浚方上疏論：「秘書省正字胡珵，自托李綱，服童僕之役，而出入其寢室，朝夕交結，陰中善良。逮綱遭逐，營爲百計，密招群小，鼓唱浮言。陳東之書，珵實筆削，意欲使布衣草萊之士，挾天子進退大臣之權，一時鬨然，幾致召亂。按珵罪狀，天地不容。願褫奪官爵，投之荒裔，永爲臣子立黨不忠之戒。」

詔籍没贜吏

詔：「自今犯枉法自盜贜抵死者，籍其貲。」時議者以爲：「贜吏之盛，所在填溢，願明詔有司，應緣贓得罪及曾經按發，跡狀明白，並毋得與堂除及親民。自今有犯者，仍籍其貲。即監司、守倅失按郡縣，及監司失按守倅，與失於互察者，並科違制之罪，不以去官原免。」上酌其言，乃詔贓情俱重者籍沒，餘從之。

李朴不仕蔡京

秘書監李朴卒。朴舉進士，國學、禮部皆第一，操履勁特，自爲小官，天下高其名。蔡京將强致之，俾其所厚導意，許以禁從，朴力拒不見，京怒形於色，然終不害也。

斥汪藻滕康衛膚敏

壬申，中書舍人汪藻、滕康、衛膚敏並罷。或曰：「膚敏等在後省數論事，爲黄潛善所惡，故斥之。」

郭贇死蔡州

癸酉，銀朱陷蔡州，知汝陽縣丞郭贇朝服罵虜〔二六〕，不肯降而死。

罷教坊職名

甲戌，詔曰：「自來以内侍官一員兼鈐轄教坊，朕方日拯憂念，屏絕聲樂，近緣内侍官失於檢察，仍帶前項，可減罷，更不差置。」

臣留正等曰：聖人之憂樂以天下，不先天下而樂，後天下而憂也。建炎之初，方開中興之業，以天下之大，太上皇帝之所深憂，而聖意篤於孝悌，其憂益遠矣。典樂之官實已廢，其名尚存，心猶有所不忍也，而亟罷去之。其屏絶聲樂，豈非出於誠意也哉？

向子韶死淮寧府

丙子，金人陷淮寧府，知府事向子韶死之，其弟新知唐州子褒等與闔門皆遇害。子韶，子諲兄也。

己卯，胡珵勒停，送梧州編管，用張浚章疏也。

附淮南省試

庚辰，禮部請令曾得解及免解武舉人，就淮南轉運司附塲類省試，從之。

宗澤論詔旨

三月丙戌，先是，執政以山東盜賊蹱起，建請敕榜東京，其詞有云：「遂假勤王之名，公爲聚寇之患。」宗澤恐豪傑解體，是日，上疏言：「自移淮甸，强盜如蝟毛而起，正以去朝廷遠，無所歸，至于此耳。臣謂自京城圍閉，天下忠義之士梯山航海，數千里争先勤王者，大臣不能撫而用之，使之饑饉流離，弱者填溝壑，强者爲盜賊，此非勤王之人罪〔二七〕，皆一時措置乖謬耳。今河東、河西不隨番賊〔二八〕，而自保山寨者，不知其幾千萬人。諸處節義士夫，不愛其身，而自刺其面，爲争先救駕者，亦不知其幾。陛下以勤王者爲賊，則此二者，豈不失其心邪？此皆詞臣失職之過，願陛下黜代言之臣，更降罪己之詔，許還闕之期，則天下之人盡皆遷善遠罪，不犯有司，豈復有爲盜者？」不報。時有王策者，本遼舊將，善用兵，虜以千餘騎付之〔二九〕，往來河

宗澤決策舉兵

上。澤密遣統制官王師正擒之，釋縛解衣，坐之堂上，爲言：「契丹本我宋兄弟之國〔三〇〕，汝何不悟義協討，以刷社稷之恥？」策感泣，誓以死報。澤時呼策與語，策具言虜中虛實〔三一〕，澤又益喜，大舉之計遂決。

楊時兼侍講

尚書工部侍郎楊時兼侍講。

金人陷中山府

辛卯，金人陷中山府〔三二〕，自靖康末受圍，至是三年乃陷〔三三〕。

進讀通鑑

司馬光配享哲宗

甲午，詔經筵讀資治通鑑，遂以司馬光配享哲宗廟庭。時，上初御經筵，侍講王賓講論語首篇，至「孝悌爲仁之本」，因以二聖、母后爲言，上感動涕泣。侍讀周武仲進讀通鑑，上掩卷問曰：「司馬光何故以紀綱爲禮？」武仲敷述其義甚詳，因爲通鑑解義以進，每至安危治亂之機，必旁搜遠紹，極其規諫焉。侍讀朱勝非嘗言：「陛下每稱司馬光，度聖意，有恨不同時之歎。陛下亦知光之所以得名者乎？蓋神宗皇帝有以成就之也。熙寧間，王安石創行新法，光每事以爲非是，神宗獨優容，乃更遷擢。其居西洛也，歲時勞問不絕。書成，除資政殿學士，於是四方稱美，遂以司馬相公呼之。至元祐中，但舉行當時之言耳。若方其爭論新法之際，便行竄黜，謂之立異好勝，謂之沽譽賣直，謂之非上所建立，謂之不能體國，謂之不遵禀處分，言章交攻，命令切責，亦不能成其美矣。」上首肯久之。

宗澤再疏乞還京

己亥〔三四〕，東京留守復上疏，乞車駕還京。時，澤招撫河南群盜聚城下，又募四方義士合百餘萬，糧支半歲。澤聞兩河州縣虜兵不過數百〔三五〕，餘皆脅使胡服〔三六〕，日夜望王師之來，即召諸將，約日渡河，諸將皆掩泣聽命。澤乃上疏，大略言：「祖宗基業可惜，又陛下父母兄弟蒙塵沙漠，日望救兵，河北、河東、京之東西、陝右、淮甸間，億萬生靈之衆陷於塗炭，乃欲南幸湖外，蓋姦邪之臣，一爲賊虜方便之計〔三七〕，一爲姦邪親屬皆已津置在南，爲臣不忠，一至於此！」時上遣中使譚璨賫詔書、茶藥撫諭。澤上表謝，又請上還京師。

翟進復入西京

庚子，河南統制官翟進復入西京，宗澤言於朝，即以進知河南府，充京西北路安撫制置使。

李彦仙復陝州

石壕尉李彦仙復陝州，事聞，即以彦仙知陝州兼安撫司事。彦仙以信義治陝，與其下同甘苦，由是人多歸之。

信王榛起義兵

信王榛既唱起義兵，即遣和州防禦使馬廣赴行在〔三八〕，先以其疏附東京留守宗澤以聞。

夏四月甲寅朔，磁州統制官趙世隆以所部詣宗澤降。世隆，本磁州書佐，澤在磁，以爲中軍將。澤既去磁，以州事付兵馬鈐轄李侃。金人圍磁州急，州有禁軍、有民兵，民兵甚衆，禁軍恐其勢盛，將校郭進乃作亂，世隆與進謀，遂殺侃，以通判趙子節權州事。至是，世隆與其弟世興將三千人歸澤。將士頗疑之。澤曰：「世隆吾一校耳，必無他，有所訴也。」乙卯，世隆入拜，澤面詰之。世隆辭服。澤笑曰：「河北陷没，而吾宋法令上下之分，亦陷没邪？」命引出斬之。時衆兵露刃於庭，世興佩刀侍側，左右皆懼。澤徐語世興曰：「汝兄犯法當誅，汝能奮志立功，足以雪恥。」世興感泣。會滑州報虜騎留屯城下〔三九〕，澤謂世興曰：「試爲我取滑州。」世興忻然受命。

宗澤戮趙世隆

丙辰，詔：「文臣從官至牧守、武臣管軍至遥郡，各薦所知二人，置爲二籍，一留禁中，一付三省、樞密院。遇監司、帥守、將官、鈐轄有闕，於所舉人内擢用之，犯贓連坐。即罷廢及法不當得之人，皆毋得舉。」用議者請也。

宗澤以趙世興取滑州

戊午，趙世興至滑州，掩虜不備〔四〇〕，急攻之，斬首數百，得州以歸，宗澤復厚賜之。時有降寇趙海者，屯板橋，輒塹路以阻行者。管軍閭勍笏者八人過其壘，海怒而臠之，覘事者以告。澤召之，海以甲士五百自衛而入。澤

詔文武臣舉官

宗澤誅李海

方對客，海具伏，即械之繫獄。客曰：「彼甲士甚衆，姑徐之。」澤笑謂其次將曰：「領衆還營，明日誅海于市。」聞者股慄。統制官楊進屯城南，王善者有衆二千餘，皆山東游手之人，先進來降，屯城北。二人氣不相下。一日，各率所部千餘，相拒于天津橋，都人頗恐。澤以片紙諭之曰：「爲國之心，固如是邪？當戰陣立功時，勝負自見。」二人相視，慚沮而退。

罷諸路巡社

己未，詔除京畿、東、西、河東、北、陝西路許置巡社外，餘路並罷。先是，杭、温二州言已就緒，詔許存留，至是亦罷。

宗澤復請還京

宗澤復上表請上還京，略曰：「陛下有姦臣之臆説，憑賊虜之詭辭〔四一〕，忘周室之中興，循晉惠之往轍。」時契丹九州人日有歸中國者〔四二〕，間有捕獲虜衆〔四三〕。澤選契丹漢兒引近坐側〔四四〕，推誠與語，諭以期奮忠義，共滅金賊〔四五〕，以刷父君之恥。即給資糧遣之，且賜以公憑，竢官軍渡河，以爲信驗，人令持數百本去。又爲榜文，散示陷没州縣，及爲公據，付中國被虜在此之人〔四六〕，因驛疏以聞。澤遂結連諸路義兵、燕、趙豪傑，嘗謂人曰：「事可舉矣！必竢回鑾，當以身先之。」故請上歸京尤力。

庚申〔四七〕，詔御前軍器所見織戰袍工匠，發還綾錦院，依限織進。初，命監綾錦院姜煥擇良工，就御前軍器所專織戰袍，欲以賜有功將士。中書侍郎張慤等言於上，曰：「前日中人因事輒置局，紊亂紀綱，不可不深鑑。今若以織文責綾錦院，而使少府監督其程限，則事歸有司，於體爲正。」上曰：「甚善。」故有是命。

臣留正等曰：臣聞明主之察治亂也審，而守法度也堅，寧逆意咈心，弗便於事，而常戒懼於細微蘖芽之間，不敢忽也。夫取工於綾錦院，而織袍於軍器所，又以賞功，由常人觀之，誠若無甚害，然太上皇帝矍然改令，不俟終日，何哉？官失其守，而事奪於貴臣，司廢其舊，而利出於一切，則亂由之而作，有不難矣。嗚呼！治亂之機如此其微也，非明主其孰察之？

暑月不罷講

上諭大臣曰：「故事，端午罷講筵，至中秋開。朕以寡昧，適茲艱難，知學先王之道爲有益，方孜孜經史，若講筵暫輟，則有疑無質，徒費日力，朕欲勿罷，可乎？」大臣皆稱善，乃詔勿罷。

却内侍擬獎諭詔

時上在宮中，內侍有言：「講讀官某人敷陳甚善，臣今擬獎諭詔書以進。」上曰：「此當出自朕意，若降詔書，自有學士，爾等小臣，豈宜不安分如此？」

上恭己勤政

乙丑，上諭輔臣曰：「朕每退朝，押班以下奏事，亦正衣冠再坐而聽，未嘗與之款昵。又性不喜與婦人久處，多坐殿傍小閤，筆硯外，不設長物，静思軍國大事，或閲章疏。宫人有來奏事者，亦出閤子外，處分畢而後入，每日如是。」上恭己勤政如此。

臣留正等曰：閹寺之禍著矣，佞柔側媚，以狗馬聲色惑其君，禍之小者也。剽略書傳，誦説古今，以才藝自售，則其爲禍豈易測哉？建炎之初，天子厲精求治，而宦者投隙肆言，猶敢如此，亦可謂姦人之雄矣。非聖武英斷，絶其萌芽，則基亂胎禍，將何所不至？嗚呼！方其伺顔色，售方藝，能赫然拒絶之，固已難矣。又暴其情狀，盡告大臣，豈不甚難哉？至於清心寡欲，屏遠聲色，皆中興之本，臣是以論著之特詳焉。

楊時告老

戊辰，尚書工部侍郎兼侍講楊時以老疾求去，章四上，既而除龍圖閣直學士、提舉杭州洞霄宫。

河北招撫司都統制王彥與金人戰于太行山，大敗之。

宗澤請還京

宗澤修龍德宮請還京

東京留守宗澤復抗疏請上還京，且言：「丁進有衆數十萬，願爲陛下守京城，李成願扈從還闕，即渡河剿絶虜寇〔四八〕，楊進等領衆百萬，亦願渡河，茲三頭項人皆同寅協恭〔四九〕，共濟國事。願陛下速歸九重，盜賊、戎虜〔五〇〕，皆無足畏矣。」澤以他日迎奉二聖還京，先修龍德宮，以備道君皇帝臨御。以淵聖皇帝未有宮室，奏修寶籙宮爲之。不報。

信王榛爲都元帥

沮馬廣

皇弟信王榛爲河外兵馬都元帥。初，馬廣至東京見宗澤，至是始赴行在。廣既見，出榛奏事，於是廣特遷元帥府馬步軍都總管。廣將行，奏四事，上皆從之，又許廣過河得便宜從事。時汪伯彥、黄潛善終以爲疑，乃以烏合之衆付廣，且密授朝旨，使幾察之。廣行，復令聽諸路帥臣節制。廣知事變，遂以其軍屯於大名。

宗澤再上表乞還京

五月甲申朔，宗澤再上表乞還京，且言：「今城壁已增固，樓櫓已修飾，龍濠已開浚〔五一〕，兵械已足備，寨栅已羅列，戰陣已習熟，人氣已勇鋭，蔡河、五丈河皆已通流，陝西、京東、滑臺、京、洛番賊皆已掩殺〔五二〕。望陛下毋聽姦邪之言，以失兩河山寨之心，沮萬民敵愾之氣，而循東晉既覆之轍。」奏未

從宗澤請詔還京

至，會尚書右丞許景衡建請渡江，宰相黃潛善持不可。朝廷既得信王榛奏，或言榛有渡河入京城之謀。乙酉，下詔還京，詔略曰：「朕即位之初，踟躕近服。李綱上江左之章，繼執南陽之議，鳩工蕆事，浸失時幾。旋爲淮甸之行，就彌寇攘之患，守中原而弗遠，見朕意之所存。昨稽時措之宜，默辨言還之計，設施有序，播告未先。或者不知，尚多有請，可無委積，以謹備虞。宜令發運司盡起淮、浙入京物解及軍須輜重等物，以次發遣赴京師，朕將還闕，躬謁宗廟。」

分經賦各取士

丙戌，詔後舉科場，講元祐詩賦、經術兼收之制。中書省請習詩賦舉人不兼經義，習經義人止習一經，解試、省試並計數各取，通定高下。禮部侍郎王綯嘗爲上言：「經義當用古注，不專取王氏說。」上以爲然，至是申明行下。

戊子，翰林學士朱勝非守尚書左丞〔五三〕。

宗澤力請還京

己丑，宗澤再奏：「乞掃洒龍德而改建寶籙宮，使天下知陛下孝於父而悌於兄，乞自御前處分。」不報。澤又上疏言：「今不忠不義之臣，但知身謀，謂祖宗基業不足恤，謂宗廟社稷不足顧，謂二聖、后妃、親王不足救，謂山陵園寢不足護，謂周室中興不足效，謂晉惠覆轍不足羞。效巡狩之名，守偏伯之地，儲金帛以爲虜資，椿器械以爲虜用〔五四〕。慮勇敢之殘敵，則禁守禦之招募；慮流移之安業，則搯保甲以助軍，凡誤國之事，靡不爲之。願陛下以此章揭之朝堂，令朝臣指擿，如臣言涉狂妄，乞明正典刑，不然，乞明告回鑾之期，以安天下之聽。」上優詔答之。

金人入寇

辛卯，陝西、京東諸路及東京、北京留守並奏金人分道渡河。詔遣御營左軍統制韓世忠、主管侍衛步軍司公事閭勍率所部迎敵，命宗澤遣本司統制官楊進等援之。先是，澤聞河北都統制王彥聚兵太行山，即以彥爲忠州防禦使、制置兩河軍事。彥所部勇士萬數，以其面刺八字，故號「八字軍」。

宗澤奏暑月起師

彥方繕甲治兵，約日大舉，欲趨太原。澤亦與諸將議六月起師，且結諸路山水寨民兵，約日進發。上奏曰：「臣欲乘此暑月，遣王彥等自滑州渡河，取懷、衛、濬、相等州；遣王再興等自鄭州直護西京陵寢；遣馬廣等自大名取洺、趙、真定〔五五〕；楊進、王善、丁進、李貴等各以所領兵分路並進。既渡河，則山寨忠義之民相應者，不啻百萬，契丹漢兒亦必同心殲殄金兵〔五六〕，事方就緒。乞朝廷遣使聲言立契丹天祚之後〔五七〕，講吾舊好，以攜虜情〔五八〕。遣知幾辯博之士西使夏，東使高麗，諭以禍福，必出助兵，同加掃蕩。如此，則二帝有回鑾之期，兩河可以安帖矣。願陛下早下還京之詔，臣當躬冒矢石，爲諸將先，則我宋中興之業，必可立致。若陛下以臣言爲不可用，望賜骸骨，放歸田里。」疏入，黄潛善等忌澤成功，從中沮之。澤歎曰：「吾志不得伸矣！」因憂鬱成疾。澤尹京幾歲〔五九〕，修城池，治樓櫓，不擾而辦，屢出師以挫虜鋒〔六〇〕。其抗疏請上還京，凡二十餘上，言極切至，潛善與汪伯彦等雖嫉之深，竟不能易其任也。

忌宗澤成功沮之

追復蘇軾官

乙未，詔：「蘇軾立朝，履歷最爲顯著，追復端明殿學士，盡還合得恩數。」

宇文虛中使虜

丙申，宇文虛中充大金通問使，武臣楊可輔副之。尋改虛中爲祈請使。

張慤立朝大臣節

壬寅，中書侍郎兼御營副使、提舉措置户部財用張慤薨。慤立朝諤諤，有大臣節，不可干以私。惟善許景衡，與許翰論事頗合。自爲執政，諫諍愈切，無所顧避。時黄潛善當國，專務壅蔽，自汪伯彦而下，皆奴事之，不敢少忤其意。惟慤以直道自持，事必力争，雖言不行，而不少屈。秉政未踰歲，遽薨于位，士民皆痛惜之。

虜留王倫

癸卯，大金通問使王倫始渡河，與其副朱弁至雲中，見宗維議事，虜留不遺〔六一〕。

許景衡正色直言

乙巳，提舉杭州洞霄宮許景衡薨。景衡罷政而歸，至瓜洲，得暍疾，及京口，疾甚，端坐自語曰：「陛下宜近端人正士，以二聖蒼生爲念，陸宣公奏議盡之矣。」景衡博通經史百家書，而其要歸於孔、孟，嘗曰：「孔門自洒掃應對以上，皆欲中道，以故修身行己，雖細必矜。」與朋友言，怡怡辭氣，及公言廷争，正色直前，視權倖若無有者。

復置市舶提舉

丁未，復置兩浙福建路提舉市舶司，其後遂並廣司復之。

秀州軍亂

己酉，秀州軍亂，詔御營中軍統制張俊討之。

增役錢

庚戌，增天下役錢，以爲新法弓手之費。

罷借職田

癸丑，罷借諸路職田。自軍興，始有拘借之命，至是，詔：「圭田，士大夫仰以養廉，自今毋得借。」

靳博文增印錢引

罷邛州鑄錢

六月乙卯，成都府轉運判官靳博文權罷邛州鑄鐵錢，以其歲用本錢二十一萬緡，而所鑄纔十一萬緡，得不償費故也。博文以便宜增印錢引六十二萬緡。自後，諸大臣相繼視師，率增印矣。

獻助人給告

尚書省言：「檢會靖康元年已降旨揮，人户願將金帛錢糧獻助者，計價依條補授名目。除河北、河東路已降官告外，餘路未曾給降。」詔尚書省度量，給付逐路，如納及七千貫，補承節郎；六千貫，補迪功郎，並不作進納人。不得抑勒科配。

建州軍葉濃等亂

丙辰，建州軍再亂，葉濃等進犯福州。

薦王綯爲臺官

戊午，尚書禮部侍郎王綯試御史中丞。黄潛善以綯柔懦無能，故薦爲臺長。

胡安國辭免得責

己未，前知通州胡安國已除給事中指揮，更不施行。初，趣赴行在，安國因放免奏〔六二〕，有言曰：「臣賦性疏拙，全昧事幾。前當贊書，積日雖淺，適緣六押，兼管兵刑，所降詞頭，苟有未便，不敢觀望，迷誤本朝。須至盡忠，逐件論執，遂因繳奏，遍觸貴權。貽怒既多，幾蹈不測。今陛下撥亂反正，將建中興，而政事人才，弛張升黜，凡關出納，動係安危。聞之道途，揆以愚見，尚未合宜，臣切寒心。而況瑣闈典司封駁，儻或隱情患失，緘默不言，則負陛下委任之恩，其罪至大。若一一行其職守，事皆違異，必以戇愚妄發，干犯典刑，徒玷清時，無補國事，臣所以不敢上當恩命者也。」疏入，黄潛善大怒，言者因論安國被命經年，托疾不至，要流俗之譽，失人臣之禮。安國遂罷。

欲任用張浚　始惡張浚

庚申，侍御史張浚知興元府。浚好謀，有大志，數招諸將至臺，講論用兵籌策。浚本黄潛善所引，至是，因請汰御營使司官屬，又論無謂虜不能來〔六三〕，當汲汲修備治軍，常若寇至〔六四〕。潛善始惡之。浚以母在蜀中求去，故有是命。未行，留爲尚書禮部侍郎。浚入對，上諭曰：「卿在臺中，知無不言，言無不盡，朕將有爲，政如欲一飛沖天而無羽翼者，卿爲朕留，當專任用。」浚頓首謝。

殺秀州前守趙叔近　張俊入秀州捕徐明等

乙丑，御營中軍統制張俊引兵入秀州，前知州事趙叔近爲所殺，秀卒嬰城縱火。翌日，俊破關，捕徐明等，斬之。

命捕蝗

丁丑，命京畿、淮甸捕蝗。

乞造戰艦

己卯，言者以東南武備利於水戰，宜於大江要害處，精練水軍，廣造戰艦，緩急之際，庶幾可倚。詔江、浙州軍措置，限一月畢。

用王庶曲端

以知延安府王庶節制陝西六路軍馬，涇原經略司統制官曲端充節制司都統制。

復置學官

復置諸州學官四十三員。

上皇草書議和

初，二帝既徙中京，御史中丞秦檜實從，既而聞上中興，上皇欲作書貽左副元帥宗維，與約和議。上皇草書已，諭駙馬都尉蔡鞗曰：「爲我示秦檜，更潤色之。」檜讀書嗚咽，即厚遺本路都統，達於宗維，宗維有慚色。

宗澤以憂沮死

秋七月癸未朔，資政殿學士、東京留守、開封尹宗澤薨。澤爲黃潛善等所沮，憂憤成疾，疽作于背，至是疾甚，諸將楊進等排闥入問，澤矍然起曰：「澤固無恙，正以二帝蒙塵之久，憂憤成疾耳。爾等能爲我殲滅醜虜〔六五〕，以成主上恢復之志，雖死無恨。」衆皆流涕曰：「願盡死。」諸將出，澤復曰：「吾度不起此疾。古語曰：『出師未捷身先死，長使英雄淚滿襟。』」遂薨，年七十。是日，風雨晦冥，異於常日。澤將没，無一語及家事，但連呼「過河」者三。

宗澤遺表請還京

遺表猶贊上還京，先言己涓日渡河而得疾，其末曰：「囑臣之子記臣之言，力請鑾輿亟還京闕，大震雷霆之怒，出民水火之中。夙荷君恩，敢忘尸諫！」澤自奉甚薄，方謫居時，饘粥不繼，吟嘯自如。晚年俸入稍厚，亦不異疇昔，食不兼味，衣敝不易。嘗曰：「君父當側身嘗膽，臣子乃安居美食耶？」所得俸賜，遇寒士與親戚貧困者，輒分之，養孤遺幾百餘人。

三學爲文哭宗澤

死之日，都人爲之號慟，朝野無賢愚，皆相弔出涕，三學之士千餘人，爲文以哭澤。

宇文虛中歸虜使　贈謚宗澤

初，澤既拘留虜使〔六六〕，上屢命釋之，澤不奉詔。至是，宇文虛中至東京，攝留守事，遂歸之。時上已除澤門下侍郎兼御營副使、東京留守，命未下，而訃聞，詔贈觀文殿學士，進六官，後謚忠簡。

龜鑑曰：吾深惜夫宗澤，抱忠義之志，競爲讒沮，鬱而不得少伸也。澤之尹京數月，城築已增固，樓櫓已修飾，壟濠已開浚，寨柵已羅列，義士已團結，蔡河、五丈河已皆通流，陝西、京東西、河東北盜賊皆已歸附。又非靖康戰守無備之比。然有張仲孝友主於內，而後吉甫得以專征戰于外。汪、黃既主幸東南之議，則宗澤還京之請，雖二十疏而何益？百計排沮，憂憤成疾，出師未捷身先死，長使英雄淚滿襟，蓋亦抱無窮之恨。澤死而杜充代之，是何異以淵代遜、以姜維而續孔明之事功也？宗澤在則盜可使爲兵，杜充用則兵皆爲盜矣。

討捕葉濃

甲申，葉濃自福州引還建州，命謝嚮爲本路捉殺官，又遣御營統制張俊、兩浙提刑趙哲將卒二千人偕往討捕。

引蔡京王黼黨

丁亥，御筆：「國步多艱，人才爲急。如蔡京、王黼當國日久，孰不由其擬授？果賢且才，豈可不用？自今毋得分別。」時宰相黃潛善本王黼門人，故多引黼親黨以進，議者非之。

戊子，詔自今士卒有犯，並依軍法，毋得過爲慘酷。

史臣曰：愛而不能令，厚而不能使，亂而不能治，此兵法之患也。治軍固不可不嚴，然治之自有常法，若師出以律，孰敢不畏者？而諸將過爲慘酷，豈撫軍之道哉？

楚州發歸朝官至行在。上諭宰執曰：「聞州郡多囚係此輩，甚者至經歲不得釋，少涉疑似則殺之。覆幬間皆吾赤子也，朕欲發諸郡拘囚歸朝官盡赴行在存撫之，庶幾可召和氣。」〔六七〕

臣留正等曰：古人有殺一不辜而得天下弗爲者也。彼姦雄忍酷之言，至曰「寧我負人」。嗚呼！人之用心，何止天壤之異哉？方建炎之初，所在盜起如蝟，窮荒絶漠，狼子野心之人，錯諸郡縣，有司爲之禁防，或未過也。而太上皇帝推天地覆載之德〔六八〕，視夷夏之民皆吾赤子〔六九〕，惻然哀矜，形於聖訓，凜然有三代王者之風，雖漢高帝之恢廓大度

〔七〇〕，不足言也。彼雖夷狄〔七一〕，亦人耳。脱身九死之餘，譬彼蛇雀〔七二〕，豈不知所以報哉？

賑恤災傷

辛丑，詔以春霆夏旱，飛蝗爲沴，命監司、郡守條政事之未便於民者。其大水、飛蝗最甚之地，令百姓自陳〔七三〕，量輕重捐其租焉。

定知縣考數

壬寅〔七四〕，詔：「京官知縣兩任已上，實及六考，方許關陞諸州通判。」舊法不拘考數，至是申明之。

杜充尹京

杜充反宗澤所爲

甲辰，降充顯謨閣待制、北京留守杜充復樞密直學士，充開封尹、東京留守，且命充鎮撫軍民，盡瘁國事，以繼前官之美。遵稟朝廷，深戒妄作，以正前官之失。自宗澤薨，數日間將士去者十五，都人憂之〔七五〕，相與請于朝，言澤子宣教郎潁嘗居戎幕，得士卒心，請以繼其父任。詔以潁起復，充留守判官。充無意於虜〔七六〕，盡反澤所爲，由是澤所結兩河豪傑皆不爲用。

復諸路常平官

八月癸丑朔，復諸路常平官，遂命諸路拘催青苗積欠本錢，自崇寧以來，皆不得免。

初鑄御寶

甲寅，初鑄御寶，一曰「皇帝欽崇國祀之寶」；二曰「天下合同之寶」；三曰「書詔之寶」。

分置庫藏

戊午，詔：「行在左藏庫湫隘，自今綱運，令户部於江寧、平江府置庫樁管。」尚書吕頤浩、侍郎葉夢得請命江、湖、二廣綱赴江寧，閩、浙綱赴平江，惟川、陝、京東西、淮南綱赴行在。從之。

馬伸論汪黄

庚申，殿中侍御史馬伸言：「陛下龍飛河朔，近得黄潛善、汪伯彦以爲輔相，一意委任，不復致疑。然自大任以來，措置天下事，未能愜當物情，遂使夷虜日强〔七七〕，盜賊日熾，國步日蹙，威權日削。如吴給、張闇以言事被逐，邵成章緣上言遠竄。今是何時，尚以言爲諱？潛善近來自除臺諫，仍多親舊，李處遯、張浚之徒是也。又如張慤、宗澤、許景衡，公忠有才智，皆可重任，潛善、伯彦惡之，沮抑至死。周任有言曰：『陳力就列，不能者止。』孔子亦曰：『危而不持，顛而不扶，焉用彼相？』二人方且偃然自任，屹然不動。伏望速罷潛善、伯彦政柄，别擇賢者，共圖大事。」疏留中不出。

趙子砥論不可講和

承議郎趙子砥自燕山遁歸，至行在，奏北事甚悉，言：「邇來遣使數輩，皆不得達。劉彦宗云：『金國只納楚使，焉知復有宋？』其不可講和明矣。」賜對嘉獎，以子砥知台州。

添六路賣酒錢

辛酉，詔江、淮六路量添賣酒錢，以爲造糧舟之費。

試學官用詩賦

己巳，詔試學官並用詩賦，自來年始。

梁揚祖改茶鹽法

辛未，淮南等路制置發運使梁揚祖遷徽猷閣直學士，以措置就緒也。茶法自政和以來，許商人赴官買引，即園户市茶，赴合同場稱發〔七八〕。淮、浙鹽，則官給亭户本錢，諸州置倉，令商人買鈔筭請，每三百斤爲一袋，輸鈔錢十八千。閩、廣鹽，則隸本路漕司，官般官賣，以助歲計，公私便之。自揚祖即真州置司，歲入錢六百萬緡，合東南産鹽之州二十二，總爲二萬七千八百一十六萬餘斤，通收鹽息錢一千七百三十餘萬緡。茶引錢二百七十萬餘緡，後增至二千四百萬緡，而四川三十州歲産鹽約六千四百餘萬斤，後隸總領財賦所贍軍；成都府路九州、利路二州，歲産茶二千一百二萬斤，隸提舉茶馬司買馬，皆不係版曹之經費焉。

親策進士

甲戌，上策諸道正奏名進士于集英殿。

殿中侍御史馬伸試衛尉少卿。

乙亥，策特奏名進士。

程昌寓經理蔡州

初，吏部員外郎程昌寓與黄潛善論事不合，出知蔡州。郡已爲金人所破，昌寓招集流民，簡練師旅，日與群盜戰，每戰必克，遂爲强兵。

均杭州和買絹

九月壬午朔，詔以杭州和買絹偏重，均十二萬疋于浙東、西諸州。

馬伸以論汪黃竄死

癸未，新除衛尉少卿馬伸責監濮州酒務。伸以論事不行，辭不拜，且録其所劾黃潛善、汪伯彥等疏申御史臺，乞誅責。詔：「伸言事不實，趣向不正，日下送吏部與京東監當。」促使上道，死中路，天下冤之。

丁進叛犯淮西

甲申，丁進叛，率衆犯淮西。進初受宗澤招，澤薨，乃去。尋命御營右軍副統制劉正彦以所部收進。

擢李易等

庚寅，上御集英殿，賜諸路類省試正奏名進士李易等四百五十一人及第、出身、同出身。初，有司欲以上十人所對策進呈，且請以上意定名次。

委任主司

上曰：「朕委主司取士，必不錯。」乃悉從所擬，不復更易。

臣留正等曰：恭惟太上皇帝當建炎之初，策士于庭，一委主司，不以一人之好惡爲之升黜，天下之至公也。及紹興中，權臣罔上，假國家之科目，以私其子弟親戚，則聖斷赫赫然，拔寒畯，抑權貴，亦天下之至公也。惟一出於至公，故靜則爲天地之度，動則爲之斷〔七九〕。傳曰：「公生明」。太上皇帝實有焉。

審察舉人

壬辰，詔褚宗諤等二十一人，並令乘驛赴行在；校書郎富直柔、太學生王覺，並令赴都堂審察。先是，黃潛善請用祖宗故事，命近臣各舉所知，以俟選擇，至是得召。

單某死冀州

癸巳，金兵陷冀州，權知軍州事單某自縊死，將官李政屢禦退之。虜以計誘其副將〔八〇〕，使害政，故不能保而城陷〔八一〕。

賜期集錢罷宴

丁酉，賜及第進士錢千七百緡，爲期集費，自是以爲故事。李易等以上憂勞，辭聞喜宴。從之。

書通鑑賜黃潛善

書孟子語於素屏

論孟幼年所習

書旅獒大有大畜卦

戊戌，上以所書資治通鑑第四册賜黃潛善。時上退朝，日覽四方章奏，暇則讀經史。嘗取孟子論治道之語書之素屏，因爲潛善言：「論、孟乃幼年所習，讀之了無凝滯。」後五日，又書旅獒篇、大有、大畜卦以示輔臣。

臣留正等曰：人主之於學問，有出於勉彊者，有得於自然者。出於勉彊，則作輟有時；得於自然，須臾不能忘之矣！

却獻赤芝

壬寅，統領密州軍馬杜彥獻赤芝，彥言：「草葉純赤，實符建炎美號。」癸卯，輔臣進呈，上曰：「朕以豐年爲瑞〔八二〕，今密爲盜區，且彥所獻，何足爲瑞？其還之。」

甲辰，黄潛善等奏謝宣示親書素屏易、孟子，有旨勿拜。上曰：「朕自幼習孟子書，至成誦在口，不覺寫出。如旅獒，乃因葉夢得進讀資治通鑑及之。又欲寫無逸篇，偶其字多，屏狹不能容，則别營度。」上又曰：「如孟子言：用賢與殺，皆察於國人。朕詳味斯言，欲謹守之。神交尚友，如與孟子端拜而議。」

神交孟子

冬十月丙辰，河北制置使王彦爲閤門宣贊舍人。彦至自東京，赴行在，見黄潛善、汪伯彦，力陳兩河忠義民兵，引頸以望王師，言辭憤激，大忤潛善、伯彦之意，遂降旨免對，而有是命。

王彦忤潛善

庚申，命江、淮制置使劉光世討李成。時成犯淮西故也。

命討李成

壬戌，詔葉夢得、孫覿、張澂討論常平法，條具取旨，始用覿奏也。

討論常平法

癸亥，初復鈔旁定帖錢。先是，政和間，陳亨伯始議創經制錢，靖康初，廢。至是先取定帖錢，命諸路提刑司掌之。經制錢自此始。

經制錢之始

詔御營平寇左將軍韓世忠以所部自彭城至東平，中軍統制官張俊自東京至開德，以金人入寇故也〔八三〕。仍命河外元帥府總管馬廣互相應援，蓋未知廣已敗也。

甲子，命常德軍承宣使孟忠厚奉隆祐太后幸杭州。

翟進戰死

癸酉，京西北路安撫制置使、知河南府翟進戰死。進與金人夾河而戰，屢破之。時東京留守杜充酷而無謀，士心不附，諸將多不安之。馬廣、王彥既還朝，餘稍稍引去。宗穎屢争不從，力請歸持服。統制官楊進亦叛，進率其軍與楊進戰，爲賊所害。初，宗澤日繕兵爲興復計，兩河豪傑皆保聚形勢，期以應澤。未出師而澤卒，充無遠圖，由是河北諸屯皆散，而城下兵復去爲盜，掠西南州縣，數歲不能止，議者咎之。

諸將叛杜充

始討論濫賞

始命有司討論崇、觀以來濫賞。丙子，詔令到部官自陳有無係討論之人，仍結除名罪。

李成敗走

江淮制置使劉光世敗李成于新息縣，成遁走。

丁進降

御營都統制劉正彦擊丁進，降之，分其兵隷諸軍。

初賣師號

十有一月癸未，初賣四字師號，每道價二百千。

再竄李綱

甲申，提舉西京嵩山崇福宮李綱責授單州團練使、萬安軍安置。初，綱既貶，會有旨，左降官不得居同郡，而責授忻州團練副使范宗尹在鄂州，乃移綱澧州居住。至是，有上書訟綱之冤者，御史中丞王綯因劾綱經年不赴貶所，又論綱靖康中要功劫寨、結衆伏闕、覆師太原，凡三罪，請投之嶺海。疏奏，遂有是命。

魏彥明死延安
王庶曲端結怨

壬辰，金人陷延安府〔八四〕，通判府事魏彥明死之。先是，虜諜知都統制曲端與經略使王庶不協〔八五〕，遂併兵寇鄜延。時端盡統涇原精兵駐邠州之淳化，庶日移文趣其進，且遣使臣十數輩往説諭端，端不聽。端欲蕩賊巢穴，遣吴玠攻華州，端與玠會于寧之襄樂。延安城陷，庶無所歸，乃自馳至襄樂勞軍，欲倚端以自副，端彌不平，謀誅庶而奪其兵，不果，乃奪庶節制使印而遣之。

趙哲降葉濃
張俊殺葉濃
王棣等死虜

癸巳，趙哲與葉濃戰於建州城下，大敗之，濃遂降。其後濃至張俊軍中，復謀爲變，俊執而誅之。

乙未，金人陷濮州。又犯澶淵〔八六〕，知開德府王棣率軍民固守，爲軍民所害，經略司主管機宜文字鄭建古亦爲亂兵所殺。時相州圍久，守臣趙不試登城，遥謂金人，請開門投拜，乞勿殺，乃具降書啓門，而納其宗屬於井中，然後以身赴井〔八七〕。

庚子，初，成都府路轉運判官趙開言榷茶、買馬五害，請用嘉祐故事，盡罷榷茶，仍令漕司買馬，或未能然，亦當痛減額，以蘇園户；輕立價，以惠行商。如此則私販衰，而盜賊息矣。朝廷然之，擢開同主管川陝茶馬。是日，開至成都，遂大更茶法，官買賣茶並罷，倣政和都茶場法，印給茶引，使商人即園户市之，茶引錢每斤春七十，夏五十。市例、頭子在外，所過征一錢，住征一錢有半。置合同場以譏其出入，重私商之禁，號合同場，爲茶市，交易者必由市，而引與茶必相隨，違者抵罪。至四年冬〔八八〕，買馬乃踰二萬匹，引息錢至一百七十萬緡。

趙開更川陝茶法

辛丑，樞密都承旨邢焕爲保静軍承宣使。焕嘗爲上言：「馬伸言事切當，宗澤忠勞可倚。」再上疏言黄潛善、汪伯彦誤國，進戰退守，皆無策可施。

邢焕言汪黄誤國

壬寅，親祀上帝於圜丘，配以太祖。詔曰：「朕承祖宗有道之長，賴黎獻戴宋之舊，嗣守神器。適歲當郊，祗見于皇天后土，大懼菲德，弗獲顧歆，乃先事三日，繁陰凝翳，震于朕心，罔燭靈旨，逮祖廟及壇，垂象燦炳，夜氣晏温，風霾澄霽，迄用成禮。朕既獲祗事，弗敢謂幸，矧敢怠康？方恐懼修省，以靈承扶持全安之眷。股肱大臣，其同寅協恭，思艱圖易，輔朕不逮，以倡百辟；耳目風憲，有言達於予聽，必忠必誠，毋奪于私。凡曰有官君子，飭

始郊上帝

躬謹行，惟職業是修。令部使者，暨爾百僚，有爲有行，其必曰毋傷于民，毋害于國。中國爪牙之臣，敵愾戡難，毋貽名節羞；軍民戰士，咸奮忠力，毋至失業無依，怙衆爲暴。」

臣留正等曰：大雅述文王有明德，故天復命武王。其詩曰：「維此文王，小心翼翼。昭事上帝，聿懷多福。厥德不回，以受方國。」今太上皇帝當郊見天地，而大懼菲德，弗獲顧歆，覩繁凝陰翳，震于朕心，其爲小心翼翼至矣！及蕆事之夕，垂象燦炳，風霾澄霽，迄用成禮，其昭事上帝，聿懷多福厚矣！馨聞于上，既獲祇事，又且弗敢自幸，益恐懼修省，下詔自警，因以戒群臣，而勵多士，則厥德不回，其誠益篤矣！故能坐收三紀乂寧之功，用傳於神聖，益恢中興之烈，其與夫天復命武王，千載同符矣，嗚呼！偉哉！

趙叔皎死德州

甲辰，金人犯德州〔八九〕，兵馬都監趙叔皎死之。

邵興絳州之捷

陝州安撫司都統制邵興敗金人于絳州曲沃縣。

金人陷淄州〔九〇〕。

吳玠斬史斌

涇原兵馬都監吳玠襲叛賊史斌，斬之。

姜剛之死棣州

葛進圍棣州，守臣姜剛之與戰，城破，爲所害。

岳飛桑仲降于杜充

初，河北制置使王彦既渡河，其前軍準備將岳飛無所屬，遂以其衆千人降于東京留守杜充。時种師道小校桑仲爲潰卒所推，亦降于充，充皆以爲將。

十有二月乙卯，隆祐太后至杭州。

劉豫邪謀

庚申，金人陷東平府〔九一〕，又攻濟南府，守臣劉豫遣其子刑曹掾麟與戰。虜圍之數匝〔九二〕，通判事張東益兵援之，虜乃去。即遣人啗豫以利，豫因有邪謀，與東偕往投拜。民遮道不從，豫遂縋城詣軍前通款。

罷福建茶鈔行茶引

壬戌，言者論福建路茶之所自出，祖宗以來，商販自便。望罷鈔法，令都茶場照本路歲額，印造茶引，付茶事司，廣行招誘客人，入錢請買，計置輕賫赴行在，毋得抑配州縣及科率民户、僧寺出買引錢。從之。

金人陷北京　郭永死北京

甲子，金左副元帥宗維陷北京〔九三〕，河北東路提點刑獄公事郭永死之。

不敢犯先聖墓

金人陷襲慶府〔九四〕，衍聖公孔端友已避寇南去，漢兒將啓宣聖墓，左副元帥宗維問其通事高慶裔曰：「孔子何人？」曰：「古之大聖人。」宗維曰：「大聖人墓豈可犯？」皆殺之，故闕里得全。

乙丑，金人陷虢州〔九五〕。

己巳，尚書右僕射兼中書侍郎黄潛善遷左僕射兼門下侍郎，知樞密院事汪伯彦守右僕射兼中書侍郎，仍並兼御營使。二人入謝，上曰：「潛善作左相，伯彦作右相，朕何患國事不濟？宜同心以副朕之意。」皆稽首謝。潛善入相踰年，當上初政，天下望治，潛善獨當國柄，專權自恣，而卒不能有所經畫。伯彦繼相，略與之同，由是胡寇益無所憚〔九六〕。

汪黄並相

分御營歸密院

尚書左丞顔岐守門下侍郎，尚書右丞朱勝非守中書侍郎，兵部尚書盧益同知樞密院事。

戊寅，禮部侍郎張浚兼御營使司參贊軍事。上以邊事未寧，詔百官言所見，吏部尚書吕頤浩上備禦十策，言收民心、定廟筭、料彼己、選將帥、明斥候、訓强弩、分兵器、備水戰、控浮橋、審形勢。其説甚備。殿中侍御史張守上防淮渡江利害六事，又請詔大臣惟以選將治兵爲急，凡細務付之都司六曹。潛善、伯彦滋不悦，乃請遣守撫諭京城。至是聞北京陷〔九七〕，議者以爲虜騎且來〔九八〕，而廟堂偃然不爲備，浚率同列爲執政力言之，潛善、伯彦笑且

吕頤浩備禦十策

不信，乃命浚參贊軍事，與頤浩教習河朔長兵。

增入名儒講義皇宋中興兩朝聖政卷之三

校勘記

〔一〕丁亥　案丁亥條記事原置於戊子條記事之後，而本月丙戌朔，丁亥條應在戊子條之前，據繫年要録卷一二乙正。

〔二〕所以寧忘死以扞賊　「賊」原作「敵」，據宋刊本、明抄本及繫年要録卷一二改。

〔三〕金女真萬户銀朱陷鄧州　「女真」原作「國遣」，據宋刊本、明抄本及宋史全文卷一六改。

〔四〕虜大至　「虜」原作「兵」，據宋刊本、明抄本及宋史全文卷一六改。

〔五〕金人犯東京　「犯」原作「侵」，據宋刊本、明抄本及宋史全文卷一六改。

〔六〕婁宿陷長安　「陷」原作「取」，據宋刊本、明抄本及宋史全文卷一六改。

〔七〕虜大入　「虜」原作「敵」，據宋刊本、明抄本及宋史全文卷一六改。下同。

〔八〕虜遊騎至京城下　「虜」原作「敵」，據宋刊本、明抄本及宋史全文卷一六改。

〔九〕統制官劉衍與虜遇於板橋　「虜」原作「敵」，據宋刊本、明抄本及宋史全文卷一六改。下同。

〔一〇〕惟宦官女子不與焉　「女子」原作「子女」，據繫年要録卷一二乙正。

〔一一〕時山東盜起　「時」原脱，據宋史全文卷一六及繫年要録卷一二補。

〔一二〕金人陷鄭州　「人陷」原作「兵取」，據宋刊本、明抄本及宋史全文卷一六改。

〔一三〕虜剖其腹而殺之　「虜」原作「敵」，據宋刊本、明抄本及宋史全文卷一六改。

〔一四〕金人陷濰州　「人陷」原作「兵取」，據宋刊本、明抄本及宋史全文卷一六改。

〔一五〕時右副元帥宗輔引兵犯山東　「犯」原作「在」，據宋刊本、明抄本及宋史全文卷一六改。

〔一六〕竊讀斯詔　「竊」原作「切」，據繫年要録卷一二改。

〔一七〕夷狄鑠謀　「夷狄」原作「西北」，據宋刊本、明抄本及宋史全文卷一六改。

〔一八〕太學生魏祐上書論黄潛善汪伯彦誤國十罪　「祐」原作「佑」，據宋刊本、明抄本及宋史全文卷一六改。

〔一九〕金人陷潁昌府　「人陷」原作「兵取」，據宋刊本、明抄本及宋史全文卷一六改。

〔二〇〕虜再犯東京　「虜再犯」原作「敵再侵」，據宋刊本、明抄本及宋史全文卷一六改。

〔二一〕遇虜大戰　「虜」原作「敵」，據宋刊本、明抄本及宋史全文卷一六改。下同。

〔二二〕謂史虜　「虜」原作「姓」，據宋刊本、明抄本及宋史全文卷一六改。

〔二三〕金人犯滑州　「人犯」原作「兵取」，據宋刊本、明抄本及宋史全文卷一六改。

〔二四〕身率士卒與虜迎　「虜」原作「北」，據宋刊本、明抄本及宋史全文卷一六改。

〔二五〕虜少却　「虜」原作「敵」，據宋刊本、明抄本及宋史全文卷一六改。下同。

〔二六〕知汝陽縣丞郭贊朝服駡虜　「虜」原作「敵」，據宋刊本、明抄本及宋史全文卷一六改。

〔二七〕此非勤王之人罪　「勤」原作「擒」，據宋史全文卷一六改。

〔二八〕今河東河西不隨番賊　「番賊」原作「西北」，據宋刊本、明抄本及宋史全文卷一六改。

〔二九〕虜以千餘騎付之　「虜」原作「敵」，據宋刊本、明抄本及宋史全文卷一六改。

〔三〇〕契丹本我宋兄弟之國　「契丹」原作「敵國」，據宋刊本、明抄本及宋史全文卷一六改。

〔三一〕策具言虜中虛實　「虜」原作「敵」，據宋刊本、明抄本及宋史全文卷一六改。

〔三二〕金人陷中山府　「人犯」原作「兵取」，據宋刊本、明抄本及宋史全文卷一六改。

〔三三〕至是三年乃陷　「陷」原作「失」，據宋刊本、明抄本及宋史全文卷一六改。

〔三四〕己亥　原作「己巳」，案本月乙酉朔，無己巳日，據繫年要録卷一四改。

〔三五〕澤聞兩河州縣虜兵不過數百　「虜」原作「敵」，據宋刊本、明抄本及宋史全文卷一六改。

〔三六〕餘皆脇使胡服　「胡」原作「變」，據宋刊本、明抄本及宋史全文卷一六改。

〔三七〕一爲賊虜方便之計　「賊虜」原作「西北」，據宋刊本、明抄本及宋史全文卷一六改。

〔三八〕即遣和州防禦使馬廣赴行在　「廣」應作「擴」，蓋避宋寧宗之諱而改。下同。

〔三九〕會滑州報虜騎留屯城下　「虜」原作「敵」，據宋刊本、明抄本及宋史全文卷一六改。

〔四〇〕掩虜不備　「虜」原作「敵」，據宋刊本、明抄本及宋史全文卷一六改。

〔四一〕憑賊虜之詭辭　「賊虜」原作「敵國」，據宋刊本、明抄本及宋史全文卷一六改。

〔四二〕時契丹九州人日有歸中國者　「契丹九州」原作「西北九縣」，據宋刊本、明抄本及宋史全文卷一六改。

〔四三〕間有捕獲虜衆　「虜」原作「敵」，據宋刊本、明抄本及宋史全文卷一六改。

〔四四〕澤選契丹漢兒引近坐側　「契丹」原作「北人」，據宋刊本、明抄本及宋史全文卷一六改。

〔四五〕共滅金賊　「賊」原作「兵」，據宋刊本、明抄本及宋史全文卷一六改。

〔四六〕付中國被虜在此之人　「虜」原作「敵」，據宋刊本、明抄本及宋史全文卷一六改。

〔四七〕庚申　繫年要録卷一五繫於「己未」。

〔四八〕即渡河剿絶虜寇　「虜寇」原作「敵兵」，據宋刊本、明抄本及宋史全文卷一六改。

〔四九〕玆三頭項人皆同寅協恭　「三」原作「二」，據上下文意及繫年要録卷一五改。

〔五〇〕盜賊戎虜　「戎虜」原作「敵兵」，據宋刊本、明抄本及宋史全文卷一六改。

〔五一〕龍濠已開浚　「龍」原作「壟」；「浚」原作「峻」，均據宗忠簡集卷一乞回鑾疏（第二十一次）及歷代名臣奏議卷八六改。

〔五二〕陝西京東滑臺京洛番賊皆已掩殺　「番賊」原作「北兵」，據宋刊本、明抄本及宋史全文卷一六改。

〔五三〕翰林學士朱勝非守尚書左丞　「左」，繫年要録卷一五作「右」。

〔五四〕儲金帛以爲虜資椿器械以爲虜用　「虜」原作「敵」，據宋刊本、明抄本及宋史全文卷一六改。

〔五五〕遣馬廣等自大名取洺趙真定　「廣」應作「擴」，蓋避宋寧宗之諱改，案繫年要録卷一五及宗忠簡集卷一均作「横」，亦因避諱改。「趙」原作「相」，據繫年要録卷一五及宗忠簡集卷一改。

〔五六〕契丹漢兒亦必同心殲殄金兵　「契丹」原作「北人」，據宋刊本、明抄本及宋史全文卷一六改。

〔五七〕乞朝廷遣使聲言立契丹天祚之後　「契丹」原作「金國」，據宋刊本、明抄本及宋史全文卷一六改。

〔五八〕以攜虜情　「虜」原作「敵」，據宋刊本、明抄本及宋史全文卷一六改。

〔五九〕澤尹京幾歲　「幾」，繫年要録卷一五作「二」。

〔六〇〕屢出師以挫虜鋒　「虜」原作「敵」，據宋刊本、明抄本及宋史全文卷一六改。

〔六一〕虜留不遣　「虜」原作「敵」，據宋刊本、明抄本及宋史全文卷一六改。

〔六二〕安國因放免奏　「放」原作「於」，據繫年要録卷一六改。

〔六三〕又論無謂虜不能來　「虜」原作「敵」，據宋刊本、明抄本及宋史全文卷一六改。

〔六四〕常若寇至　「寇」原作「敵」，據宋刊本、明抄本及宋史全文卷一六改。

〔六五〕爾等能爲我殲滅醜虜　「爾」原作「耳」，據繫年要録卷一六改。「醜虜」原作「敵兵」，據宋刊本、明抄本及宋史全文卷一六改。

〔六六〕澤既拘留虜使　「虜」原作「敵」，據宋刊本、明抄本及宋史全文卷一六改。

〔六七〕案此條記事，繫年要録卷一六繫於「丁亥」。

〔六八〕而太上皇帝推天地覆載之德　「推」原作「惟」，據宋刊本、明抄本及宋史全文卷一六改。

〔六九〕視夷夏之民皆吾赤子　「夷夏」原作「四海」，據宋刊本、明抄本及宋史全文卷一六改。

〔七〇〕雖漢高帝之恢廓大度　「高」原脱，據繫年要録卷一六所引及文義補。

〔七一〕彼雖夷狄　「夷狄」原作「異域」，據宋刊本、明抄本及宋史全文卷一六改。

〔七二〕譬彼蛇雀　「彼」原脱，據宋史全文卷一六補。

〔七三〕令百姓自陳　「令」原作「今」，據宋史全文卷一六及繫年要録卷一六改。

〔七四〕壬寅　繫年要録卷一六繫於「癸卯」。

〔七五〕都人憂之　「都人」原脱，據宋刊本、明抄本及宋史全文卷一六補。

〔七六〕充無意於虜　「虜」原作「敵」，據宋刊本、明抄本及宋史全文卷一六改。

〔七七〕遂使夷虜日强　「夷虜」原作「敵國」，據宋刊本、明抄本及宋史全文卷一六改。

〔七八〕赴合同場稱發　「稱」，繫年要録卷一七作「秤」。

〔七九〕動則爲之斷　「之斷」，繫年要録卷一七作「雷霆之威」。

〔八〇〕虜以計誘其副將　「虜」原作「敵」，據宋史全文卷一六改。

〔八一〕故不能保而城陷　「陷」原作「失」，據宋史全文卷一六改。

〔八二〕朕以豐年爲瑞　「爲」原作「瑞」，據宋史全文卷一六改。

〔八三〕以金人入寇故也　「人入寇」原作「國興師」，據宋刊本、明抄本及宋史全文卷一六改。

〔八四〕金人陷延安府　「人陷」原作「兵取」，據宋刊本、明抄本及宋史全文卷一六改。

〔八五〕虜諜知都統制曲端與經略使王庶不協　「虜」原作「敵」，據宋刊本、明抄本及宋史全文卷一六改。

〔八六〕金人陷濮州又犯澶淵　「人陷」原作「兵取」，「犯」原作「侵」，據宋刊本、明抄本及宋史全文卷一六改。

〔八七〕然後以身赴井　「赴」原作「投」，據宋史全文卷一六及繫年要録卷一八改。

〔八八〕至四年冬　「冬」原作「各」，據宋史全文卷一六及繫年要録卷一八改。

〔八九〕金人犯德州　「人犯」原作「兵取」，據宋刊本、明抄本及宋史全文卷一六改。

〔九〇〕金人陷淄州　「人陷」原作「兵取」，據宋刊本、明抄本及宋史全文卷一六改。

〔九一〕金人陷東平府　「人陷」原作「兵取」，據宋刊本、明抄本及宋史全文卷一六改。

〔九二〕虜圍之數匝　「虜」原作「敵」，據宋刊本、明抄本及宋史全文卷一六改。下同。

〔九三〕金左副元帥宗維陷北京　「陷」原作「取」，據宋刊本、明抄本及宋史全文卷一六改。

〔九四〕金人陷襲慶府　「人陷」原作「兵取」，據宋刊本、明抄本及宋史全文卷一六改。

〔九五〕金人陷虢州　「人陷」原作「兵取」，據宋刊本、明抄本及宋史全文卷一六改。

〔九六〕由是胡寇益無所憚　「胡寇」原作「敵兵」，據宋刊本、明抄本及宋史全文卷一六改。

〔九七〕至是聞北京陷 「陷」原作「失」，據宋刊本、明抄本及宋史全文卷一六改。

〔九八〕議者以爲虜騎且來 「虜騎」原作「敵兵」，據宋刊本、明抄本及宋史全文卷一六改。

增入名儒講義皇宋中興聖政卷之四

高宗皇帝四

建炎三年春正月庚辰朔，上在揚州。

資政殿學士路允迪簽書樞密院事。

丁亥，金人陷青州〔一〕，又陷濰州。

邵興潼關之捷

辛卯，陝西都統制邵興及金人戰於潼關，敗之。

杜充襲張用不克

乙未，京城留守杜充襲其統制官張用於城南，不克，將官李寶爲所執。

張守言虜必來

丙申，張守試起居郎兼權直學士院。守撫諭京師還，面奏：「虜人必來〔二〕，願陛下早爲之圖。」

戊戌，京城統制官張用以一騎送李寶歸京師。

王復死徐州

張遇死漣水

丙午，金左副元帥宗維陷徐州，守臣王復死之。御營左將軍韓世忠潰軍于沭陽〔三〕，其將張遇死于漣水軍之張渠村。宗維入淮陽軍，京東轉運副使李祓從軍，爲所殺。

大事記曰：虜之趨兩淮也〔四〕，不惟楚州之朱琳，泰州之曾班，泗州之呂元、閻瑾，天長軍之成喜，高郵軍之齊志行，滄州之劉錫、孔德基，或降或走，而韓世忠之軍亦潰矣。豈獨兩淮素無兵備哉？亦習見兩河官吏被禍而無益，故寧畏虜而不畏義也。

金人犯泗州

笑王綯言虜至

己酉，金人犯泗州〔五〕。先是，禮部尚書王綯聞虜騎且南侵〔六〕，率從官同對。上命至都堂議，黄潛善、汪伯彦笑曰：「諸公所言，三尺童子皆能及之。」是夕，泗州奏虜且至，上大驚，禁中倉皇，以内帑所有通夕般挈。

二月庚戌朔，駕御舟泊河岸。上即欲渡江，黄潛善等力請少留俟報，且般左藏庫金帛三分之一，上許之。虜以數百騎奄至天長軍〔七〕，亟遣江淮制置使劉光世將所部迎敵，而士無鬬志，未至淮即潰。是日，揚州城内居民争門以出，踐死者無數。從官有詣都堂問二相者，黄潛善、汪伯彦皆曰：「已有措置，不必慮。」百官聞此，復自相慰。

金人陷天長軍

壬子，金人陷天長軍。上遣左右内侍鄭詢往天長軍覘事，知爲金人至，遽奔還。上得詢報，即介胄走馬出門，惟御營都統制王淵、內侍省押班康履五六騎隨之。黃潛善、汪伯彥方會都堂，或有問邊耗者，猶以不足畏告之。堂吏呼曰：「駕行矣！」二人乃戎服鞭馬南騖。軍民爭門而出，死者不可勝數。上次揚子橋，一衛士出語不遜，上掣手劍刺殺之。時軍民怨黃潛善刻骨，司農卿黃鍔至江上，軍士呼曰：「黃相公在此！」數之曰：「誤國害民，皆汝之罪。」鍔方辨其非是，而首已斷矣〔八〕。

軍民怨黃潛善

軍士誤殺黃鍔

龜鑑曰：虜破北京〔九〕，張浚歷言，汪、黃笑而不答。虜迫揚州，群臣有問者，而汪、黃猶以不畏答之。大駕南幸，而都堂會食，猶罔聞知，其雍容待敵，果何所恃而然哉？昔秦軍迫淮、淝而安石圍棋自如，安石所恃者，指授將帥之規模素定也。契丹犯澶淵〔一〇〕，而萊公酣寢不動，萊公所恃者，決親征之策，勝負已了然於胸中也。若汪、黃之所恃者，宇文虛中之使未回，庶幾和議可成耳。和其果足恃哉？

上渡江

呂頤浩、張浚聯馬追及上于瓜洲鎮，得小舟，即乘以濟。

張匯進論曰：黏罕之犯揚州也，時御營之師必有十萬，而黏罕止有五六千騎。自建炎二年秋九月離雲中，下太行，渡黎陽，攻澶、濮、山東諸州郡，以至犯揚州〔一一〕，可見疲勞之甚矣。此强弩飄風之末，無足畏也。兼是時兩河州郡尚有未陷者〔一二〕，山東州郡，十陷二三，人心未安，糧道未集，盜賊蠭起，而不顧後患，投身深入我境，又可見其無知之甚也。時若我師乘其遠來新至，行列未定，而擊之可也。或則深池堅城，拒而勿戰，以挫其鋭，以沮其意，且多方出兵，邀其出掠者，彼萬里孤軍，後無委積，忌於相持，利於速戰。求戰不能，糧道不繼，又且野不能掠。以此制之，賊遁必矣〔一三〕。俟其既遁，襲而擊之、捨而縱之皆可也。而乃望風之際，車駕渡江，六師自潰，爲賊乘之〔一四〕，席卷而去，此失於退一也。

虜入揚州上至鎮江

是晚，虜遊騎至揚州縱火〔一五〕，城内煙焰燭天。上至鎮江，宿於府治。癸丑，上召宰執、從官、諸將對宅堂計事，吏部尚書呂頤浩降堦拜伏庭下。上顧潛善問之，頤浩以首叩地曰：「願且留此，爲江北聲援，不然虜賊乘勢渡江〔一六〕，愈狼狽矣。」二府皆曰：「善。」既而王淵入對，言：「暫駐鎮江，止捍得一處。若虜自通州渡〔一七〕，先據姑蘇，將若之何？不如錢塘有重江之

南渡議幸錢塘

阻。」諸内侍以爲是。禁衛涕泣，語言不遜。上顧中書侍郎朱勝非曰：「卿出問之。」勝非傳旨，皆以未見家屬爲對。勝非諭之曰：「已有旨，分遣舟專載衛士妻孥矣。」衆帖然。勝非還奏。上曰：「已晚矣〔一八〕。」適議定，不若徑往杭州，此中諸事，暫留卿處置，事定即來。」即上馬行。以頤浩充江浙制置使，劉光世爲行在五軍制置使，屯鎮江，控扼江口。又以主管侍衛馬軍公事楊惟忠節制江南東路軍馬，屯江寧府。

金人入真州。

甲寅，上次常州。

御營平寇前將軍范瓊引兵至壽春，其所部執守臣紹密，殺之。

范瓊殺壽春守

乙卯，上至無錫縣。

丙辰，上次平江府，始脱甲冑，御黄袍。侍衛者皆有生意。命承信郎甄援往江北招集衛兵。援，本太學諸生，靖康中，十上疏論利害。及還，遷保義郎。

丁巳，衛膚敏入對。膚敏在維揚，數請早幸建康。上思其言，復召。

金人犯泰州〔一九〕。

戊午，上將發平江，中書侍郎朱勝非自鎮江來。初，上以吴江之險可恃，議留大臣鎮守。勝非既對，上欲除勝非兼知秀州，輔臣言：「秀非大臣鎮守之地。」乃以御札命勝非充平江府秀州控扼使。勝非再留身言：「臣雖備員執政，與諸軍無素，更乞從官一員同治事，如吕頤浩、張浚皆兼御營司參贊軍事，可用也。」於是，上問近臣誰能佐勝非者？浚慷慨願留，遂命浚同節制控扼等事。仍詔勝非事有奏陳不及者，聽便宜施行訖奏。浚受命即出城，決水溉田，以限戎馬〔二〇〕，列烽燧，募土豪，措置捍禦。

金人陷滄州〔二一〕。

己未，上次秀州。

吕頤浩復用

除江淮兩浙制置

庚申，御舟次崇德縣，江淮制置使吕頤浩從上行，即拜同簽書樞密院事、江淮兩浙制置使。上諭以：「金人尚留江北，卿可還屯京口。」頤浩即以王淵所部精兵二千人還鎮江府，遣御營中軍統制張俊以所部八千人往吴江縣防托。時朝廷方以虜寇渡江爲患〔二二〕，故命大將楊惟忠守金陵，劉光世守京口，王淵守姑蘇，分授二大臣節度。於是韓世忠在海道未還，而范瓊自壽春渡淮，引兵之淮西境上，扈駕者惟苗傅一軍而已。

上至杭州

壬戌，上至杭州，以州治爲行宮。

徐徽言孫昂死晉寧

金人陷晉寧軍〔二三〕，守臣徐徽言死之，統領孫昂亦不屈而死。

幸杭州下詔罪己

癸亥，朝群臣於行宮，降詔罪己，求直言。

罪李綱以謝虜

德音不赦李綱

乙丑，德音：釋諸路囚雜犯死罪以下，士大夫流徙者悉還之，惟責授單州團練副使李綱不以赦徙。蓋黄潛善建陳，猶欲罪綱以謝虜也〔二四〕。

大事記曰：汪、黄之所主者，和議而已，故竄馬伸，殺陳東、歐陽澈，罷衛膚敏、許景衡，以遂其私。方且奏復科舉，策進士，行郊祀，定配享，置講讀官，以文其欺。幸而渡江，猶罪李綱以謝虜〔二五〕，冀和議之可成耳。彼其説曰：非和則所以速二聖之禍。然虜與我有不共戴天之讎，則其不可和也明矣。祈請使還，而兩河被兵；通問使遣，而維揚入寇〔二六〕，虜豈虚言之所能動哉？

命舉才術之士

命郎官以上薦人

命侍從及寺監長貳、郎官限二日舉有才術之士二人。故事，薦士不及郎官，蓋特恩也。一日進呈奏狀，上曰：「今所薦士，不比常時，便當擢用之。」命赴都堂審察。明日，復曰：「不若便令登對，朕當親自延見之。」

臣留正等曰：舜之舉賢，惟屬之四岳、十二牧。漢制大略自三公、九卿、丞相、御史大夫止耳。本朝故事，宰執、侍從纔得薦舉，未嘗及郎曹，郎官薦士，自太上皇帝始也。蓋當大有爲之時，欲廣旁求之路，故凡爲尚書郎者，咸得明揚，等於從官。雖然衆賢駢集，旌車畢至，固誠一時之盛矣。使甄别之不明，黑白之相混，吹竽畫餅，孔、跖雜售，則亦奚取於多乎？惟其睿鑑英接之榮，是其所以爲全盡也。唐陸贄有言：「取之貴詳，擇之貴精。蓋不詳其取，則賢路多塞；不精其擇，則真贋莫分。夫惟詳之於其始〔二七〕，精之於其終，斯兩盡之。」故臣愚以謂陸贄之言，真盡用人之法，而太上皇帝之用人，真可爲萬世之訓也。

出宮人

出宮人百八十人。

汪黄無去志

宰相黄潛善、汪伯彦再上疏請罪。自上即位以來，二人專持國柄，至是盜賊充斥，宗社播遷，議者皆欲正其誤國之罪，而潛善等居位偃然，猶無去意，中外爲之切齒焉。

置江寧府権貨務都茶場

置江寧府権貨務都茶場。

輪官看詳獻言

戊辰，詔：「國步艱難，謀慮之士咸願獻陳。可令左、右司輪官設次看詳所陳，納尚書省。」

金人焚揚州，士民皆死，存者纔數千人而已。

張澂攻罷汪黄

己巳，尚書左僕射黄潛善、尚書右僕射汪伯彦罷。時御史中丞張澂上疏劾潛善、伯彦大罪二十，疏入，未報，遂以狀申尚書省。潛善、伯彦乃復求去。

汪黄並罷相

簽書樞密院事路允迪奏曰：「時方艱棘，不宜遽易輔相。乞責以後效。」

路允迪奏留汪黄

詔押赴都堂治事。已而皆罷爲觀文殿大學士，潛善知江寧府，伯彦知洪州。

大事記曰：方上之在相州也，虜兵未退〔二八〕，此申包胥哭于秦庭之時也。時則當以宗澤進兵京城之請爲義，而黄潛善、汪伯彦沮之。迨上之次濟州也，虜兵已退，此晉大夫反首茇舍之時也，時則當以宗澤邀虜歸路之請爲義，而汪、黄又沮之。迨上之即位南京，此肅宗即位靈武，二年而復兩京之時也，時則當以李綱獨留中原之請爲義，而汪、黄又沮之。中興之初，綱在内，澤在外，此天擬二人以開建、紹之業者也，而綱爲汪、黄所沮，纔七十五日而去位，豈非天邪？澤爲汪、黄所沮，未及一年而憤死，又豈非天邪？綱罷而汪、黄相於内，澤死而杜充繼於外，天下事一變矣。綱在位，則措置兩河，兵民稍集；綱去，則經制、招撫罷，而兩河無兵矣。綱在位，則僞臣、叛黨稍正典刑；綱去，則叛臣在朝，而政事乖矣。綱在，則澤之志行；綱去，則澤之志沮。澤在，則盜可爲兵；充守，則兵皆爲盜。澤在，則黏罕遁；充用，則虜至維揚矣。內無綱，外無澤，此建炎之失其機，則汪、黃二人爲之也。

却富民獻錢

户部尚書葉夢得守尚書左丞，御史中丞張澂守尚書右丞。

辛未，湖州民王永從獻錢五萬緡，以佐國用，上不納。或曰：「曩已納其五萬緡矣。」乃命併先獻者還之，仍詔自今富民毋得輒有陳獻。

更御營法

詔御營使司止管行在五軍，其邊防措置等事，並歸三省、樞密院。

汪黃奪職予祠

壬申，觀文殿大學士黃潛善提舉南京鴻慶宮，汪伯彦提舉西京嵩山崇福宮，所除職去「大」字，用言者奏劾也。

甲戌，潛善、伯彦落職奉祠。

贈陳東歐陽澈官

乙亥，詔陳東、歐陽澈並贈承事郎〔二九〕，官有服親一人，令所居州縣存恤其家。

贈馬伸官

降授奉議郎、監濮州酒務馬伸除衛尉少卿，赴行在。先是，尚書左丞葉夢得初謝，上諭宰執曰：「始罪東等，出於倉卒，終是以言責人，朕甚悔之。今方降詔求言，當令中外皆知此意。」上復曰：「伸前責去亦非罪，可召還。」

或奏曰：「伸已死。」又贈直龍圖閣。

詔以四事自責

丙子，詔曰：「朕以菲躬，遭時多故，舉事失當，知人不明。昨以宰臣非才，任用既久，專執己見，壅塞下情。事出倉皇，匹馬南渡，深思厥咎，在予一人。既已悔過責躬，洗心改事，放斥宮嬪，貶損服御，罷黜宰輔，收召俊良。尚慮多方未知朕志，自今政事闕遺，民俗利病，或有關於國體，或有益於邊防，並許中外士民，直言陳奏。朕當躬覽[三〇]，采擇施行，旌擢其人，庸示勸獎。」

減婺州上供羅

知婺州蘇遲言：「本州上供羅，乞減其半。」詔減二萬八千匹，著爲定制，仍令給以本錢。

虜退復揚州

戊寅，呂頤浩奏，已復揚州。

詔幸江寧府

三月己卯朔，詔：「金人已退，當進幸江寧府，經理中原。」

庚辰，中書侍郎朱勝非守尚書右僕射兼中書侍郎，兼御營使。

胡紡欲以死守城

李易母不肯避寇

金人分兵犯江陰[三一]，至夏港，守臣胡紡、統制官王換等拒敵，且謂簽書判官廳公事李易曰：「吾曹有死城郭之義，公母宜勉之少避。」易歸，告其母蔣氏，蔣氏曰：「我去，則汝決不肯堅守，願與汝同死生。」聞者感泣。

馬廣言三策

降授右武大夫、和州防禦使馬廣應詔上書言：「前日之事，其誤有四，其失有六。願陛下幸巴蜀之地，用陝右之兵，留重臣使鎮江南，委健吏以撫淮甸。破金賊之計〔三二〕，回天下之心，是爲上策。都守武昌，襟帶荆湖，控引川、廣，招集義兵，屯布上流，扼據形勢，密約河南諸路豪傑，許以得地世守，用爲屏翰，是爲中策。駐蹕金陵，備禦江口，通達漕運，亟製戰艦，精習水軍，厚激將士，以幸一勝，觀敵事勢，預備遷徙，是爲下策。若貪顧江湖陂澤之險，納探報之虛言，緩經營之實績，倚長江爲可恃，幸金賊之不來，猶豫遷延，候至秋冬，使金賊再舉，驅虜舟楫〔三三〕江、淮千里，數道並進，方當此時，然後又悔，是爲無策。」累數千言，皆切事機。

日有黑子

是日，日中有黑子。

葉夢得深曉財賦

辛巳，尚書左丞葉夢得罷。上批：「夢得深曉財賦，可除提舉中太乙宮兼侍讀、提領户部財用，充車駕巡幸頓遞使。」夢得執政凡十四日而罷，辭不拜，遂徑歸卞山。

王淵除簽書

王淵輕財好義

御營使司都統制王淵同簽書樞密院事，仍兼都統制。淵自平江赴行在，既對，遂有是命，諸將多不悦者。淵輕財好義，家無宿儲，每曰：「朝廷官

人以爵，使禄足代其耕也。若切切事錐刀、愛爵禄，我何不爲大賈富商耶？」〔三四〕

改江東安撫制置

同簽書樞密院事、江淮兩浙制置使吕頤浩爲江南東路安撫制置使兼知江寧府。

張浚請製軍器

御營使司參贊軍事張浚請沿江要害州軍置强弩營，選州禁兵、縣弓手爲之。仍專置軍器提舉官，募公私匠人，以除戎器。乃命諸路憲臣措置製造，赴行在。

看詳章奏

命學士、給、舍輪日於禁中，看詳臣民章奏條上，仍不用内侍輪送，止實封往反。

康履妄作威福召變

苗劉作亂

壬午，初，扈從統制苗傅自負世將有勞，以王淵驟得君，頗觖望。起復威州刺史劉正彦嘗招降劇盜丁進等，以賞薄怨。始淵既薦正彦，復檄取其所予兵，正彦執不遣，以此怨淵。上在維揚，入内内侍省押班康履頗用事，妄作威福，諸將多疾之。及幸浙西，道經吴江〔三五〕，左右宦者以射鴨爲樂。比至杭州，江下觀潮，中官供帳，赫然遮道。傅等曰：「汝輩使天子顛沛至此，猶敢爾邪！」有中大夫王世脩者，爲傅幕賓，世脩嘗疾閹宦恣横，爲尚書右丞張澂言之，澂不納。世脩退，爲劉正彥言之，正彥曰：「君言甚忠，當與君同去此輩。」俄聞淵入宥府〔三六〕，傅、正彥以爲由宦者所薦，愈不平，遂與世脩及其徒王鈞甫、馬柔吉、張逵等謀，先斬淵，然後殺内侍。鈞甫、柔吉皆燕人，所將號赤心軍。議已定。

苗劉作亂斬王淵

吴湛陰黨苗劉

上御樓慰諭軍民

癸未，制以劉光世爲檢校太保、殿前都指揮使。百官入聽宣制，傅、正彥令世脩伏兵城北橋下，俟淵朝退，即捽下馬，誣以結宦官謀反，正彥手斬之。遂遣人圍康履家，分兵捕内官，凡無鬚者皆殺。正彥既斬淵，即與傅擁兵至行宮北門外。衛士出刃，以指其軍。傅、正彥遂陳兵于門下。中軍統制吴湛遣人口奏：「傅、正彥手殺王淵，以兵來内前，欲奏事。」上大駭愕。朱勝非請往問之。勝非急趨樓上，厲聲詰問專殺之由，吴湛引傅所遣使臣入内，附奏曰：「苗傅不負國家，止爲天下除害耳。」知杭州康允之見事急，率從官扣内東門求見，請上御樓，慰諭軍民。日將午，上步自内殿，登闕門，百官皆從。權主管殿前司公事王元大呼曰：「聖駕來！」傅等見黃蓋，猶山呼而拜。上憑欄呼傅、正彥問故，傅厲聲曰：「陛下信任中官，賞罰不公。軍士有功者不賞，内侍所主者乃得美官。黃潛善、汪伯彥誤國至此，猶未遠竄；王淵遇賊不戰，因交康履，乃除樞密。臣自陛下即位以來，立功不少，顧止作遥郡團練使。臣已將王淵斬首，中官在外者，皆誅訖。更乞康履、藍珪、曾擇，斬之以謝三軍。」上諭以内侍有過，當流海島。卿可與軍士歸營。傅曰：「今日之事，盡出臣意，三軍無預焉。且天下生靈無辜，肝腦塗地，止緣中官

苗劉等斬康履

擅權。若不斬履、擇，歸寨未得。」上不得已，命吴湛執履，衛士擒至闕門〔三七〕。履望上呼曰：「何獨殺臣！」遂以付傅等。即樓下腰斬之，梟其首，與淵首相對。上諭傅等歸寨，傅等因前出不遜語，大略謂上不當即大位，將來淵聖皇帝來歸，不知何以處？上命朱勝非縋出樓下，委曲諭之。傅請隆祐太后同聽政，及遣使金人議和。上許諾，即下詔書，恭請隆祐太后垂簾，權同聽政。

請太后權同聽政

傅、正彦聞詔不拜，曰：「自有皇太子可立。況道君皇帝已有故事。」上徐謂勝非等曰：「朕當退避，但須稟於太后。」勝非言：「無此理。」顔岐曰：「若得太后自諭之，則無辭矣。」上乃令岐入奏，又命吴湛諭傅等曰：「已令請太后御樓商議。」太后御黑竹輿出，立樓前見傅等，執政皆從之。傅、正彦拜於輿前，曰：「今百姓無主〔三八〕，肝腦塗地，望太后爲天下主張。」后曰：「自道君皇帝任蔡京、王黼，更祖宗法度，童貫起邊事，所以招致金人，養成今日之禍，

豈關今上皇帝事？況皇帝聖孝，初無失德，止爲汪伯彥、黄潛善所誤，今已竄逐，統制豈不知？」傅曰：「臣等已議定，豈可猶豫？」后曰：「待依所請，太

請傳位太子

后權同聽政。」傅等抗言，必欲立皇子。后曰：「皇子方三歲。太后以婦人之身，簾前抱三歲兒，何以令天下？夷狄聞之〔三九〕，豈不轉加輕侮？」傅、正彦號哭固請，后不聽。傅等語言益迫。太后還入門，上遣白以「事無可奈何，須禪位。」上即所御椅子上作詔曰：「朕自即位以來，强敵侵淩，遠至淮甸，其意專以朕躬爲言。朕恐其興兵不已，枉害生靈，畏天順人，退避大位。朕有元子，毓德東宮，可即皇帝位。恭請隆祐太后垂簾，同聽政事，庶幾消弭天

詔避位太后垂簾

變，慰安人情。敵國聞之，息兵講好。」上書詔已，遣人持下，宣示二兇。勝非至樓下，呼傅幕屬將佐問之，王鈞甫進曰：「二將忠有餘而學不足耳。」宣詔畢，傅、正彦麾其軍退。勝非又奏：「母后垂簾，須二人同對。臣有獨奏，事不可形于紙筆者，豈可與他人同之？欲降旨，以時事艱難，許臣僚獨對。」太后曰：「彼不疑否？」勝非曰：「乞自苗傅始，仍與其徒日引一人上殿，以弭其疑。」勝非退，太后語上曰：「賴相此人。若汪、黄未退，事已不可收拾矣！」他日，傅等入對，太后勞勉之，傅等皆喜，由是臣僚獨見論機事〔四〇〕，賊

上移御顯忠寺

亦不疑矣。是日，上移御顯忠寺〔四一〕。甲申，太后與魏國公垂簾，朱勝非稱疾不出。太后命執政詣其府，勝非乃出。是日，上徽號曰睿聖仁孝皇帝，以顯忠寺爲睿聖宮，制曰：「太上睿聖仁孝皇帝以權宜之計，駐蹕吴江。深慮敵人指爲釁隙，興師不已，結禍彌深，濫使無辜肝腦塗地，退避大位，傳於眇躬。隆祐太后練達國家之務，深得臣庶之情，恭請垂簾，同聽政事，宜霈湛恩，以宥多辟。可大赦天下。」

張浚吕頤浩聞變

丙戌，赦書至平江府，節制軍軍馬張浚聞有赦，慮時方艱危，事變莫測，諭守臣湯東野，遣親信官至前路，發封以告。少頃，東野馳來，曰：「事變矣。」袖以示浚，浚遂走人入杭州，伺其實。時右司員外郎黄槩、兩浙轉運司幹辦公事吕摭亦遣進武副尉魏傅賫蠟書遺浚及吕頤浩，言傅等叛逆之詳。

江東制置使吕頤浩至江寧，舍館未定，忽奉内禪詔赦，遂會監司議，皆莫敢對。退，謂其屬官李承邁曰：「是必有兵變。」承邁曰：「詔詞有畏天順人之語，此恐其出於不得已也。」其子抗侍側，曰：「主上春秋鼎盛，豈肯遽遜位于沖幼乎？灼知兵變無疑矣。」頤浩即走人入杭伺賊，并寓書於張浚、劉光世，痛述國家艱難之狀，別以片紙遺浚曰：「時事如此，吾儕可但已乎？」時

張浚決策舉兵

有自杭州賫傅等檄文至平江者，浚讀之慟哭，乃決策舉兵。夜，召兩浙路提點刑獄公事趙哲，告以故，令哲盡調浙西射士，以急切防江爲名，使湯東野密治財計。〔四二〕

張浚舉兵勤王

張俊以兵至平江

戊子，御營前軍統制張俊以兵至平江府〔四三〕。俊初屯吴江縣，傅等以其兵屬趙哲，使俊之鳳翔。會統制官辛永宗自杭乘小舟至俊軍，具言城中事。將士洶洶，俊諭之曰：「若等無嘩，當詣張侍郎求決。侍郎忠孝，必有籌畫。」

張浚撫諭張俊兵

至是，俊至平江，平江人大恐。會浚被省劄召赴行在，令將所部人馬盡付趙哲。浚披衣起坐，不能支持。頃之，湯東野直入，浚問知其故。浚知上遇俊厚，而俊純實，可與謀事。諭東野亟開門納之，一軍遂定。浚曰：「太尉知皇帝遜位之由否？此蓋苗傅等欲危社稷。」言未訖，泣數行下。俊亦大哭。浚諭以決策起兵問罪，俊泣拜，且曰：「此事須侍郎濟以機術，勿令驚動官家。」浚哽咽首肯〔四四〕。移時，辛永宗、趙哲至，浚即同趙哲馳入張俊軍撫諭，且厚犒之，人情大悦。浚以蠟書諭吕頤浩、劉光世起兵狀，又命俊先遣精兵二千扼吴江。

僞命改元明受

己丑，制以建炎三年三月十一日爲明受元年。先是，傅乞改年號，劉正彦乞移蹕。又二日，傅、正彦至都堂申言二事，勝非以移蹕爲不可。傅趣遣使，勝非曰：「已議定，朝夕行。」傅曰：「人言炎字是兩火，故多盜。乞早改元。」勝非以奏太后，曰：「三事中，惟年號稍輕，若全然不從，恐别生事。」

張浚請太后歸政

節制平江府、常、秀、湖州、江陰軍軍馬張浚言：「臣竊以當今外難未寧，内寇並起，正人主憂勞自任，馬上求治之時。恐太母以柔静之身，皇帝以幼沖之質，端居深處，責任臣僚，萬一强敵侵陵，則二百年宋朝社稷之基，拱手而遂亡矣。臣愚，不避萬死，伏乞太母陛下、皇帝陛下特軫宸慮，祈請睿聖，念祖宗委託之重，思二帝屬望之勤，不憚勤勞，親總要務，據形勝之地，求自安之計，抑去徽名，用柔敵國，然後太母陛下、皇帝陛下監國于中，撫静江左。如此，則國家大計似爲得之。」

邵彪見張浚議事

前密州州學教授邵彪見浚於軍中，浚問策安出？彪曰：「以至順誅大逆，易特反掌，顧公處之何如耳。」浚曰：「張俊指天誓地，願以死援君父之辱。韓世忠有伏節死難之志，二人可倚以辦事。惟浚士卒單弱，恐不足以任兹事。但吕樞密屯兵江寧，其威望爲人所信向，且通亮剛決，能斷大事，當爲天下倡。劉光世屯軍鎮江，兵力强悍，謀議沈鷙，可以倚仗。浚皆馳書往矣。」

呂頤浩發書約會兵

是日，呂摭書至江寧，頤浩執書以泣曰：「果如所料，事不可緩矣。」再發書與張浚及諸大將約會兵。

竄汪黃

庚寅，提舉南京鴻慶宮黃潛善、提舉西京嵩山崇福宮汪伯彥並責秘書少監，潛善衡州，伯彥永州，並居住。

置行在都茶場

置行在都茶場出賣茶引。紹興二年閏四月，又置務場於建康。

呂頤浩請太后歸政

同簽書樞密院事、江淮兩浙制置使兼知建康府呂頤浩言：「臣契勘自崇寧以來，内侍童貫、譚積互掌兵柄二十餘年，基禍流毒，遂令徒黨爲害。近聞將相大臣剿戮内侍，誠可以快天下之心，紓臣民忿怒之氣。但方今强虜乘戰勝之威〔四五〕，諸盜有蜂起之勢，興衰撥亂，事屬艱難，豈容睿聖皇帝退避大位，而享安逸？伏望太后陛下、皇帝陛下，不憚再三祈請睿聖皇帝亟復皇帝位，親總萬幾，然後駕幸江寧，以圖恢復。如此，則宗廟社稷有無疆之休，將相大臣有無窮之福。」

先是，張浚欲遣辯士持書説二賊，使無他圖，以待諸將之集。念無可遣者，夜分不寐。浚客遂寧馮轓素負氣節，聞之，慷慨請行。

虜陷鄜州〔四六〕。

辛卯，張浚遣馮轓赴行在。浚爲咨目，具以請主上親總萬務，事禀朱勝非，及與傅、正彦書，勉以事當改圖，不宜固執。

馮轓持書說賊

壬辰，兩浙轉運副使王琮言：「本路上供和買紬絹，歲爲一百七十萬匹有奇，請每匹折納錢兩千，計三百五萬緡省，以助國用。」許之。東南折帛錢蓋自此始。

東南折帛之始

張浚被旨以所部赴行在。浚奏辭新命，且遺傅等書云：「朝廷屢差官交割張俊人馬，所遣官皆畏避生事，不敢任責。浚度將士久從張俊，且又率强悍，捨俊無以彈壓。」欲款賊，使不致疑。

張浚遺書款賊

癸巳，初，御營平寇左將軍韓世忠既走鹽城縣，收散卒，得數千人〔四七〕。聞上渡江，以海舟還赴難，至是次常熟。張俊聞之，馳見禮部侍郎張浚，喜躍不自持，曰：「世忠之來，此事必辦。」浚與俊更相慶慰，即遣使召之。

張浚召韓世忠

甲午，馮轓再見傅、正彦于軍中，從容白之曰：「轓爲國家而來，今已再日，未聞將軍之命。願一言而決。」正彦見轓詞色不屈，即與王均甫、馬柔吉引傅耳語，衆諭轓曰：「侍郎欲復辟，此事固善，然須面議。」詞語甚遜。翌

二兇遣馮轓還

日，即遣還，遣張浚書，約浚至杭面議。

呂頤浩兵發江寧　張浚三書遺劉光世

呂頤浩以勤王兵發江寧。先是，張浚三遺劉光世書，諭以勤王，且遣參議軍事楊可輔至鎮江促之，光世不報。

甄援説諸將勤王

初，保義郎甄援在城中竊録明受詔赦及二兇檄書以出，至餘杭門，爲邏者所得。苗傅命斬之，援笑曰：「將軍方爲宗社立功，奈何斬壯士？」傅嫚駡，且詰其故，援曰：「今誤國姦臣多散處于外，願賫將軍之文，糾忠義之士，誅漏網以報將軍耳。」傅意解。正彥曰：「此未可信。」即使人拘之。居數日，防禁少緩，援更衣踰牆而出。至是，見張浚于平江。援詭言嘗更服見睿聖皇帝于別宮，上謂曰：「今日張浚、呂頤浩必起兵，劉光世、韓世忠、張俊等必竭力相輔，語令早來。」詞旨甚切。浚微察其意，不復窮問。即遣詣張俊軍。俊與其將士聞之，皆感慟，浚遂令援徧往韓世忠、劉光世諸軍宣諭。援明辯，善爲説詞。諸將人人自以爲上所倚望，感泣爭奮，由是士氣甚振。

再竄黄潛善

乙未，衡州居住黄潛善再責鎮東軍節度副使、英州安置。

劉光世會呂頤浩兵

呂頤浩引兵至丹陽，劉光世引部曲來會，金部郎中李迨自鎮江馳至偕行。

丙申，韓世忠以所部至平江。初，世忠在常熟舟中，聞張浚遣人來，被甲持刃，不肯就岸，取浚及統制官張俊所遺書，遣人讀之。世忠乃大哭，舉酒酹神曰：「誓不與此賊共戴天！」舟中士卒皆奮。世忠見浚曰：「今日大事已成，世忠與張俊以身任之，願公無憂。」世忠欲即進兵，浚諭之曰：「事不可急，投鼠忌器，急則事恐不測。浚已遣馮轓甘言誘賊矣。」

韓世忠兵至平江

丁酉，馮轓至平江。張浚得二賊書，卒皆不情之語，其中云：「苟可安社稷，利國家，救生靈，息兵戈，傅等皆聽命。」馬柔吉、王鈞甫亦同致書，浚得之，即欲擕親兵至杭，與賊面決，張俊、韓世忠皆告以「賊知主盟在公，勢必加害，願勿聽。」

張浚得二賊書

戊戌，韓世忠以所部發平江，張浚大犒世忠及張俊兩軍。酒五行罷。浚引諸將至府園，屏左右，問曰：「今日之事，孰逆孰順？」衆皆曰：「我順彼逆。」浚曰：「若違天悖人，可直取浚頭顱歸賊，聞以觀察使求，即日富貴矣。不然，一有退縮，當以軍法從事！」衆皆諾。世忠發平江。舟行不絕者三十里，甲士盡載其上，軍勢甚振。浚慮傅等以僞命易置，仍令世忠偏將張世慶搜絕郵傳，凡自杭來者，悉投之水中。

韓世忠兵發平江

張浚搜絕郵傳

張浚復遣馮轓入杭

己亥，張浚復遣馮轓入杭，移書傅等，告以禍福，使之改圖。先是，傅又遺浚書云：「朝廷以右丞待侍郎，伊尹、周公之事，非侍郎其孰當之？請速赴行在。」浚報書云：「自古言涉不順，則謂之指斥乘輿；事涉不順，則謂之震驚宮闕。至於遜位之説，則必其子若孫，年長以賢，則托以政事，使之利天下而福蒼生，不然，謂之廢立。廢立之事，惟宰相大臣得專之，伊尹、霍光之任是也。若不然，則謂之大逆賊矣。凡爲人臣者，握兵在手，遂可以責其君之細故，而議廢立，自古豈有是理也哉？天之所興，孰能廢之？願二公畏天順人，無顧一身利害，借使事正而或有不測，猶愈於暴不忠不義之名，而得罪於天下後世也。」初，浚發書，及所措置事，皆托他詞，未敢誦言誅之。傅等雖聞大集兵，猶未深信，得此書，始悟見討，奏請誅浚，以令天下。

張浚書斥苗劉罪

僞詔言内禪事

辛丑，内降詔書，略曰：「永惟内禪之初，恭奉太上之旨，責躬避位，事理甚明。訪聞有侍從掌兵之官，不能曉授受本末，弗計宗社安危，輕易以惑人心，遷延而違詔命。惟爾將帥士民，各宜體悉，期救艱虞。」傅等聞張浚將起兵，乃下是詔。

僞命加張俊世忠官

新除捧日天武四廂都指揮使韓世忠爲定國軍節度使，依前御營使司提舉一行事務；都巡檢使，新除捧日天武四廂都指揮使張俊爲武寧軍節度使、知鳳翔府。二人皆以深曉内禪詔旨，不受張浚詿誤，故有是命。

偽命竄張浚郴州

詔：「新除禮部尚書張浚，陰有邪謀，欲危社稷，責黄州團練副使、郴州安置，令平江府差兵級防送，經由行在赴貶所。」中書舍人季陵當制，有「輕脱寡謀」之語。時兩宫音問幾不相通，太母忽遣小黄門至睿聖宫白曰：「張浚早來不得已郴州安置。」上方啜羹，不覺覆羹于手。初，傅得浚手書，即請絀浚，右僕射朱勝非沮止之，至于五六。及是，傅等至都堂見勝非，具言浚見詆爲逆賊，所不能堪。勝非見其悖甚，恐生他變，謂之曰：「罷張兵權而以付呂樞密，必無事矣。」傅意稍解，遂有郴州之命。

上啜羹覆于手

鄭瑴論苗劉事

初，傅、正彦日至都堂議事，御史中丞鄭瑴奏疏言〔四八〕：「臣訪聞朝廷日近差除行遣，多出御營都副苗傅、劉正彦之意，二人出入都堂，殆無虚日。望戒諭將帥之臣，無以私請干與朝政。」太后出其章示傅、正彦，傅、正彦銜之，及是，又請留吕頤浩守金陵，張浚不當貶。又言：「浚特以私書與傅、正彦往來切磋，而爲忠義，今峻責之，是堅天下之疑心，以動四方之兵也。」不報。瑴遂遣所親奉議郎謝嚮變姓名爲賈人，至平江，具言城中事，令遲重緩

鄭瑴遣人至平江

進，使賊自遁，毋致城中之變。浚然之。然韓世忠扼秀州，張俊前軍在吴江，賊氣奪矣。時節制司參議官辛道宗總舟師〔四九〕，與統領官陳思恭亦自華亭進發。張浚又親作蠟丸書云：「不得驚動三宫聖駕。」浚書名，張俊亦書名，募人賫赴管軍左言等八人，慮傅等因大軍之入，或有他變，書皆達〔五〇〕。

張浚繆書款二兇

是晚，馮轓至臨平，馬柔吉見之曰：「君尚敢來耶？昨日張侍郎有書來，詞不委曲，二公大怒，且發兵出杭矣。」轓曰：「張公無他意，大率欲規正，故不得不激切。」柔吉意少解。夜二鼓，柔吉與轓俱縋入城，翌日，與傅等議于軍中。浚繆爲書遺轓曰：「浚近發苗都統書，論列睿聖皇帝事，反復數百言。適有客自杭來，知二公於朝廷社稷初無不利之心，甚悔輕易，未識體察否？然浚無他也，欲此忠義大節終歸二公，無使他人爲之。會見望致意。」傅等初謂有他謀，發書無異詞，遂大喜，轓由是得免。

呂頤浩兵至平江

壬寅，呂頤浩軍行至平江之北。先是，頤浩以所部萬人發江寧府，道募得三千人，與俱，至平江之北四十五里，張浚乘輕舟迓之，道遇小舟，得郵筒，屏人發封，乃浚郴州謫命。蓋賊以浚限截往來文字，故更遣使臣自湖州轉遞以來。

張浚匿謫命文字

浚得之，恐將士觀望不盡力，呼書吏曰：「朝廷趣赴行在，爲我申，即日起發。」浚見頤浩，相與對泣，以大計咨之。

吕頤浩忠節

頤浩曰：「事不諧，不過赤族。頤浩曩諫開邊之失，幾死宦官之手。承乏漕挽，幾陷腥膻之域。近者倉卒南渡，舉室幾喪。今日爲社稷死，豈不甚快邪！」浚壯其言。頤浩即召其屬官李承造于舟中草檄，而浚爲潤色之。

二兇縱世忠妻子

初，苗傅聞韓世忠在秀州，取其妻梁氏及其子保義郎亮于軍中以爲質。朱勝非聞之，乃好謂傅曰：「今當啓太后，招二人慰撫，使報知平江，諸人益安矣。」傅許諾。勝非喜曰：「二兇真無能爲矣。」太后召梁氏入見，封爲安國夫人，錫予甚渥。后執其手曰：「國家艱難至此，太尉首來救駕，可令速清巖陛。」梁氏馳出都城，遇苗翊於塗，告之故，翊色動，手自捽其耳。梁氏覺翊意非善，愈疾馳一日夜，會世忠于秀州。

韓世忠斬使焚詔

俄而傅等以麻制授世忠，世忠曰：「吾但知有建炎，豈知有明受？」斬其使，焚其詔。

張俊械使者送獄

又遣使持麻制授張俊，俊械以送獄。

馮轓説王鈞甫

馮轓又説王鈞甫曰：「此事若了在他人，公何以贖過？」鈞甫頗以爲然。

癸卯，太后詔：「睿聖皇帝宜稱皇太弟，領天下兵馬大元帥，復封康王。皇帝稱皇太姪，監國。御營都統制苗傅、副都統制劉正彦並賜鐵券[五二]。」

苗劉呼馮轓議復辟

時傅、正彦聞勤王兵大集，意甚懼，呼馮轓議復辟。轓知其可動，即見朱勝非，白云：「今國步艱難，當以馬上治之。今日之事，當以淵聖皇帝爲主，睿聖皇帝嘗受淵聖詔爲大元帥，宜仍舊。少主爲皇太姪。太后垂簾。」張逵退謂苗傅曰：「趙氏安矣，苗氏危矣。」

進士馮轓特補奉議郎、守尚書兵部員外郎，更名康國。

馮轓更名康國

呂頤浩、張浚議進兵，韓世忠爲前軍，張俊以精兵翼之，劉光世親以選卒爲遊擊，頤浩、浚總中軍，光世分軍殿後，遂以勤王所爲名。頤浩、浚傳檄中外曰：「逆臣苗傅，躬犬豖不食之資，取鯨鯢必戮之罪，乃因艱難之際，敢爲廢立之謀。劉正彦以孺子狂生，同惡相濟，自除節鉞，專擅殺生。仰惟建炎皇帝憂勤恭儉，志在愛民，聞亂登門，再三慰勞。而傅等陳兵列刃，兇焰彌天，迫脇至尊，倉皇避位，語言狂悖，所不忍聞。大臣和解而不從，兵衛皆至於掩泣。詔書所至，遠邇痛心，駭戾人情，孰不憤怒？顧惟率土，何以戴天？況傅等揭榜闤市，自稱曰予，祖宗諱名，曾不回避，迹其本意，實有包藏。今者進兵，以討元惡，師次秀州，四方響應。用祈請建炎皇帝亟復大位，以順人心。今檄諸路州軍官吏軍民等，各奮忠義，共濟多艱。所有朝廷見行文字，並係傅等僞命，及專擅改元，即不得施行，敢有違戾，天下共

張浚等議進兵

勤王所傳檄諸路

誅之。」

乙巳，制曰：「睿聖仁孝皇帝頃自靖康之初，實總元帥之重。早緣推戴，繼遂纂承。比以强敵侵陵，生民荼毒，深自損抑，發于至誠。若止仍太上之稱，何以慰天下之望？今恭依太后聖旨，請加上太上睿聖仁孝皇帝，處分兵馬重事。」

勤王兵發平江

御營前軍統制張俊以勤王兵發平江，殿前都指揮使劉光世繼之。呂頤浩與張浚餞於門外，登樓閱兵，器甲鮮明，士氣鋭甚。

丙午，呂頤浩、張浚以大軍發平江。

廟堂召二兇議復辟

丁未，宰相朱勝非召苗傅、劉正彦至都堂，議復辟事。勝非語之曰：「反正事已定日迎請，朝廷百官皆有章奏，公等可别作一章。」傅面頰發赤，慚恧無語，回顧正彦。正彦起曰：「前日所請，本爲和戎〔五二〕，今使命雖不通，未嘗更遣，遽請反正。前後事體相違。」勝非責之曰：「和戎之使既無路可通，況事已彰露，州縣誰不知之？且勤王之師未來者，使是間自反正耳。前日王淵不當作樞密，人情猶能如此。今日之事，孰爲輕重？不然，下詔率百官與六軍請上還宫，公等六人置身何地？」正彦却立不對，傅長吁曰：「獨有死耳。」勝非以二將反覆責世脩，世脩以言逼傳，傳不能答。勝非乃令堂廚具飯，命世脩即廡間草奏，持歸軍中，自準備將以上，皆書名。勝非進呈，太后極喜曰：「吾責塞矣。」

王世脩止勤王兵

時頤浩、浚大軍已次吴江，王世脩聞之，遣人至軍中云：「上已處分兵馬重事，止王師屯秀，俾頤浩、浚以單騎入朝。」頤浩奏曰：「臣等所統將士，忠義所激，可合不可離。願提軍入覲。」傅等計窮，益懼。

苗劉見上謝過

是晚，苗傅、劉正彦復至都堂，見朱勝非，請詣睿聖宮，見上謝過。

上手詔賜韓世忠

上乃賜韓世忠手詔曰：「知卿已到秀州，遠來不易。朕居此極安寧。苗傅、劉正彦本爲宗社，始終可嘉，卿宜知此意，徧諭諸將，務爲協和，以安國家。」傅等退，以手加額曰：「乃知聖天子度量如此。」遂遣杭州兵馬鈐轄張永載持詔世忠。世忠得之，謂永載曰：「主上即復位，事乃可緩；不然，吾以死決之。」傅等大恐。

趙立知徐州

金人陷京東諸郡〔五三〕。

徐州武衛都虞候趙立聞虜北歸〔五四〕，鼓率殘兵邀擊於外，斷賊歸路〔五五〕，奪舟船、金帛以千計，軍聲復振。詔立權知徐州事。

河南皆劉豫所統

金左副元師宗維聞上渡江，徙濟南叛臣劉豫知東平府，充京東西淮南等路安撫使，而以其子麟知濟南府。自舊河以南，皆豫所統也。

增入名儒講義皇宋中興聖政卷之四

校勘記

〔一〕金人陷青州　「人陷」原作「兵取」，據宋刊本、明抄本及宋史全文卷一七改。

〔二〕虜人必來　「虜」原作「敵」，據宋刊本、明抄本及宋史全文卷一七改。

〔三〕御營左將軍韓世忠潰軍于沭陽　「沭」原作「沐」，據宋史全文卷一七、繫年要録卷一九改。

〔四〕虜之趨兩淮也　「虜」原作「敵」，據宋刊本、明抄本及類編皇朝中興大事記講義卷四改。下同。

〔五〕金人犯泗州　「金人」原作「金兵」，據宋刊本、明抄本及宋史全文卷一七改。下同。

〔六〕禮部尚書王綯聞虜騎且南侵　「虜」原作「敵」，據宋刊本、明抄本及宋史全文卷一七改。

〔七〕虜以數百騎奄至天長軍　「虜」原作「敵」，據宋刊本、明抄本及宋史全文卷一七改。

〔八〕鍔方辨其非是而首已斷矣　「非是」原作「是非」，據宋史全文卷一七及繫年要録卷二〇乙正。

〔九〕虜破北京　「虜」原作「敵」，據宋刊本、明抄本及類編皇朝中興大事記講義卷四改。下同。

〔一〇〕契丹犯澶淵　「契丹犯」原作「北兵侵」，據宋刊本、明抄本及類編皇朝中興大事記講義卷四改。下同。

〔一一〕以至犯揚州　「犯」原作「侵」，據宋刊本、明抄本及宋史全文卷一七改。

〔一二〕兼是時兩河州郡尚有未陷者　「陷」原作「失」，據宋刊本、明抄本及宋史全文卷一七改。下同。

〔一三〕賊遁必矣　「遁」原作「退」，據宋刊本、明抄本及宋史全文卷一七改。

〔一四〕爲賊乘之　「賊」原作「敵」，據宋刊本、明抄本及宋史全文卷一七改。

〔一五〕虜遊騎至揚州縱火　「虜」原作「敵」，據宋刊本、明抄本及宋史全文卷一七改。

〔一六〕不然虜賊乘勢渡江　「虜賊」原作「敵兵」，據宋史全文卷一七及皇朝中興紀事本末卷八上改。

〔一七〕若虜自通州渡　「虜」原作「敵」，據宋刊本、明抄本及宋史全文卷一七改。

〔一八〕已晚矣　「晚」，繫年要録卷二〇作「聞」。

〔一九〕金人犯泰州　「犯」原作「侵」，據宋刊本、明抄本及宋史全文卷一七改。

〔二〇〕以限戎馬　「戎」原作「敵」，據宋刊本、明抄本及宋史全文卷一七改。

〔二一〕金人陷滄州　「人陷」原作「兵取」，據宋刊本、明抄本及宋史全文卷一七改。

〔二二〕時朝廷方以虜寇渡江爲患　「虜寇」原作「敵兵」，據宋刊本、明抄本及宋史全文卷一七改。

〔二三〕金人陷晉寧軍　「人陷」原作「兵取」，據宋刊本、明抄本及宋史全文卷一七改。

〔二四〕猶欲罪綱以謝虜也　「虜」原作「敵」，據宋刊本、明抄本及宋史全文卷一七改。

〔二五〕猶罪李綱以謝虜　「虜」原作「敵」，據宋刊本、明抄本及宋史全文卷一七改。下同。

〔二六〕而維揚入寇　「入寇」原作「用兵」，據宋刊本、明抄本及宋史全文卷一七改。

〔二七〕夫惟詳之於其始　「夫惟」原脱，據繫年要録卷二〇所引補。

〔二八〕虜兵未退　「虜」原作「北」，據宋刊本、明抄本及宋史全文卷一七改。下同。

〔二九〕詔陳東歐陽澈並贈承事郎　「澈」原作「徹」，據上下文及繫年要録卷二〇改。

〔三〇〕朕當躬覽　「覽」原作「攬」，據宋史全文卷一七及繫年要録卷二〇改。

〔三一〕金人分兵犯江陰　「犯」原作「攻」，據宋刊本、明抄本及宋史全文卷一七改。

〔三二〕破金賊之計　「賊」原作「人」，據宋刊本、明抄本及宋史全文卷一七改。下同。

〔三三〕驅虜舟楫　「虜」原作「敵」，據宋刊本、明抄本及宋史全文卷一七改。

〔三四〕若切切事錐刀愛爵禄我何不爲大賈富商耶　「愛爵禄」原置於「我何」之下。據文意及繫年要録卷二一乙正。

〔三五〕道經吴江　「吴」原脱，據繫年要録卷二一補。

〔三六〕俄聞淵入宥府　「宥」原作「右」，據宋刊本、明抄本及繫年要録卷二一改。

〔三七〕衛士擒至闕門　「闕」，繫年要録卷二一作「閤」。

〔三八〕今百姓無主　「主」，繫年要録卷二一作「辜」。

〔三九〕夷狄聞之　「夷狄」原作「西北」，據宋刊本、明抄本及宋史全文卷一七改。

〔四〇〕由是臣僚獨見論機事　「機事」原作「事機」，據宋刊本、明抄本及繫年要録卷二一改。

〔四一〕上移御顯忠寺　「忠」，宋史卷二五高宗本紀二、建炎復辟記及續宋編年資治通鑑卷二均作「寧」。

〔四二〕案此段記事，繫年要録卷二一繫於「丁亥」。

〔四三〕御營前軍統制張俊以兵至平江府　「俊」原作「浚」，據繫年要録卷二一及皇朝中興紀事本末卷八下改。

〔四四〕浚哽咽首肯　「咽」原作「噎」，據宋史全文卷一七及繫年要録卷二一改。

〔四五〕但方今强虜乘戰勝之威　「虜」原作「敵」，據宋刊本、明抄本及宋史全文卷一七改。

〔四六〕虜陷鄜州　「虜」原作「敵」，據宋刊本、明抄本及宋史全文卷一七改。

〔四七〕得數千人　「得」原脱，據宋刊本、明抄本、宋史全文卷一七及繫年要録卷二一補。

〔四八〕御史中丞鄭瑴奏疏言　「瑴」原作「瑴」，據繫年要録卷二一、皇朝中興紀事本末卷八及續宋編年資治通鑑卷二下改。下同。

〔四九〕時節制司參議官辛道宗總舟師　「道」原作「遁」，宋史全文卷一七及繫年要録卷二一改。

〔五〇〕書皆達　繫年要録卷二一作「書皆未達」。

〔五一〕御營都統制苗傅副都統制劉正彦並賜鐵券　「副都統制」原脱「副」，據宋刊本、明抄本及繫年要録卷二一補。

〔五二〕本爲和戎　「戎」原作「敵」，據宋刊本、明抄本及宋史全文卷一七改。下同。

〔五三〕金人陷京東諸郡　「人陷」原作「兵得」，據宋刊本、明抄本及宋史全文卷一七改。

〔五四〕徐州武衛都虞候趙立聞虜北歸　「虜」原作「敵」，據宋刊本、明抄本及宋史全文卷一七改。

〔五五〕斷賊歸路　「賊」原作「敵」，據宋刊本、明抄本及宋史全文卷一七改。

增入名儒講義皇宋中興聖政卷之五

高宗皇帝五

建炎三年夏四月戊申朔，宰相朱勝非等言：「臣等三月二十九日請召苗傅、劉正彥等到都堂，諭以今國家多事，干戈未弭，當急防秋之計，睿聖皇帝宜還尊位，總攬萬機。苗傅等一皆聽從。」太后詔曰：「吾近以睿聖皇帝授位元子，請同聽政，國家艱難，義不得辭。朝夕不遑，亟欲歸政。今覽所奏，甚契吾心，可依所請。」勝非乃率百官上第一表，請上還宮，詔不允。百官三表畢，時已巳刻，上始御殿。百官起居，上猶未肯入內。勝非再請，遂就西廊搢笏掖上乘馬還行宮，都人夾道焚香，衆情大悅。上及太后同御前殿垂簾，下詔曰：「朕顧德弗類，遭時多艱。永惟責躬避位之因，專爲講好息民之計。今露章狎至，復辟爲期。朕惟東朝有垂簾保佑之勞，元子有踐祚纂承之托，太后宜上尊號曰隆祐皇太后，嗣君宜立爲皇太子。」

百官三表請還宮

詔立皇太子

龜鑑曰：方苗、劉之猖獗也，杜鵑之詩，聞者傷心；投鼠之舉，勢不可亟，其事至難處也。在内則有朱勝非、李邴、鄭瑴以正大之理折其鋒〔一〕，在外則有張俊、韓世忠、劉光世勤王之師挫其鋭，取日虞淵，洗光咸池。二兇以三月癸未至四月戊申反正，凡二十六日而平，蓋張忠獻倡義之功居多焉。

吕頤浩張浚次秀州

刺客不殺張浚

吕頤浩、張浚次秀州，韓世忠以下出郊迓之，具言傅等用意姦回，當益爲備。頤浩謂諸將曰：「國家艱危，君父廢辱，一行將佐，力圖興復。今幸已反正，而賊猶握兵居内，包藏姦謀，事若不濟，必反以惡名加我，諸公勉之。漢翟義、唐徐欽業之事可爲戒也〔二〕。」夜，有刺客至浚所，浚見而問之，客曰：「僕河北人，粗讀書，知逆順，豈爲賊用？顧爲備不嚴，恐有後來者。」浚下執其手，問以姓名，不告而去。翌日，浚取郡囚當死者，詭言刺客，斬以徇。

除二兇制置淮西

己酉，御營使司都統制苗傅爲淮西制置使，副都統制劉正彦副之。

復用建炎年號

庚戌，詔復用建炎年號。

張浚除知院

宰執朱勝非、顔岐、張澂、路允迪皆乞罷，上不許。

御筆：張浚除知樞密院事。浚時年三十三。國朝執政，自寇準以後，未

張浚執政年少

有如浚之年少者。

二兇加檢校少保

淮西制置使苗傅、副使劉正彥並加檢校少保，許以所部行。

張浚等與逆賊戰

呂頤浩、張浚次臨平，苗翊、馬柔吉以重兵負山阻河爲陣，於中流植木爲鹿角，以梗行舟。翊以旗招引世忠兵出戰，世忠率將士當前力戰，張俊次之，劉光世又次之。軍小却，世忠叱其將馬彥溥，揮兵以進，塗濘，騎不得騁，世忠下馬，持矛突前，令其將士曰：「今日各以死報國，若面不帶幾箭者，必斬之！」頤浩在中軍，被甲立水次，出入行伍間督戰，翊等敗走。傅、正彥遣兵援之，不能進。頤浩等進兵北關，傅、正彥見上曰〔三〕：「請設盟誓，兩不相害。」上賜金劵遣，傅、正彥退，詣都堂，趣賜鐵券。勝非命所屬檢故事，如法製造。是夕，傅、正彥引精兵二千人，開湧金門以出，命其徒所在縱火，遂夜遁。尚書省檄諸道捕傅等。世忠、俊、光世馳入城，至行宮門，閽者以聞，上步至宮門，握世忠手慟哭。光世、浚繼至，並見于內殿，上嘉勞久之。

二兇賜鐵券夜遁

世忠光世俊入見

太后撤簾

張浚等勤王兵入城

辛亥，太皇太后撤簾。呂頤浩、張浚引勤王兵入城，都人夾道聳觀，咸以手加額。班退，勝非留身，乞罷。上曰：「何必堅去？」勝非曰：「國家厄會，君與相當之。以陛下聖德，尚避位二十餘日，臣實何人，豈可苟安相職?」上曰:「卿言有理,朕更思之。」勝非頓首謝。頤浩、浚既見上,遂召趙哲、李迨、楊可輔、辛道宗、李承造、王圭等俱對。上特召浚至禁中,謂曰:「隆祐皇太后知卿忠義,欲一識卿面,適垂簾,見卿自庭下過矣。」浚皇恐謝。上欲倚浚爲相,浚辭以晚進,不敢當。是日,平寇左將軍韓世忠手執工部侍郎王世脩以屬吏,并拘其妻子。詔制置使劉光世鞫其始謀以聞。

召勤王諸臣入對

召張浚入禁中

韓世忠執王世脩

苗傅犯富陽縣,遣統制官喬仲福追擊之。

壬子,上初御殿受朝。

上初御殿受朝

知樞密院事張浚等言:「逆臣苗傅、劉正彦引兵遁走,乞行下諸州,生擒傅、正彦者,白身除觀察使,不願就者,賞錢十萬緡,斬首者,依此;捕獲王鈞甫、馬柔吉、張逵、苗瑀、苗翊,並轉七官;其餘一行官兵將校,並與放罪,一切不問。仍多降黄榜曉諭。」從之。

立賞格捕二兇

執政奏事畢,朱勝非再留身,乞罷,上未許。勝非曰:「臣若不去,人必以爲有所壅蔽。臣去之後,公議乃見。」上問可代者,勝非曰:「以時事言之,須吕頤浩、張浚。」上曰:「二人孰優?」勝非曰:「頤浩練事而麄暴,浚喜事而疏淺。」上曰:「俱輕,浚太少年。」勝非曰:「臣向自蘇州被召,軍旅、錢穀悉以

以苗劉事乞罷

令劉光世等參堂

付浚。後來勤王所事力，皆出於此，此舉浚實主之。」勝非拜辭，將退，上曰：「即今更押卿赴都堂，令劉光世、韓世忠、張俊等皆參堂，以正朝廷之體。」勝非曰：「臣聞唐李晟平朱泚之亂，奏云：『謹已肅清宮禁，祇奉寢園。』當時寇汙宮禁，晟擊出之，故云肅清。今陛下還宮已數日，將士直突呼叫，出入殿門，誠爲不知理道。」勝非退，見光世已下于都堂，世忠曰：「金人固難敵，若苗傅，但有少許漢兒，何足畏者？」勝非曰：「請太尉速追討，毋令過江。」於是御史張守亦論勝非等不能思患而預防，致賊猖獗，乞罷政。疏留中不出。

罷朱勝非相呂頤浩以勤王功拜相

癸丑，尚書右僕射朱勝非罷爲觀文殿大學士、知洪州。

同簽書樞密院事呂頤浩守尚書右僕射兼中書侍郎，兼御營使。

門下侍郎顏岐、尚書右丞張澂並罷，岐提舉南京鴻慶宮，澂知江州兼江東湖北制置使〔四〕。

簽書樞密院事路允迪提舉醴泉觀兼侍讀。

同簽書樞密院事李邴守尚書右丞。鄭瑴進簽書樞密院事〔五〕。

王世脩伏誅

監察御史陳戩奉詔審鞫王世脩于軍中，世脩言：「先伏兵斬王淵，繼殺內官，然後領兵伏闕，脅天子禪位，此皆始謀實情。」戩以聞，詔斬世脩于市。

苗傅犯桐廬縣。

甲寅，殿前都指揮使、御營使司提舉一行事務劉光世爲太尉、御營副使。以勤王除御營使 先是，御營副使皆以執政爲之，比光世還朝，上議擢光世樞管，既而改命。

御營平寇左將軍韓世忠充御營左軍都統制，御營前軍統制張俊充御營右軍都統制。除御營左軍都統 除御營右軍都統

斬御營中軍統制官吴湛。上以湛佐二叛爲逆，諭韓世忠使圖之。世忠詣湛與語，手折其中指，遂執以出。詔戮湛於市。以統制官辛永宗爲御營中軍統制。吴湛伏誅

乙卯，赦天下，舉行仁宗法度，録用元祐黨籍，即嘉祐法有與元豐不同者，賞格聽從重，條約聽從寬〔六〕；係石刻黨人，並給還元官職及合得恩澤；應諸路上供木炭、油蠟之類，有困民力，非急用之物，並罷。復辟赦

丙辰，苗傅至白沙渡，所過焚橋梁以遏王師。劉光世遣其前軍統制王德助喬仲福討之。劉光世遣王德討捕

丁巳，先是，右司員外郎黄槩應詔薦朝奉大夫趙鼎，遂以鼎行尚書司勳

員外郎。

詔：「自崇寧以來，内侍用事，循習至今，理宜痛革。自今内侍不許與主兵官交通、假貸、饋遺及干預朝政。如違，並行軍法。」

黄槩薦趙鼎

禁内侍交兵官預朝政

苗傅犯壽昌縣，所至虜居人〔七〕，黥以爲軍。

戊午，通判湖州張燾應詔上疏，大略謂：「人主戡定禍亂。未有不本于至誠而能有濟者。陛下踐祚以來，號令之發，未足以感人心；政事之施，未足以慰人望，豈非胸中之誠有未修乎？」又言：「天下治亂，在君子、小人用捨而已。夫小人之黨日勝，則君子之類日退，將何以弭亂而圖治乎？」又言：「防守大江，烏合之衆，不諳戰陣。」又言：「侍從、臺諫至國家大事，則坐視而不言。」又言：「巡幸所至，不免營繕，重困民力。」時論以爲當。

張燾應詔言事

統制官喬仲福追擊苗傅至梅嶺。與戰，敗之。傅走烏石山。

喬仲福敗賊兵

庚申，尚書右僕射兼中書侍郎吕頤浩改同中書門下平章事，仍兼御營使；尚書右丞李邴改參知政事。時言者復引司馬光併三省狀，請舉行之。詔侍從、臺諫議。御史中丞張守言：「光之所奏，較然可行。若更集衆，徒爲紛紛。」既而頤浩召從官九人至都堂，言委可遵行，悉無異論。頤浩乃請以

三省合爲一

減罷尚書左右丞

尚書左、右僕射並同中書門下平章事，門下、中書侍郎並爲參知政事，尚書左、右丞並減罷。自元豐改官制，肇建三省，凡軍國事，中書揆而議之，門下審而復之，尚書承而行之。三省皆不置官長，以左、右僕射兼兩省侍郎。二相既分班進呈，自是首相不復與朝廷議論。宣仁垂簾，大臣覺其不便，始請三省合班奏事，分省治事。歷紹聖至崇寧，皆不能改。議者謂門下既相同進公事，則不應自駁已行之命〔八〕，是東省之職可廢也。及是，上納頤浩等言，始合三省爲一，如祖宗之故，論者韙之。

執政乞舉大用之才

宰相吕頤浩、知樞密院事張浚言：「今天下多事，乞命庶寮各舉内外官及布衣、隱士材堪大用之才，擢爲輔弼，協濟大功。」詔行在職事官，各舉所知以聞。

省併朝官

權罷秘書省，紹興元年二月，復置。廢翰林天文局，紹興二年七月〔九〕，復置。并宗正寺歸太常，紹興三年六月，復置少卿，五年閏二月，復置寺。省太府、司農寺歸户部，紹興二年五月，復太府〔一〇〕，三年十一月，復司農〔一一〕。鴻臚、光禄寺、國子監歸禮部，紹興三年六月，復國子，二十三年二月，復光禄寺，二十五年十月，復鴻臚。衛尉寺歸兵部，太僕寺歸駕部，並不復置。少府、將作、軍器監歸工部，紹興三年十一月，復將作、軍器，惟少府不復。皆用軍興併省也。

減六曹吏員

減尚書六曹吏，自主事至守當官凡六等，定爲九百二十人。

苗傅犯衢州，守臣胡唐老據城拒之，會大雨雹，城上矢石皆發，不克攻，遂引去。丙寅，苗傅犯常山縣。

丁卯，上發杭州，留簽書樞密院鄭瑴衛皇太后〔二〕。

韓世忠請身往討賊

御營左軍都統制韓世忠請身往討賊，以世忠爲江浙制置使，自衢、信追擊之。世忠入辭，白上曰：「臣當撲滅二賊，未審聖意欲生得之耶，或函首以獻也？」上曰：「能殺之足矣。」世忠曰：「臣誓生致之，顯戮都市，爲宗社刷恥。」

戊辰，苗傅犯玉山縣。

舉智謀武藝官

庚午，詔天下帥臣、監司、守令采訪寓居文武官有智謀及武官武藝精熟者，具名以聞，量材録用。

王德殺陳彥章

辛未，苗傅屯沙溪鎮。統制官喬仲福、王德乘間入信州，會統制官巨師古自江東討賊還，與仲福會。傅未至信州十里，聞官軍在，遂還屯於衢、信之間。初，韓世忠喜德之勇鷙，欲使歸其麾下，乃令腹心健將陳彥章圖之。

德與彦章適會於信州，同謁郡將，彦章進揖，德頗倨。彦章怒，拔刃刺德不中，德奪刃殺之。

立皇太子

壬申，制以皇子魏國公旉立爲皇太子。

定三省吏額

丙子，初定兩省吏額。

丁丑，初定尚書省吏額。

范瓊反狀

御營平寇前將軍范瓊自壽春渡淮，遣騎卒五人之廬州，從安撫使胡舜陟責贍軍錢帛，舜陟執斬之，遣一騎還報。諭之曰：「將軍受命北討，今棄而南，自爲寇，吾豈竭生靈膏血而爲汝資？宜急去。」舜陟又檄諸郡勿給其糧，瓊遂渡江之洪州屯駐。

胡舜陟斬范瓊卒

五月戊寅朔，上次常州。

張浚宣撫川陜

詔知樞密院事張浚爲宣撫處置使，以川陜、京西、湖南北路爲所部。

張浚請西幸

初，上問浚以方今大計，浚請身任陜、蜀之事，置司秦川，令吕頤浩扈駕來武昌。上許之。

復辟後再竄汪黄

詔英州安置黄潛善降充江州團練副使、永州居住，汪伯彦降充寧遠軍節度副使，並即其州安置。始，潛善之斥也，其兄潛厚以分司居道州。潛厚聞命，徑歸邵武軍。朝廷聞之，爲降守臣張髦一官，潛厚乃去。

赤心軍叛苗傅

庚辰，江浙制置使周望引兵至衢州，而苗傅與其徒犯江山縣。傅之軍行也，常以王鈞甫、馬柔吉將赤心隊爲先鋒，去大軍十里而屯。時上命諸將以罪止傅兄弟及劉正彥、鈞甫、柔吉、張逵，餘皆罔治。赤心軍士聞詔寬大〔一三〕，乃叛傅。鈞甫遂焚河梁，以斷其路，率赤心之衆降於望。望使人受降書。未幾，其前軍統領官張翼等七人謂鈞甫反覆，斬鈞甫及柔吉父子首以降，賊黨大懼。詔以翼爲翊衛大夫、温州觀察使。傅等聞韓世忠且至，遂引兵趨信上。世忠聞之，恐其滋蔓閩、廣，乃自浦城捷出以邀之。

張翼斬王鈞甫馬柔吉

辛巳，上次鎮江府。翰林學士滕康請命有司祭陳東之墓，御筆令守臣併張慤致祭。上諭執政以慤，古之遺直；東，忠諫而死，皆厚恤其家焉。

祭陳東張慤墓

癸未，翰林學士滕康爲端明殿學士、簽書樞密院事。康既秉政，張浚西行之議遂格。

張浚西行議格

甲申，中書舍人張忞罷。忞初入見，言：「上即位以來，無纖毫之失。」上謂大臣曰：「自古人君不患無過，患不能改過耳。忞諂諛如此，豈可置之從班？」乃落職、宫觀。

黜張忞諂諛

上至江寧府

乙酉，上至江寧府，駐蹕神霄宮。

改江寧爲建康

御筆：「建康之地，古稱名都。其以江寧府爲建康府。」

洪皓使虜

起復朝散郎洪皓爲徽猷閣待制，假禮部尚書，充大金通問使。

王德欲與世忠戰

丁亥，苗傅寇浦城縣。時御營副使司前軍統制王德既殺陳彦章，欲與韓世忠戰。世忠曰：「苗、劉未平，若與之戰，乃是更生一敵，不如避之。」夜，

韓世忠擒劉正彦

世忠將至浦城北四十里，與傅、正彦遇于漁梁驛，正彦屯溪北，傅屯溪南，跨溪據險設伏，相約爲應。世忠率諸軍力戰，驍將李忠信、趙竭節恃勇陷陣，右軍統制官馬彦溥馳救，死之。賊乘勝至中軍，世忠瞋目大呼，挺矛而入。正彦望見，失聲曰：「吾以爲王德，乃韓將軍也！」正彦少却。世忠揮兵以進，正彦墜馬，世忠生擒之，盡得其金帛子女。傅棄軍遁去。

張浚招薛慶

己丑，初，薛慶既據高郵，兵至數萬人。知樞密院事張浚聞慶等無所係屬，欲歸麾下，親往招之。浚渡江，靳賽以兵降。及是至高郵，入慶壘，從者不滿百人。浚出黃榜，示以朝廷恩意，慶感服再拜。

天文學生内宿

辛卯，詔太史局天文官許將帶學生内中止宿，以備宣問天象。

張浚罷尋復之

乙未，知樞密院事張浚罷爲資政殿學士、提舉杭州洞霄宮。初，薛慶欲

求厚賞，乃留浚三日，而外間不知，謂浚爲慶所執，浮言胥動。真州守臣以聞。呂頤浩與李邴、滕康共議，罷浚樞管。

復置兩省檢正

己亥，都省言：「自兵興以來，天下多事，四方文移，增倍於前日，宰執精力疲耗於案牘，而邊防軍政所當急者，反致稽緩。此無他，中書別無屬官故也。望用熙寧故事，復置中書門下省檢正官二員，分書六房事，省左、右司郎官二員。」從之。

賊擒苗翊降周望

詹標執苗傅

林杞呂熙殺張政

是日，苗翊率衆出降，復用其將孟皋計，欲遁之溫、台，裨將江池聞之，殺皋擒翊，降于制置使周望。有舉子程妥者，崇安人，時虜在傅軍爲傅謀（一四），與苗瑀、張逵收餘兵入崇安縣。統制官喬仲福、王德共追之，盡降其衆。傅夜脱身去，變姓名爲商人，與其愛將張政亡之建陽縣。土豪詹標覺而邀之，留連數日。妥知不免（一五），密告標曰：「此苗傅也。」標執以告南劍州同巡檢呂熙，熙以赴福建提點刑獄公事林杞。杞懼政分其功，與熙謀，使護兵殺政崇安境上，自以傅追世忠授之，遂檻赴行在。

書中和堂詩賜張浚

辛丑，張浚自高郵至行在，復以浚知樞密院事。浚辭曰：「高郵之行，徒仗忠信，雖不至如所傳聞，然身爲大臣，輕動損威，其罪莫大。」詔不允。遂以慶守高郵軍。上親書御製中和堂詩賜浚曰：「願同越勾踐，焦思先吾身。」卒章曰：「高風動君子，屬意種、蠡臣。」

驅磨常平錢物

丙午〔一六〕，命諸路漕臣驅磨常平失陷錢物，具數申尚書省，仍樁收以待詔用。

分江州建康府路

丁未，尚書省請以江、池、饒、信州爲江州路，建康府、太平、宣、徽州、廣德軍爲建康府路，並以守臣充安撫制置使，其江州守臣更不帶江東湖北字入銜。從之。

翟興復西京

京西北路制置使翟興擊叛將楊進，殺之，遂復西京。

六月戊申朔，東京留守杜充兼宣撫處置副使，節制淮南、京東西路。

久雨詔言闕政

己酉，上以久雨不止，慮下有陰謀，或人怨所致，以諭輔臣。於是呂頤浩、張浚皆謝罪求去。上曰：「宰執豈可容易去位？來日可召郎官以上赴都堂言闕政。」

臣留正等曰：周書言：「三公燮理陰陽。」漢故事，遇災異則策免三公，蓋以燮理愛人而至於致災〔一七〕，宜其不免於咎。太上皇帝以久陰，霖雨不止，宣諭宰執，不及其他，獨使召郎官以上言己之過失，而將以收人心，召和氣，銷天變，此宋景公所以退星舍，而子韋之所以賀延壽也。聖德如此。

張守言應天以實

御史中丞張守言：「陛下罪己之詔數下矣，而天未悔禍，實有所未至爾。倘能應天以實不以文，則安知譴告警懼，非誘掖陛下以啓中興之業乎？」先是，守爲副端，嘗進修德之説，疏凡三上，且曰：「願陛下處宫室之安，則思二帝、母后穹廬毳幕之居；享膳羞之奉，則思二帝、母后羶肉酪漿之味；服細暖之衣，則思二帝、母后窮邊絶塞之寒苦；操予奪之柄，則思二帝、母后語言動作受制於人；享嬪御之適，則思二帝、母后誰爲之使令；對臣下之朝，則思二帝、母后誰爲之尊禮。要如舜之兢業，湯之危懼，大禹之菲惡，文、武之憂勤，聖心不倦，盛德日隆，而天之不助順者，萬無是理也。」及是，又申言之，且曰：「天時人事，至此極矣。陛下覩今日之勢，與去年孰愈〔一八〕？而朝廷之措置施設，與前日未始異也。」

中書舍人季陵言：「臣者，君之陰；妻者，夫之陰；夷狄者〔一九〕，中國之陰。金人累歲侵軼，生靈塗炭，城邑丘墟，怨氣所積，災異之來，固不足怪。惟先格王，正厥事，則在我者，其可忽邪？臣觀廟堂之上，無擅命之臣，惟將帥之權太盛；宫闈之内，無女謁之私，惟宦寺之習未革。且陽爲德，陰爲刑，常雨常寒，陰道太盛。陛下正當修德以應天，能制將帥，乃德之剛；能抑宦寺，乃德之正。事宗廟以孝，禁盜賊以義，謀國以智，安民以仁。如此行之，則人心悦，而天意得矣。」

季陵劉珏言事

吏部侍郎劉珏言：「北戎强大〔二〇〕，陰盛陽微，故陰雨爲災，此群臣所共知也。若乃孝悌通神明，至誠動天地，此陛下所宜知，群臣未嘗言也。願陛下精禱于天，詳見於事，揭爲臺觀，以表望思，時遣使人，以伸祈請，則孝悌之道至矣。陛下有仁聖之資，而二三執政專爲蔽塞。願取建炎以來所下詔令，參稽而行，則至誠之道著矣。此感人心、銷天變、召和氣之大者也。」上嘉納之。

趙鼎言新法紹述

司勳員外郎趙鼎言：「自熙寧間，王安石用事，肆爲紛更，祖宗之法掃地，而生民始病。至崇寧初，蔡京託名紹述，盡祖王安石之政，以致大患。今安石猶配享廟庭，而京之黨未放，臣謂時政之闕，無大於此，何以收人心而召和氣哉？」上納其言，遂罷安石配享。

罷王安石配享

招來材武之士

癸丑，詔諸路帥臣、監司、郡守，許招來材武之士，官爲給食，仍量材録用。

録用忠義死節子孫

乙卯，詔：「軍興以來，忠義死節之家，令中書省、樞密院籍記姓名，優加存恤，訪其子孫，量材録用。」

劉光世招韓儁

丙辰，苗傅後軍部將韓儁陷光澤縣。傅之敗也，儁以兵趣邵武軍，入城焚掠；趣建昌軍，守臣方昭率衆守備，賊一夕遁去。進犯撫州，入城縱掠；又攻湖口縣，渡江至蘄州。會劉光世駐軍江州〔三〕，遣人招儁，儁往見光世，因更名世清，號小韓。尋詔世清添差蘄州兵馬鈐轄。

庚申，隆祐皇太后至建康，上率群臣迎于郊外。

詔以四事自責

辛酉，上手詔以四事自責：「一曰昧經邦之遠圖，二曰昧戡難之大略，三曰無綏人之德，四曰失馭臣之柄。仍命出榜朝堂，徧諭天下，使知朕悔過之意。」

罷增置射士武尉

丙寅，罷江、浙、荆湖、閩、廣增置射士三分之一，既而言者以爲無益，乃罷武尉，不數年，而所增射士盡廢之。

丁卯，右司諫袁植罷。初，植請再貶汪伯彦而誅黄潛善及失守者權邦彦、朱琳等九人。上曰：「渡江之役，朕方念咎責己，豈可盡歸罪大臣？植乃朕親擢，雖敢言，至導朕以殺人，此非美事。」呂頤浩曰：「聖朝弼臣罪雖大，止貶嶺外，故盛德可以祈天永命。植發此念，已傷和氣。」滕康曰：「如植言，傷陛下好生之德矣。」乃下詔，略曰：「朕親擢袁植，置之諫垣，意其補過拾遺，以救闕失。而植供職以來，忠厚之言未聞，殺戮之事宜戒。可出知池州。」明日，康見上曰：「大哉！王言。太祖以來，未嘗戮大臣，國祚久長，過於兩漢者，此也。」未幾，潛善卒于梅州。

貶袁植請殺戮

潛善卒于梅州

尚書司勳員外郎趙鼎行右司諫，監登聞檢院呂祉守右正言。祉上疏論：「致治之要，以聰明爲本；持養之道，要在有益於聰明者爲之，勿以小善爲無益而弗爲也；有損于聰明者去之，勿以小惡爲無傷而弗去也。」疏入，上召對，祉復進三策，其一曰：「自古撥亂同於創業之君。」其二曰：「自古得天下，必以人心之同；其失天下，必以人心之異。」其三曰〔三〕：「乞付諸大將以節制之權。」上悉嘉納，遂有是命。

趙鼎呂祉除臺官

呂祉論聰明進三策

罷諸州新置州學教授員。

罷新置教授

癸酉，樞密院言：「自兵興至今，軍政事務，倍于平時。欲依祖宗朝，置檢詳官兩員，序位在左、右司之下；編修官四員，止存一員，依舊看詳條法。」從之。

置檢詳減編修官

入建康府行宮

甲戌，上自神霄宮入居建康府行宮。

張守等攻梁揚祖

御史中丞張守試尚書禮部侍郎。守嘗論呂頤浩不可獨任，而張浚不宜西去。上不然之。會有旨，以東京糧運不繼，復命梁揚祖爲發運使，專切措置糧運，以餉中都。權給事中劉寧止言其不可，詔以次官書讀行下，遂命起居郎綦崇禮兼權給事中。守言揚祖不可用，請罷之。中書舍人季陵亦封還録黄，論：「揚祖前爲發運使，未及半年，而中都之人至於相食，此則揚祖之罪，孰謂揚祖知首尾乎？」守再上疏論列，不報。疏三上，揚祖乃請奉祠。守言：「揚祖以自請得祠，是臣在憲臺，言無可采。」因乞補外，遂有是命。守力辭不拜，上命呂頤浩召守至政事堂，諭以正士不宜輕去朝廷，守乃受命。

正士不宜輕去

中書舍人范宗尹爲御史中丞，首言：「設若虜騎深入〔二三〕，當以控扼之事責之將相，陛下姑引而避之。」中書舍人季陵亦言：「建康，陛下所當守，亦敵人所必攻。九江上流有建瓴之勢，淮南諸郡有脣亡之憂，臣願陛下爲馬上之計。」

乙亥，金人陷磁州。

苗傅翊劉正彥伏誅

秋七月辛巳，韓世忠軍還，執苗傅、劉正彥、苗翊，詣都堂審驗畢，磔于建康市，梟其首。正彥臨刑，瞋目罵傅曰：「苗傅匹夫，不用吾言，遂至於此！」

賞平苗劉功
以勤王功兼兩鎮
將臣兼兩鎮之始

癸未，御前左軍都統制韓世忠爲檢校少保、武勝昭慶軍節度使，賞平苗、劉之功也。上遣使賜世忠金合，且御書「忠勇」二字表其旂幟，又封其妻梁氏爲和國夫人，制曰：「智略之優，無愧前史。」給内中俸以寵之。將臣兼兩鎮、功臣妻給俸，皆自此始。

范瓊爲御營使司提舉一行事務。時瓊自南昌入見，故以命之。

王庭秀以論頤浩罷

殿中侍御史王庭秀知筠州，右司諫趙鼎行殿中侍御史。先是，庭秀論呂頤浩除擬不公，故有是命。右正言呂祉奏曰：「朝廷今日緣論大臣，移一言官；明日緣論大臣，罷一言官。則後日大臣行事有失，誰敢言者？願陛下以言章示大臣，使之自省，置身無過之地。如或不悛，黜之何惜？」

以苗劉事貶
詔貶朱勝非等
罷相知洪州

甲申，詔曰：「朱勝非、顏岐、張澂、路允迪當軸處中，荷國重任，而不能身衛社稷，式遏兇邪。方逆臣亂常之日，恣其淩肆，以紊機衡。夫『危而不持，顛而不扶』，孔子以爲『焉用彼相』。今二兇既誅，典刑斯正，勝非之徒，盍論其罰。」於是勝非自觀文殿大學士、知洪州，落職，提舉亳州明道宫；岐落資政殿學士，依舊提舉南京鴻慶宮；允迪自資政殿學士、淮西制置使，落職，提舉江州太平觀；澂自資政殿學士、江州路制置使，坐朋附二兇，責授秘書少監，分司西京，衡州居住。

王德編管

御營左軍都統制韓世忠訟王德擅殺其將陳彥章，詔德除名，郴州編管。

范瓊引兵入見

張浚請誅范瓊

丙戌，范瓊引兵趨闕入見，知樞密院事張浚奏：「瓊大逆不道，罪惡貫盈，呼吸群兇，布在列郡，以待竊發。若不乘時顯戮，他日必有王敦、蘇峻之患。」上許之，遂以張俊兵擁縛付大理，使劉光世出撫其衆曰：「所誅范瓊耳，若等固天子自將之兵也。」衆皆投刃曰：「諾。」遂以八字軍還付新知洮州王彥，餘兵分隸御營五軍，頃刻而定。

大事記曰：蓋自宣和末群盜蠭起，建炎以來，祝靖、薛廣、党忠、閻僅、王存之徒，雖皆招安，而淮寧、山東、河北之盜皆擁兵數萬。拱州之黎驛、單州之漁臺，亦有潰卒數千。趙萬襲常州，張遇焚真州，丁進犯壽春，桑仲據襄陽，戚方犯鎮江，楊勍犯處州，劉超據荆南，王闢犯房州，崔增犯太平州，張用據桂陽軍，趙延壽犯德安軍，皆隨滅隨起，甚而范瓊召見，亦不肯釋兵，則天子之兵皆盜矣。所幸事變興而人才見，保護聖躬，勝非之力居多；倡義勤王，張浚之力居多，故一月而除二兇。而范瓊之謀逆，浚又與劉子羽謀之，府中之文字夜成，廡下之黄紙旦出，瓊遂就擒。三大奸既除，而内盜始息矣。

皇太子薨

元懿太子旉薨，年三歲。詔輟五日朝。

戊子，簽書樞密院事鄭瑴薨於位[二四]。瑴執政甫百日，上甚悼之，謂大臣曰：「朕喪元子，猶能自排遣。瑴訃至，殆不能釋也。」

己丑，資政殿學士王綯參知政事，試兵部尚書周望同簽書樞密院事。

李時雨乞立儲貳

庚寅，鄉貢進士李時雨上書曰：「臣竊聞皇太子服藥不痊，事之既往，夫復何言？而承嗣之道，理不可後。爲今之計，欲乞暫擇宗室之賢者一人，使視皇太子事，以係屬四海，增重朝廷。俟陛下皇太子長成，畀之東宮，則以一王封，視皇子亦不爲嫌也。伏望陛下斷以不疑，而力行之。」書奏，詔日下押出國門。建炎以來言儲貳者，蓋自時雨始。

諫院始不隸後省

辛卯，詔諫院別置局，不隸後省，許與兩省官相見議事。元豐初，用唐制置諫官八員，分左、右隸兩省，至是始復之，如祖宗之故。

升杭州爲臨安府

升杭州爲臨安府。

范瓊伏誅

壬辰，詔范瓊就大理寺賜死。

鑄三省密院銀印

丁酉，鑄三省、樞密院銀印。

韓世忠逐連南夫

得趙鼎朝廷尊

湯東野戢戍兵

庚子，尚書户部侍郎湯東野試工部侍郎兼知建康府。時建康府寓治保寧僧舍，而江浙制置使韓世忠屯蔣山，逐守臣連南夫，而奪其治寺。殿中侍御史趙鼎言：「南夫緩不及事，固可罪，然世忠躬率使臣，排闥而入，逐天子之京尹，此而可爲，孰不可爲矣？願下詔切責世忠而罷南夫，仍治其使臣之先入者，此爲兩得。」上曰：「唐肅宗興靈武，諸軍草創，得一李勉，然後知朝廷尊。今朕得卿，無愧昔人矣。」因降南夫知桂州，而以東野知建康府。戍兵故皆群盜，喜攘奪市井，東野峻法繩之，不少縱，民恃以安。

張浚赴川陝許便宜

知樞密院事張浚以精兵千五百人、騎三百發行在，賜度僧牒二萬、紫衣師號五千爲軍費。上賜川、陝官吏軍民詔曰：「朕嗣承大統，遭時多故，夙夜以思，未知攸濟。正賴中外有位，悉力自效，共拯傾危。今遣知樞密院事張浚往諭密旨，黜陟之典，得以便宜施行。卿等其念祖宗積累之勤，勉人臣忠義之節，以身徇國，毋貽名教之羞〔二五〕；同德一心，共建隆興之業。當有茂賞，以答殊勳。」浚辟知秦州劉子羽參議軍事，尚書考功員外郎傅雱、兵部員外郎馮康國主管機宜文字，忠州防禦使王彥爲前軍統制。彥將「八字軍」以從，太學博士何洋、閤門祗候甄援等俱從行。康國將行，往辭臺諫趙鼎，謂之曰：「元樞新立大功，出當川、陜半天下之責，自邊事外，悉當奏稟。蓋大臣在外，忌權太重也。」

隆祐太后幸江西

杜充同知院

命杜充總兵防淮

壬寅，詔迎奉皇太后率六宮往豫章，且奉太廟神主、景靈宮祖宗神御以行。以參知政事李邴、簽書樞密院事滕康並爲資政殿學士，邴權知三省樞密院事，東京留守杜充同知樞密院兼宣撫處置副使，吕頤浩、張浚薦之也。仍命充總兵防淮。

八月戊申，環慶經略使王似言：「方今用兵之際，關陜六路帥，乞用武臣。」吕頤浩曰：「臣少識种諤，眇小而爲西夏信服。今之武帥，類皆鬬將，非智將，罕見如諤之比。」杜充曰：「方今艱難，帥臣不得坐運帷幄，當以冒矢石爲事。」上曰：「王似未知，武臣少能知義理，若文臣中有智勇兼資，練達邊事，如范仲淹者，豈必親臨矢石，何爲多藉武帥？」

上論武臣少知義理

浙西帥司移鎮江

己酉，移浙西安撫司於鎮江。

壬子，權知三省樞密院事李邴提舉杭州洞霄宮，權知三省樞密院事滕康進權知三省樞密院事，吏部尚書劉珏權同知三省樞密院事，仍許珏綴執政班奏事。

度牒改用綾紙

丙辰，奏祠部度牒改用綾紙，倣茶鹽鈔法，用朱印合同號，仍增綾紙工直錢十緡，通舊爲百二十緡。自治平末年，始鬻度牒。渡江後，軍興費廣，用度多仰之。舊以黄紙印造，故僞者易爲。至是，户部郎中朱異等以爲言，始有是命。

林勳獻本政書

辛酉，廣州州學教授林勳獻本政書十三篇。勳以爲國朝兵農之政，大抵因唐末之故。今農貧而多失職，兵驕而不可用，地利多遺，財用不足，皆本政不修之故。

王琮不刊通鑑罷

癸亥，兩浙轉運副使王琮罷，仍奪職，坐不刊行資治通鑑板本也。始，范沖刻是書，垂成而去。琮至，遽罷之。言者劾琮指司馬光爲奸人，謂通鑑爲邪説，必欲毀板，恐其流傳，故有是命。

上官悟權留守

乙丑，權東京留守判官程昌寓自京城還蔡州。初，杜充既去，昌寓以無糧不可留，引所部還蔡，副留守郭仲荀亦引餘兵歸行在，遂以京畿轉運副使上官悟權京城留守。自悟權留守後，命令不復能行，留守司名存而已。

論用兵營造費財

丙寅，上謂輔臣曰：「國用匱乏，政以所費處多。」吕頤浩曰：「用兵費財，最號不貲，故漢文帝不言兵而天下富。」上曰：「用兵與營造，最費國用，深可戒也。」

臣留正等曰：漢武帝外事四夷〔二六〕，内侈宫室，剥民之膚極矣。及盜賊蜂起，乃始封宰相以富民侯，顧奚益哉？太上皇帝以用兵、營造爲蠹財之戒，其有鑑於斯乎？然臣嘗竊議之，二者爲財用之蠹雖均，宫室之奉，所當深戒；師旅之興，有出於不得已者。文帝惜露臺百金之費，而乃講武于上林，聚兵于廣武，豈靳營造而輕於用兵哉？蓋應敵之備，不得不然也。太上皇帝在位三紀，臺榭苑囿無所營繕，内帑所積甚富。及賊亮南侵〔二七〕，饋餉賞犒之費，盡出於此，而民不知。易曰：「節以制度。」不傷財，不害民，而後知聖慮無一日不在斯民也。

中丞臺綱所係

甲戌，禮部尚書曾楙爲翰林學士承旨，禮部侍郎張守爲翰林學士。先是，殿中侍御史趙鼎入對，論守無故下遷。上曰：「以其資淺。」鼎曰：「中丞，臺綱所係，豈計資耶？且言事官無他過，願陛下毋沮其氣。」時上每除言

趙鼎三月言四十事

官，即置一簿，考其所言多寡。鼎爲臺諫三月，而言四十事，上皆行之。

龜鑑曰：朝政有闕失，許士庶以直言利害，當講輪從臣而給札，或以朕之耳目付臺諫，或以不畏强禦責御史。趙鼎有言四十事，固足以見鼎之盡職。而四十已行三十六，尤足以見高宗之善政。增言事官，置言事簿，而聽言之路廣矣。

增入名儒講義皇宋中興聖政卷之五

校勘記

〔一〕在内則有朱勝非李邴鄭穀以正大之理折其鋒　「邴」原作「炳」；「穀」原作「轂」，據宋刊本、明抄本及繫年要録卷二三所引改。

〔二〕漢翟義唐徐欽業之事可爲戒也　「欽」應作「敬」，蓋避翼祖趙敬之諱而改。

〔三〕傅正彦見上曰　「上」原作「之」，據上下文意及繫年要録卷二二改。

〔四〕澂知江州兼江東湖北制置使　「澂」原作「徵」，據宋刊本、明抄本及繫年要録卷二二改。

〔五〕同簽書樞密院事李邴守尚書右丞鄭瑴進簽書樞密院事　「邴」原作「炳」；「瑴」原作「殼」，據本書上下文及繫年要録卷二二改。

〔六〕條約聽從寬　「約」原作「格」，據宋刊本、明抄本及宋史全文卷一七改。

〔七〕所至虜居人　「虜」原作「敵」，據宋刊本、明抄本及宋史全文卷一七改。

〔八〕則不應自駁已行之命　「駁」原作「駿」，據繫年要録卷二二改。

〔九〕紹興二年七月　「七月」，繫年要録卷二二作「正月」。

〔一〇〕紹興二年五月復太府　「二年」原作「三年」，據繫年要録卷二二及玉海卷一二〇建炎省官改。

〔一一〕三年十一月復司農　「三年」原作「二年」，據繫年要録卷二二及玉海卷一二〇建炎省官改。

〔一二〕留簽書樞密院鄭瑴衛皇太后　「瑴」原作「慤」，據繫年要録卷二二改。

〔一三〕赤心軍士聞詔寬大　「大」原作「人」，據宋史全文卷一七及繫年要録卷二三改。

〔一四〕時虜在傅軍爲傅謀　「虜」原作「敵」，據宋刊本、明抄本及宋史全文卷一七改。

〔一五〕妥知不免　「妥」，根據上下文意似應作「政」。

〔一六〕丙午　原作「丙子」，案五月戊寅朔，無丙子日，據宋史全文卷一七改。

〔一七〕蓋以燮理愛人而至於致災　「愛」，繫年要録卷二四引此文作「失」。

〔一八〕陛下覩今日之勢與去年孰愈　「覩」原作「觀」，據宋刊本、明抄本及繫年要録卷二一四改。

〔一九〕夷狄者　「夷狄」原作「北方」，據宋刊本、明抄本及宋史全文卷一七改。

〔二〇〕北戎强大　「北戎」原作「北方」，據宋刊本、明抄本及宋史全文卷一七改。

〔二一〕會劉光世駐軍江州　「江」原作「汀」，據宋史全文卷一七及繫年要録卷二四改。

〔二二〕其三曰　「曰」原脱，據宋史全文卷一七及繫年要録卷二四補。

〔二三〕設若虜騎深入　「虜」原作「敵」，據宋刊本、明抄本及宋史全文卷一七改。

〔二四〕簽書樞密院事鄭瑴薨於位　「瑴」原作「慤」，據繫年要録卷二五改。

〔二五〕毋貽名教之羞　「貽」原脱，據宋史全文卷一七及繫年要録卷二五補。

〔二六〕漢武帝外事四夷　「夷」原作「裔」，據宋刊本、明抄本及宋史全文卷一七改。

〔二七〕及賊亮南侵　「賊亮」原作「金兵」，據宋刊本、明抄本及宋史全文卷一七改。

增入名儒講義皇宋中興聖政卷之六

高宗皇帝六

建炎三年閏八月戊寅，知平江府孫覿罷，以言者論覿嘗建明王安石常平聚斂之法也。時覿在平江，拘催民間崇寧以來青苗積欠，民苦其擾。上聞，亟下詔除之。

乙酉，詔諸路復置提舉常平官指揮勿行，用殿中侍御史趙鼎疏也。

己丑，尚書右僕射、同中書門下平章事呂頤浩進左僕射，同知樞密院事杜充守右僕射，並同平章事兼御營使。

參知政事王綯兼御營副使。

淮東副總管靳賽以所部詣劉光世降，光世因以爲將，就統其軍，人人皆喜。

庚寅，起居郎胡寅上疏曰：「臣伏睹詔書，以敵人侵淩，備禦不給，遂有

孫覿以擅催青苗罷

罷復置提舉

呂頤浩杜充並相

靳賽降于劉光世

胡寅上疏言七策

移蹕之意。右顧岳、鄂，左趨吳、越，安危利害，下訪群臣。臣聞孔子曰：『成事不説，遂事不諫，既往不咎。』今臣所陳，不免追咎既往者，蓋謂建炎以來，有舉措大失人心之事。今欲復收人心而圖存，則既往之失，不可不追，不可不改故也。

一、昨陛下以親王介弟，受淵聖皇帝之命，出帥河北。二帝既遷，則當糾合義師，北向迎請，而遽膺翊戴，亟居尊位，遥上徽號，建立太子，不復歸覲宮闕，展省陵寢。斬戮直臣，以杜言路。南巡淮海，偷安歲月。虜兵深入陝右〔一〕，遠破京西〔二〕，漫不治軍，略無扞禦，盜賊横潰，莫之誰何，無辜元元，百萬塗地。怨氣上格，日昏無光。飛蝗蔽天，動以旬月。方且製造文物，縻費不貲，猥於城中，講行郊報，朝廷動色，相謂中興。虜騎乘虛，直擣行在，匹馬南渡，狼狽不堪。淮甸之間，又復流血。逮及反正寶位，移蹕建康，不爲久圖，百度頽弛。淮南宣撫，卒不遣行。自畫大江，輕失形勢。一向畏縮，惟務遠逃，軍民怨咨，如出一口，存亡之決，近在目前。凡此節次十餘條，皆所謂舉措失人心之大者也。爲陛下計，當如何？而黄潛善、汪伯彦、顔岐顧以乳嫗護赤子之術待陛下，曰：『上皇之子三十人，今所存惟聖體，不可不自重愛也。』曾不知太祖勤勞取天下，列聖兢業嗣守，不敢墜失。今也宗廟爲草莽墟之，陵闕爲畚鍤驚之，堂堂中華，戎馬生之〔三〕，赫赫帝圖，盜賊營之〔四〕。本初嗣服，既不爲迎二帝之策，因循遠狩；又不爲守中國之謀，以至於今。德義不孚，而號令不行；刑罰不威，而爵賞不勸。巡幸所至，民以淮甸爲戒；駐蹕所在，人以虜至爲憂。東南之州郡幾何？翠華之省方無已。若不更轍，以救危亡，則人心已去，天命難恃，雖欲羈棲山海，跋履崎嶇，臣恐非所以爲自全之計也。爲今之策，願陛下一切反前失而已，則必下詔曰：『金賊以小狄猖獗，薰汙中華，逆天亂倫，扶立僭僞，用夷變夏，俾臣作君〔五〕。朕義不戴天，志思雪恥。父兄旅泊，陵廟荒殘，罪乃在予，無所逃責。』以此號召四海，聳動人心，不敢愛身，決意講武。然後選將訓兵，戎衣臨陣，按行淮甸，上及荆、襄，收其豪英，誓以戰伐，天下忠義之士，必雲合而景從，天下武勇之夫，必響應而飆起。

胡寅乞罷和議

臣不自量，每切歎憤，輒爲陛下畫七策，爲中興之術：

其一曰：罷和議而修戰略。蓋和之所以可講者，兩地用兵，勢力相敵〔六〕，利害相當之故也，非强弱盛衰不相侔所能成也。而其議則出於耿南仲，何也？淵聖皇帝在東宫，南仲爲東宫官，歸依右丞李邦彦，邦彦其時方被寵眷，又陰爲他日之計。既而淵聖嗣極，而邦彦爲次相，金賊遽至城下〔七〕，遂獻和議，南仲因附邦彦，而沮种師道擊賊之謀〔八〕，於是覆邦之患，滋蔓而起，分朋植黨，必欲自勝。主戰伐者，李綱、种師道兩人而已。幾會一去，國論紛然，中原塗炭，至今益甚者，本緣南仲主持邦彦，以報私恩，不爲國慮之所致。其朋徒附合，狠忮膠結〔九〕，寧誤趙氏，不負耿門之所爲也。若以爲强弱之勢，絶不相侔，縱使向前，萬不能抗，則自古徒步奮臂，無尺寸之地，而争帝王之圖者，彼何人哉？伏望陛下明照利害之原，罷絶和議，刻意講武，以使命之幣，爲養兵之費，斷而行之，堅確不變，庶幾貪狄知我有含怒必鬬之志〔一〇〕，沙漠之駕，或有還期。所謂乞和，必無可成之理。昔北狄至澶州〔一一〕，王欽若、陳堯佐請幸吴、蜀，惟寇準勸親征。及成功之後，欽若等羞恨無以藉口，則撼真宗曰：『當是時，寇準亦豈有好計？但是熱血相沃。譬如博錢，以陛下爲孤注耳。』使人君不明，則欽若之言爲愛君，而寇準之功爲幸勝矣。

二曰：置行臺，以區别緩急之務。既定議講武，則其餘庶常有日力不暇給者，當置行臺以區處之。今百司庶府，其必不可闕者，惟吏部、户部爲急。誠使江、淮、兩浙、湖北並依八路法，慎擇監司而付之，則吏部銓事亦復減省。户部所以治天下財賦也，今四方供貢久不入於王府，往往爲州郡以軍興便宜截用，經常一壞，未易復理。竊觀行在支費，每月無慮八十萬，惟以榷貨、鹽利爲無窮之源耳。故臣謂宜置行臺〔一二〕，或建康，或南昌，或江陵，審擇一處，以安太后、六宮、百司，以耆哲諳練大臣總臺，謹守成法從事〔一三〕。郎吏而下，不輕移易，量留兵將，以爲營衛，命户部計費調度以給之。陛下奉廟社之主，提兵按行，廣治軍旅，周旋彼此，不爲宸居。至於饋餉之權，自宜專責宰相，而選委發運以佐行於下，如漢委蕭何以關中，唐委劉晏以東南。經制得人，加以歲月，量入爲出，何患無財？

胡寅乞務實去虛

三曰：務實效，去虛文。夫大亂之後，風俗靡然，躬率而丕變之者，則在陛下。夫治兵必精，命將必賢，政事必修，誓戡大憝，不爲退計者，乃孝弟之實也。遣使乞和，廣捐金幣，不恥卑辱，冀幸萬一者，爲孝弟之虛文也。屈己致誠，以來天下之士，博訪策略，信而用之，以期成功者，乃求賢之實也。未見賢，若不克見，既見，則不能由之，或因苟賤求進之人，遂乃例輕天下之士，姑爲禮貌，外示美名者，爲求賢之虚文也。聽受忠鯁，不憚拂逆，非止面從，必將心改，苟利於國，即日行之者，乃納諫之實也。和顔稱善，泛受其説〔一四〕，合意則喜之，不合則置之，官爵所加，人不以勸，或内惡其切直，而用他事遷徙其人者，爲納諫之虚文也。將帥之才，智必能謀，勇必能戰，仁必能守，忠必不欺，得是人而任之，然後待以恩，御以威，結以誠信，有功必賞，有罪必刑者，乃任將之實也。庸奴下才，本無智勇，見敵輒潰，無異於賊，與之親厚，等威不立，賜予過度，官職踰涯，將以收其心，適足致其慢，聽其妄誕張大之語，望其樸實用命之功者，爲任將之虚文也。簡汰其疲老病弱，升擇其壯健驍勇，分屯在所，置營房，以安其家室，聚粟帛，以足其衣食，選衆所畏信者，以董其部伍，申明階級之制，以變其驕恣悍悖之習，然後被之以精甲，付之以利器，進戰獲酋虜則厚賞〔一五〕，死則恤其妻孥，退潰則誅其身，降敵則戮其族，令在必行，分毫不貸者，乃治軍之實也。無所别擇，一切安養姑息之，惟恐一夫變色不悦，幸無事，則曰大幸矣，教習擊刺，有如聚戲，紀律蕩然，雖其將帥，不敢自保者，爲治軍之虚文也。慎選部刺史、二千石，必求明惠忠智之人，使久於其官，懲革弊政，痛刈姦贓，以除民害，雖軍旅騷動，盜賊未平，必使寬恤之政，實被於民，固結百姓將離之心，勿致潰叛，乃愛民之實也。詔音出於上，虐吏沮於下，誑以出力自保，則調發其丁夫，誘以犒設贍軍，則厚裒其錢穀，弓材弩料、竹箭皮革，凡干涉軍須之具，日日征求，物物取辦，因緣奸弊，民已不堪，乃復蠲其税租，載之赦令，實不能免，苟以欺之者，爲愛民之虚文也。若夫保宗廟，保陵寢，保土地，保人民，以此六實者行乎其間，則爲天子之實也。陵廟荒圮，土宇日蹙，衣冠黔首，爲肉爲血，以此六虚者行乎其間，陛下載黄屋，建幄殿，質明輦出房，雉尾金爐，夾侍兩陛，仗馬衛兵，儼分儀式，贊者引百官以次入奉起居，既退，宰相大臣卑卑而前，縉笏出奏，司晨唱辰正，則駕入而仗出矣，此則爲天子之虚文也。

胡寅乞大起兵

其四曰：大起天下之兵。今宿衛單弱，國威稍挫。臣嘗言乞于諸路抽揀禁軍，充御營正兵，厚其月廩，精加訓閲，陛下自將之。天子之軍既强，則中國之變自弭。則又命福建團結槍仗，各擇其土豪，使部督之，以俟興發。命兩浙募水手，並起諸州撩湖、捍海等兵，盡付水軍。江東西、湖南北募弓手，以在官閑田給養。命廣西及辰、沅、鼎、靖于見教峒丁中，簡其精鋭，分番起之，屯戍襄、漢；以京西、淮南荒廢無主之田爲屯田，招集兩河、山東諸路流徙之人，略依古法，均節之。擇强壯者訓習武藝，使且耕且戰。文武臣中，有明習營屯之事，肯自奮者，因以任使。於是時而兵不强，敵不畏，盜不息，然後可以歸之天命，無所復爲矣。

胡寅乞定根本

其五曰：定根本。自古圖王霸之業者，必定根本之地而固守之，而非建都之謂也〔一六〕。按南渡六朝之遺跡，則舍建康不可。雖然，欲謀進取，則非堅坐不動之所能。臣切謂惟荆襄爲勝，誠能屯唐、鄧、襄、漢之田以養新兵，出廣西武陵峒丁，并施、黔獠軍築堅壘，列守漢上，阻以水軍，經以正軍，緯以弓手、民軍，牽制江、黄，呼吸廬、壽，則進取之基立，然後陝西聲氣血脈通達，而騎卒可至川、廣之富，皆猶外府，易以拱把。臣願陛下先命吕頤浩、杜充分部諸將過江，廣斥堠，治盜賊，自以精兵二三萬爲輿衛。陛下提此兵渡江而北，緩轡而上，遣使巡問父老，撫綏挺刃之餘民，至于荆、襄，規模措置，爲根本之地，猶漢高之於關中，光武之於河内。雖巡歷往來，征伐四出，而所固守必争而勿失者，以荆、襄爲重。誠能堅忍聳厲，坐薪嘗膽，悠久爲之而不能濟，則書傳所載周宣王、漢光武之事，皆爲妄言，以欺後世，無足信矣！

胡寅乞封建宗室

其六曰：選宗室之賢才者，封建任使之。帝王爲治之道，惇睦宗族，强本弱枝，所以鞏固基圖，紹延佑命。原其用心，蓋以天下爲公，而不以爲私分也。今宜於同姓中，不問親疏，選擇賢才，布之中外，廣加任使。其望實傑然出衆者，陛下宜留之宿衛，夾輔王室。其有克敵戡難之功者，宜漸爲茅土之制，星羅而棋列，以慰祖宗在天之靈，以續國家如線之緒，使讎虜知趙氏之居中國者[一七]，尚此其衆，則其撲炎災火之横心、立異姓之逆謀[一八]，庶其少息乎。

胡寅紀綱五事

其七曰：存紀綱，以立國體。夫創業垂統之君，必立紀綱，以遺子孫。繼世承序之君，必守紀綱，以法祖宗。一君子進，衆小人未必退；一小人進，則衆君子必退矣。勢不兩立，而於君子爲難。仁宗皇帝在位最久，得君子最多，小人亦時見用，然罪著則斥之。君子亦或見廢，然忠顯則收之。故其成當世之功，貽後人之輔者，皆君子也。至王安石則不然，斥絶君子，一去而不還；崇信小人，一任而不改。故其敗當時之政，爲後世之害者，皆小人也。仁宗皇帝所養之君子，既久且遠，日以消亡矣。安石所教之小人，方新而近，其蓄息未艾也。所以誤國破家，至毒至烈，不知已時。陛下土地金帛，能有幾何？豈堪此輩大言輕捨，盡輸之夷狄耶〔一九〕？夫以賢治不肖，此治平以前陛下之家法；以不肖治賢，此熙寧以後，陛下之家戒。矧當今日否塞之氣，充牣于中原，陰長之滋，勃興於夷虜〔二〇〕，非得希世異材，上下内外，迭任交用，泰何由復，而否何由傾乎？此綱紀國家之一事也。

又曰：右文左武者，有國不易之道。今儒學衰息，未有巨賢碩德，屹乎朝廷，以收運籌指蹤之功。陛下所深恃以爲心膂爪牙者，惟三四庸將耳。夫此數人者，以近時論之，曾不足以當种師道之廝役，況望古昔名將乎？而偃蹇厖然，當負重寄，使平寇盜，尚或未能，豈敢冀其向虜賊發一矢也〔二一〕？自愧無以塞責，則大言詭論，以上欺睿聽；慢辭倨禮，以下視朝士，謂今日禍亂，皆文臣所致耳。敵人方强，不可與争鋒，必退避自保，乘時而動。又不鈐勒其衆，動則潰，潰則盜，盜則招，招則官，反覆循環〔二二〕，無有窮已。其爲國家之害，豈文臣所敢望哉？臣願陛下委大臣以腹心，待近臣以禮貌，常使南衙朝士，氣勢重于此曹，天下抱才自愛之人，必願立於左右，緩急之際，必有能爲陛下竭忠盡節，不愧古人者矣。故事，宰相坐待漏院，三衙管軍於簾外倒杖聲喏而過，今見其分庭抗禮矣。推此類非一，日長不已，陛下不爲之别異表著，是自削堂陛，無復等威，亦將何所不至哉？此綱紀國家之二事也。

治天下者，必取篤實躬行之士，而舍浮華輕薄之人，所以美教化，善風俗。本朝自熙寧以前，皆守此道，至王安石以佛、老之似，亂周、孔之實，絶滅史學，倡説虛無，以同天下之習。其習既同，于今五十年，士以空言相高，而不適於實用。今乃有身爲從官，而自陳磨勘，乞覃恩轉官，不以爲恥者矣。推而上之，見利必忘義，貪得必患失，遺其親，後其君，背叛篡奪，便可馴致，此明君之所甚畏，而深戒者也。今萬化之原，本於陛下，苟力行孝弟，則天下之忠順者來矣。好賢遠佞，則天下之名節者出矣。賞清白，則貪污者屏矣。崇行義，則奔競者息矣。旌能實，則謬誕者懲矣。貴忠厚，則殘刻者遠矣。至於文辭之麗、言語之工，倒置是非，移易黑白，誠不宜任用，以爲浮薄之勸也。靖康二年，著作郎顏博文佞諛張邦昌，則曰：『非湯、武之干戈，同堯、舜之禪讓。』及爲邦昌作請罪表，則曰：『仲尼從佛肸之召，本爲興周；紀信乘漢王之車，固將誑楚。』博文，近世所謂能文之士也，其操術反覆如此，故廉恥道消，四維大壞，則社稷隨之，陛下何利焉？此綱紀國家之三事也。

孔子曰：『自古皆有死，民無信不立。』聖人重信至於易死，疑若太過。鄙夫陋儒以智詐譎詭爲術者，必忽此言。然真宗澶州與契丹結盟，契丹守之百有二十年，不敢先動。宣和宰相王黼一旦敗盟舉兵，結遠夷〔二三〕，伐與國，取景德誓書，還之天章閣，天地鬼神所臨重誓，自我背之，遂使虜人得以藉口〔二四〕。夫金賊何憾於我哉〔二五〕？皆契丹甚之，假手借兵，報滅國之怨耳。失信之禍，乃至於此，孔子之言，良不爲過。而近日以來，朝廷失信于民尤甚，如所謂『前降指揮，更不施行』，如所謂『已差下人，別與差遣』，承受既數，奉行實難。不曰『略與應破指揮』，則謂『不晚必又更改』。近在朝廷，尚有此風，遠而四方，從可知矣。百姓雖愚，然習於知見，必謂朝廷之令，率皆誑我，是心一萌，姦雄得以誘之矣。此綱紀國家之四事也。

郡守、縣令者，親民之官；監司者，統臨州縣之長。既得其人，必久任之，以考功罪之實，而施賞罰焉。近日以來，朝廷移易郡守、監司，無月無之，殆不可勝紀。謂其不才而罷之耶？則曷若考慎於未命之前也？顧恐未必然，特出於用事者之私意耳。民力已困，財用已竭，潰兵劇賊徜徉乎其間，戎務軍須交制乎其上，朝廷憂勞歎息而未能救，尚忍不爲擇忠信之長、慈惠之師以撫綏之乎？此綱紀國家之五事也。

臣夙夜思之，得此七策，於當世之務，雖不能盡，亦可見大略矣。惟陛下動心加慮，反覆而考焉。日月逝矣，歲不我與。以爲今日難於前日，安知後日不又難於今日乎？往者雖不可復追，不當謂不可爲者，而遂已也。今年之春，震雷大雪〔二六〕，白虹貫日，中有黑子。錢塘之變，實先垂象〔二七〕。迺閏月，金犯大火，芒怒赫然；九月朔旦，日有食之，車駕復有思患預防之行。明堂遂虚，陽德大弱。錢塘受辱之地，豈可再枉六飛？人知陛下無興復之志，威權日削，無可瞻望，投戈四起，孰能止之？今黏罕之强未如秦，其得罪於中國，無人不怨，則有甚於始皇之於六國也。東南形勢，控帶江山，兼有吴、楚之地，坤維嶺海，提封自如，非如湯以七十里而起也。而乞憐偷生之勢，乃甚於楚之爲秦役，此臣所以日夜憤懣，爲陛下痛惜，而傷大臣之過計也。誠欲北向而有爲，臣將見鋤耰慘於長鎩，奮臂威於甲兵，舉四海惟陛下之用，惟在陛下斷與不斷，爲與不爲耳。五路事宜，張浚已行措置。今能使淮南、荆襄肘臂相應，山東合從，則虜人所守者〔二八〕，數千里之地，兵分勢離，批亢擣虚〔二九〕，攻其不備，多方以誤之，以十年爲期，陛下必能掃除妖氛，一清天步，修上京之廟貌，拜鞏、雒之神皋。遠迓父兄，歸安鳳闕，再新儀物，永固皇圖。巍然南面，稱宋中興。其與愓息遁藏〔三〇〕，蹈危負恥，豈不天地相絕哉！」疏入，呂頤浩惡其切直，罷之。

罷胡寅切直

分命杜充等守諸州

辛卯，命尚書右僕射杜充領行營兵守建康，韓世忠守鎮江府，劉光世守太平及池州。光世仍受充節度。辛企宗守吴江縣，陳思恭守福江口，王瓊守常州。

惡周元曜諂諛

壬辰，監都進奏院周元曜自京太廟奉迎藝祖以下神位九室往臨安。元曜言升暘宮掛牌降甘露，上謂輔臣曰：「元曜前態未革，諂諛如此，可勿令上殿。」

減福建廣南銀

己亥，詔減福建、廣南路歲買上供銀三分之一，以寬民力。

詔諸路制置使惟用兵聽從便宜，餘悉禁止。

禱天得晴

庚子，從官以下先行。是夜，大雨。上慮禁衛勞苦，焚香禱天，詰朝，雨霽。

上幸浙西
太白犯前星
太白復歸黃道

壬寅，上幸浙西。初，太白犯前星，次逼明堂纔一舍，上心甚懼。至是稍北，復歸黃道。上語宰執曰：「天之愛君，猶父之於子。見其過，告戒之，及懼而改。則益愛之。」王綯曰：「今夜必益遠。」既而果然。

乞不受杜充節制
劉光世復用王德
杜充無制禦之方
賜陳東家金
張浚用曲端
劉豫説上官悟降
上官悟斬劉豫使
日食淺而退速
金人陷南京

劉光世上書言受杜充節制，有不可者六。上怒，趣令過江，且詔毋入光世殿門。光世皇恐受命。光世以便宜復郴州編管人王德充前軍統制〔三一〕。時江、浙人皆倚充爲重，而充日事誅殺，殊無制禦之方，識者爲之寒心焉。

甲辰。上次鎮江府。參知政事王綯言：「此陳東鄉里。」上命以金賜其家。宣撫處置使張浚自建康至襄陽〔三二〕。留二十日，召帥守、監司令預儲蓄，以待上西幸。浚方搜攬豪傑爲用，以新除御營使司提舉一行事務曲端在陝西屢與虜角〔三三〕，欲仗其威聲，承制拜端威武大將軍，充本司都統制。端登壇，將士歡聲雷動。

劉豫遣人説東京副留守上官悟，令降于金虜〔三四〕。悟斬其使。豫乃賂悟之左右喬思恭、宋願，與之同説，悟復斬之。

九月丙午朔，日有食之，所蝕僅四分，未幾，復退。上謂呂頤浩曰：「太史所奏日蝕早而分深，朕適以油盆觀之，食淺而退速。」頤浩曰：「陛下嚴恭寅畏，感格如此。」

壬子，金人降單州，取興仁府，遂陷南京。

癸丑，簽書樞密院事周望充兩浙荊湖等路宣撫使，總兵守平江府。翰林學士張守同簽書樞密院事。

却高麗入貢　汪藻草高麗詔得體

丙辰，高麗人請貢，詔不許。給事中兼直學士院汪藻草詔略曰：「壞晉館以納車，庶無後悔；閉玉關而謝質，匪用前規。」上大善之，以藻爲得體。

虜陷沂州〔三五〕。

減東南和預買絹

己巳，御筆：「朕累下寬恤之詔，而迫於經費，未能悉如所懷。今聞東南和預買絹，其弊尤甚，可下江、浙，減四分之一，以寬民力。仍俵見錢，違寘之法。」

不肯歸過大臣

壬申，上謂大臣曰：「有爲朕言，移蹕浙東，人情未孚，宜降詔具述初非朕意，悉出宰執，庶幾軍民不怨。朕既爲天子，當任天下之責，舉措未當，豈可歸過大臣？」王綯曰：「古之賢君，不肯移災股肱，無以過此。」

熒惑退度

草澤天文耿靜言：「太微垣正午推步，今歲熒惑躔次，方在己未，應至太微垣。」上曰：「此人不深知，朕夜以星圖仰張殿中，四更親起，見其已至，昨夜已退二度半。」呂頤浩曰：「宋景出人君之言三，而熒惑退舍，或者疑焉。陛下寅畏，天應之速如此，信傳記之非虛也。」

婁宿犯長安

甲戌，婁宿大合兵，犯長安。

殿中侍御史趙鼎爲侍御史。先是，御史中丞范宗尹因奏事，論鼎自司諫遷殿中，非故事。上亦嘉鼎敢言，故有是除。

嘉趙鼎敢言

金國樞密院分河間、真定府爲河北東、西路；平陽、太原府爲河東南、北路。

冬十月丙子朔，詔：「諸路按察官，自通判至監司，歲具發摘過贓吏姓名，置籍申尚書省，以爲殿最。即有失按，而因事聞者，重譴之。」

發摘贓吏爲殿最

丁丑，金人犯蔡州。

戊寅，上發平江府。

癸未〔三六〕，上至臨安府。

上至臨安府

丙戌，執政登御舟奏事，呂頤浩曰：「陛下邇來聖容清癯，恐以艱難，聖慮焦勞所致。然願以宗廟社稷付托之重，少寬聖抱，以圖中興。」上曰：「朕嘗夜觀天象，見熒惑躔次稍差，食素已二十餘日，須俟復行軌道，當復常膳。」

減膳應天變

庚寅，上御舟幸浙東，時内侍馮益以藩邸舊恩，頗恣，與張俊争渡，以語侵俊。侍御史趙鼎言：「明受之變，起于内侍，覆車之轍，不可不戒。」紹興六年七月，行遣。

辛卯，金人陷滁州。

上幸浙東

壬辰。上至越州。

收五色經制錢

戊戌，令東南八路提刑司歲收諸色經制錢赴行在。一曰權添酒錢，二曰量添賣糟錢，三曰增添田宅牙稅錢，四曰官員等請給頭子錢，五曰樓店務添三分房錢。其後歲收凡六百六十餘萬緡，而四川不與焉。

張浚請幸興元府

宣撫處置使張浚至興元，上奏曰：「竊見漢中，實天下形勢之地，號令中原，必基於此。願陛下早爲西行之謀，前控六路之師，後據兩川之粟，左通荆、襄之財，右出秦、隴之馬，天下大計，斯可定矣。」

金人陷壽春府

金人陷壽春府。

宋汝爲奉使不屈

修武郎宋汝爲奉詔，副京東轉運判官杜時亮使虜請和〔三七〕，行次壽春，遇完顔宗弼軍，不克與時亮會。汝爲獨馳入虜壁〔三八〕，奉上國書。宗弼怒，命執之，欲加僇辱。汝爲色不變，曰：「一死固不辭，然銜命出疆，願達書吐一辭，死未晚。」宗弼顧汝爲不屈，遂解縛，延之坐，且問其邑里，謂左右曰：「此山東忠義之士也。」以金帛酒食遺之，命引至東平見劉豫。汝爲曰：「願伏劍爲南朝鬼，豈忍背主，不忠於所事？」宗弼亦感歎，遂留之軍中。

趙令峸等死黃州

庚子，金人犯黃州，守臣趙令峸死之。都監王達、判官吳源、巡檢劉卓，皆爲虜所殺〔三九〕。

趙開理四川財賦

辛丑，張浚承制以同主管川陜茶馬監牧公事趙開兼宣撫司隨軍轉運使，專一總領四川財賦。開言：「蜀民已困，惟榷率尚有贏餘，而貪猾認以爲己私，惟不恤怨詈，斷而行之，庶救一時之急。」浚以爲然。於是大變酒法，自成都始。明年，遂徧四路行其法。夔路舊無酒禁，開始榷之。舊四川酒課，歲爲錢一百四十萬緡，自是遞增至六百九十餘萬緡。

虜分道渡江寇江西

帥江西虜至而遁

金人自黃州濟江，江東宣撫使劉光世以爲小盜，遣王德拒之于興國軍，始知爲虜至〔四〇〕，遂遁。於是虜自大冶縣徑趨洪州。

大事記曰：虜之分道寇海也〔四一〕，不惟廬州之李會、濠州之孫逸、和州之李鑄、無爲軍之李知幾、真州之向子忞、洪州之王子獻、臨江之吳將之、吉州之楊淵、撫州之王仲山、袁州之王仲嶷、建康之杜充、越州之李鄴、潭州之向子諲、荆南之唐愨，或降或走，而張俊、劉光世之兵亦遁矣。豈獨江、淮素無兵備哉！亦習見兩河官吏被禍而無益，寧畏虜而不畏義也。

癸卯，李鄴被旨造明舉甲，每副工料之費，凡八千緡有奇，上召大將張俊、辛企宗示之曰：「是甲分毫以上，皆生民膏血，若棄擲一葉甲，是棄生民方寸之膚，諸軍用之，當思愛惜。」時王綯在側，曰：「陛下愛民如此，凡百臣下，當體此意。」

臣留正等曰：斂人之財，以爲殺人之器，聖人忍爲之哉！惟其扞敵禦難，使斯民得遂其生，所利有大於所斂者，此所以行之而不疑也。苟輕棄之，而扞禦之效罔聞，豈聖人之本心哉？太上皇帝以此戒諭諸將，孰敢不竭忠賈勇，以靖國安民爲任耶？聖訓一發，而愛民、馭將之方兼得之，嗚呼，休哉！

賞富直柔敢諫

詔右諫議大夫富直柔遇事敢諫，皆合大體，艱難之中，賴其獻替，可特轉一官，報行天下，使知朕優賢納諫之意。

沈與求論執政過失

監察御史沈與求上書論執政過失，改爲尚書兵部員外郎。與求奏：「臣言苟不當，宜黜，不應得遷。」上行其言，甲辰，擢與求殿中侍御史。

盛修己死宿州

盜入宿州，通判盛修己守節不屈，爲所害。

十有一月乙巳朔，金人犯廬州。

丁未，德音，釋諸路徒以下囚，罷邠州歲貢火筯〔四二〕、襄陽漆器、象州藤合、揚州照子之屬。初，未行鈔鹽以前，兩浙民户每丁官給蠶鹽一㪷，令民輸錢一百六十六，謂之丁鹽錢。皇祐中，許民以紬絹從時價折納，謂之丁絹。自行鈔法後，官不給鹽，每丁增錢爲三百六十，謂之身丁錢。大觀中，始令三丁輸絹一匹。其後物價益貴，令民每丁輸絹一丈，綿一兩。軍興丁少，遂均科之，民甚以爲患。至是，聽五等下户以其半折帛，半納見錢。於是歲爲絹二十四萬匹，綿百萬兩，錢二十四萬緡。

罷諸州歲貢

歲輸丁絹

宋齊愈追復通直郎，仍與一子恩澤。李綱累經恩赦，特許自便，綱行至瓊州而還。

許李綱自便

戊申，宗弼犯和州。宗弼即兀术也。

己酉，宣撫處置使張浚以便宜增印錢引一百萬緡，以助軍食，其後八年間，累增二千五十四萬緡。浚又置錢引務於秦州，以佐邊用。

張浚增印錢引

虜陷無爲軍〔四三〕。

庚戌，虜又攻采石渡〔四四〕，知太平州郭偉屢敗之，虜遂趨馬家渡。

郭偉守采石屢敗虜

虜自馬家渡渡江

壬子，隆祐太后退保虔州。

丁巳，虜陷六合縣〔四五〕，又陷臨江軍，又犯洪州。

虜犯兩浙

庚申，虜陷真州〔四六〕。

辛酉，隆祐皇太后至吉州。

潘振死溧水縣

壬戌，金兵自馬家渡濟江攻溧水縣，尉潘振死之。

大事記曰：方其幸維揚也，使經理兩河之計行，則虜豈能越三關四鎮而擣淮〔四七〕？及其渡江也，使防淮之議不格，則虜豈能越大江重湖而攻我哉？朝廷棄三路如棄土梗，棄兩淮如棄敝屣，使虜入數千里，如入無人之境，不戰而敗，不守而陷，二百年之天下，不因民之怨叛，而直失其大半，可勝惜哉！

癸亥，虜犯太平州〔四八〕。

帥浙西虜至走江陰

甲子，浙西制置使韓世忠在鎮江，悉所儲之資盡裝海舶，之江陰。

丁卯，金人犯吉州〔四九〕，知州事楊淵棄城去。隆祐皇太后離吉州，至争米市，虜遣兵追御舟〔五〇〕，太后乃自萬安捨舟而陸，遂幸虔州。

虜分兵犯撫州〔五一〕，又犯袁州。

金人寇六安軍，又陷建平縣。

杜充引親兵三千自江而北。

杜充守江失利

己巳，上發越州，次錢清堰，夜得杜充奏，我師敗績。上謂輔臣曰：「充守江不利，陳淬戰没。王𤫉擁兵南遁。金國人馬必臨浙江追襲，事迫矣，卿等意如何？」呂頤浩曰：「臣有一策，望聖意詳度，斷在必行。」上曰：「如何？」頤浩奏：「今若車駕乘海舟以避狄〔五二〕，既登海舟之後，虜騎必不能襲我〔五三〕，江、浙地熱，虜亦不能久留，俟其退去，復還二浙，彼入我出，彼出我入，此正兵家之奇也。」上沈吟久之，曰：「此事可行。」

建航海之議

從呂頤浩航海議

庚午，上遽回鑾。呂頤浩晚朝奏事。上曰：「航海之事，朕昨夕熟思之，斷在必行，卿等速尋船。」遂決策趨四明。

張匯進論曰：兀朮之寇江南也〔五四〕，朝廷豈不知虜所利者騎也〔五五〕，我所利者舟師與步兵也。江、浙之地，騎得以爲利乎？此皆騎之危地也，舟師、步兵之利地也。兀朮有知，豈肯致身於此邪？若御駕親征，諸路進討，兀朮之頭必獻于闕下矣。而復望風之際，車駕泛海，朝廷自散，爲賊乘之〔五六〕，得志而去。此失於退者二也。

御史中丞范宗尹參知政事，侍御史趙鼎試御史中丞。時密院惟張守獨員，乃命宗尹兼權樞密院事。

周望郭仲荀守兩浙

簽書樞密院事周望同知樞密院事，仍兼兩浙宣撫使，總兵守平江府。殿前副都指揮使郭仲荀爲兩浙宣撫副使，與御營使司都統制辛企宗並守越州。御前右軍都統制張俊從上行，以俊爲浙東制置使。

虜陷建康府

李梲陳邦光降虜

辛未，金人陷建康。初，户部尚書李梲與守臣陳邦光具降狀，遣人即十里亭投之，宗弼喜曰：「金陵不煩攻擊，大事成矣。」宗弼入建康，邦光率官屬出門迎拜。通判府事楊邦乂大書其衣曰：「寧作趙氏鬼，不爲他邦臣。」既見，邦乂不拜，宗弼不能屈。翌日，遣人就邦乂，以舊官許之，邦乂以首觸堦求死，虜酋張太師者止之〔五七〕，邦乂又遺書曰：「世豈有不畏死，而可以利動者？幸速殺我。」

癸酉，晚，上發越州。

金人犯建昌軍，兵馬監押蔡延世擊却之。

甲戌，通判建康府楊邦乂爲金兵所殺，前一日，虜酋張太師與李梲、陳

楊邦乂罵虜死

邦光燕，樂方作〔五八〕，召邦乂立堂下，邦乂見梲、邦光，叱之。有劉團練者取紙，書「死、活」二字示邦乂，曰：「若毋多言，欲死趣書死字示我，乃信。」邦乂奮前奪吏筆，書字曰「死」，虜相顧動色〔五九〕，然未敢害。是日，宗弼再引邦乂，邦乂不勝憤，遥望大駡曰：「若夷狄而圖中原〔六〇〕，天寧久假汝，行磔汝萬段〔六一〕，安得汙我？」宗弼大怒，擊殺之，剖腹取其心。

贈謚楊邦乂

初贈直秘閣，官其子二人，賜田二頃，後謚忠襄。

劉子羽薦于張浚

張浚用吴玠吴璘

是月，張浚至秦州才數日，即出行關陝。參議軍事劉子羽言涇原兵馬都監兼知懷德軍吴玠之才於浚，玠亦素負材略，求自試。浚與語，大悦，擢爲統制。又使其弟進武副尉璘掌帳前親兵。

戚方叛殺胡唐老

十有二月戊寅，知鎮江府兼浙西安撫使胡唐老爲軍賊戚方所殺。

己卯，上次明州。

辛巳，金人陷廣德軍。

壬午，金人犯安吉縣。

兀术歎我朝無人

癸未，宗弼自安吉進兵，過獨松嶺〔六二〕，歎曰：「南朝可謂無人，若以羸兵數百守此，吾豈能遽度哉？」

朱蹕扶傷擊賊

康允之棄臨安遁

乙酉，宗弼犯臨安府，錢塘令朱蹕率民兵逆戰，傷甚，猶叱左右負己擊賊〔六三〕。守臣浙西同安撫使康允之棄城，遁保赭山。時劉誨自楚州赴召，在城中，軍民推之以守。

幸定海御樓船

己丑，上幸定海縣，御樓船，晚朝二府，登舟奏事，參知政事范宗尹曰：「虜騎雖百萬〔六四〕，必不能追襲，可以免禍矣。」上曰：「惟斷乃成此事是也。」

支諸軍雪寒錢

詔行在諸軍支雪寒錢，自是遂爲故事。

兀朮陷臨安府

朱蹕死虜

金人陷臨安府。有唱言權府事劉誨欲以城降虜者〔六五〕，軍民因殺誨。是晚，城陷。錢塘令朱蹕在天竺山亦遇害。

癸巳，上至昌國縣，杜充所遣屬官直徽猷閣陳起宗至，言充敗，欲引衆趨行在，而路不通。是日，范宗尹聞臨安陷，復還見上于舟中。

乙未，金人屠洪州。

韓世忠大治戰艦

丙申，浙西制置使韓世忠知虜人不能久〔六六〕，大治戰艦，俟其歸而擊之。

優容忠讜

丁酉，上謂輔臣曰：「昨者從官同詣都堂，鄭望之獨謂自古興王未有乘舟檝者，所論未爲通方。」王綯曰：「自崇寧以來，大臣專權，不容立異，比者會議都堂，更相詰難，各盡所見，無所顧避，臣不意數十年後，復見此氣象，皆陛下優容忠讜所致，望之自守所見，乃朝廷之福也。」於是望之奉祠而去。

臣留正等曰：杜衍、韓琦、范仲淹、富弼皆當世名臣，慶曆間，同立于朝，協恭和衷，佐佑王室。至於議論之際，則各相可否，不爲苟同。衍欲罪滕宗諒，仲淹則争之；仲淹請備邊，弼則以謂契丹必不至。尹洙號仲淹之黨，及争水洛城事，琦則是洙而非劉滬，仲淹則是劉滬而非洙，非固相違也，各極所見，歸於憂國愛民之心而已。仁宗皆依之爲治，不以其異同而有去留焉。蓋天下之事，安危成敗，藏於幾微之間，豈一人之智所能盡？惟議論往來，可否相濟，而後歸於至當，故事無遺策。自熙、豐間，大臣惡人異己，有立異論者，必力排而去之。厥後士夫皆爲身謀，無敢持異議於其間。直臣賢士，雖有忠謀讜論，弗克上聞，此風一行，歷數十年不能變，馴致靖康之禍，皆人臣尚同之罪也，豈朝廷之福哉？鄭望之之異論，是宜太上皇帝包容而不之罪也。聖訓嘗云：「朕仰惟仁宗皇帝當時立政用人之事，當置之左右，朝夕以爲法。」於斯見之。

李鄴投拜

唐琦擊虜不中死

曾怘死越州

戊戌，金人陷越州。知越州充兩浙東路安撫使李鄴遣兵邀擊於浙江，三捷。既而，寡衆不敵，鄴乃遣人賫書投拜，虜引兵入城〔六七〕，以其將琶八爲守，親事官唐琦袖石擊琶八不中，琶八詰之，曰：「欲碎爾首，死爲趙氏鬼耳！」琶八曰：「汝殺我奚益？胡不率衆救汝主〔六八〕？」琦曰：「在是惟汝爲尊，故欲殺汝耳。」琶八曰：「使人人如此，趙氏豈至是哉！」琦顧鄴曰：「汝享國厚恩，今若此，安得爲人也？」聲色俱厲，琶八殺之。新通判温州曾怘不屈，虜執怘併其家殺之。

趙立入楚州

己亥，知平江府湯東野奏，杜充自真州至天長軍與劉位、趙立會合。先是，立知徐州，朝廷聞金人入寇，詔諸路兵援行在，立以徐州城孤且乏糧，不可守，乃率將兵、禁兵、民兵約三萬人南歸〔六九〕。會知楚州劉誨已赴召，宣撫使杜充以楚州闕守，命立率所部赴之。立至臨淮，被充之命，兼程至龜山，時金左監軍昌圍楚州急，立斬刈道路，乃能行，至淮陰，與賊遇〔七〇〕，其下以山陽不可往，勸立歸彭城。立奮怒，嚼其齒曰：「正欲與金人相殺，何謂不可？」乃令諸軍曰：「回顧者斬。」於是率衆先登，自旦至暮，且戰且行，出没賊中，凡七破賊，無有當其鋒者，遂得以數千人入城。立口中流矢，貫其兩頰，口不能言，以手指揮，軍士皆憇，而後拔其矢。

庚子，上發昌國縣。

張俊明州之捷

癸卯，浙東制置使張俊與金人戰于明州，敗之。先是，虜遣兵追襲乘輿至城下〔七一〕，俊遣統制官劉寶與戰，兵少却，其將党用、丘横死之。統制官楊沂中、田師中、統領官趙密皆殊死戰，主管殿前司公事李質率所部以舟師來助，知州事劉洪道率州兵射其傍，遂大破之，殺數千人。

龜鑑曰：明州之戰，虜自高橋攻西門〔七二〕，併兵並進，勢亦亟矣。張俊忠義，實奮發於下令軍中之時，始則清野閉關以拒其來，終則開門迎敵以挫其鋭，中興戰功，自明州一捷始。虜自入中國以來，未有一人敢嬰其鋒，至此，而軍勢稍張矣。

婁宿圍陝府

婁宿將數萬衆圍陝府，守將李彦仙以死拒之，且告急於張浚。

增入名儒講義皇宋中興聖政卷之六

校勘記

〔一〕虜兵深入陝右　「虜」原作「敵」，據宋刊本、明抄本及宋史全文卷一七改。下同。

〔二〕遠破京西　「遠」，繫年要録卷二一七作「遂」。

〔三〕戎馬生之　「戎馬」原作「荆棘」，據宋刊本、明抄本及宋史全文卷一七改。

〔四〕盜賊營之　「盜賊」原作「他人」，據宋刊本、明抄本及宋史全文卷一七改。

〔五〕金賊以小狄猖獗薰汙中華逆天亂倫扶立僭僞用夷變夏俾臣作君　案從「金賊」至「俾」二十三字原脱，據宋刊本、明抄本及宋史全文卷一七補。「猖獗」，三朝北盟會編卷一五二作「羶穢」。

〔六〕勢力相敵　「敵」原作「角」，據宋刊本、明抄本及宋史全文卷一七改。

〔七〕金賊遽至城下　「賊」原作「兵」，據宋刊本、明抄本及宋史全文卷一七改。

〔八〕而沮种師道擊賊之謀　「賊」原作「敵」，據宋刊本、明抄本及宋史全文卷一七改。

〔九〕狠忮膠結　「狠忮」原作「根株」，據胡寅斐然集卷一六上皇帝萬言書及繫年要録卷二一七改。

〔一〇〕庶幾貪狄知我有含怒必鬭之志　「貪狄」原作「敵人」，據宋刊本、明抄本及宋史全文卷一七改。

〔一一〕昔北狄至澶州　「北狄」原作「北兵」，據宋刊本、明抄本及宋史全文卷一七改。

〔一二〕故臣謂宜置行臺　「臺」原作「宫」，據斐然集卷一六上皇帝萬言書、繫年要録卷二七及前文改。

〔一三〕謹守成法從事　「謹」原作「諌」，據斐然集卷一六上皇帝萬言書及繫年要録卷二七改。

〔一四〕泛受其説　「受」原作「愛」，據宋刊本、明抄本及繫年要録卷二七改。

〔一五〕進戰獲酋虜則厚賞　「獲酋虜」原作「有義勇」，據宋刊本、明抄本及宋史全文卷一七改。

〔一六〕而非建都之謂也　「而」，繫年要録卷二七作「豈」。

〔一七〕使讎虜知趙氏之居中國者　「讎虜」原作「金人」，據宋刊本、明抄本及宋史全文卷一七改。

〔一八〕立異姓之逆謀　「逆」原作「詭」，據斐然集卷一六上皇帝萬言書及宋史全文卷一七改。

〔一九〕盡輸之夷狄耶　「夷狄」原作「敵人」，據宋刊本、明抄本及宋史全文卷一七改。

〔二〇〕勃興於夷虜　「夷虜」原作「西北」，據宋刊本、明抄本及宋史全文卷一七改。

〔二一〕豈敢冀其向虜賊發一矢也　「虜賊」原作「敵人」，據宋刊本、明抄本及宋史全文卷一七改。

〔二二〕反覆循環　「循環」，繫年要録卷二二七作「迴圈」。

〔二三〕結遠夷　「夷」原作「邦」，據宋刊本、明抄本及宋史全文卷一七改。

〔二四〕遂使虜人得以藉口　「虜」原作「敵」，據宋刊本、明抄本及宋史全文卷一七改。

〔二五〕夫金賊何憾於我哉　「賊」原作「國」，據宋刊本、明抄本及宋史全文卷一七改。

〔二六〕震雷大雪　原作「雷電大震」，據斐然集卷一六上皇帝萬言書及繫年要録卷二一七改。

〔二七〕錢塘之變實先垂象　「變」原作「禍」，「垂」原作「示」，據斐然集卷一六上皇帝萬言書及繫年要録卷二二七改。

〔二八〕則虜人所守者　「虜」原作「敵」，據宋刊本、明抄本及宋史全文卷一七改。

〔二九〕兵分勢離批亢擣虚　「離」原作「合」，「亢」原作「穴」，據斐然集卷一六上皇帝萬言書及繫年要録卷二二七改。

〔三〇〕其與愒息遁藏　「遁」原作「退」，據斐然集卷一六上皇帝萬言書及繫年要録卷二一七改。

〔三一〕光世以便宜復郴州編管人王德充前軍統制　「郴」原作「彬」，據宋刊本、明抄本及宋史全文卷一七改。

〔三二〕宣撫處置使張浚自建康至襄陽　案宋史卷二五高宗本紀二將此事繫於本月「甲辰」。

〔三三〕以新除御營使司提舉一行事務曲端在陝西屢與虜角　「虜」原作「敵」，據宋刊本、明抄本及宋史全文卷一七改。

〔三四〕令降于金虜　「虜」原作「國」，據宋刊本、明抄本及宋史全文卷一七改。

〔三五〕虜陷沂州　「虜陷」原作「敵攻」，據宋刊本、明抄本及宋史全文卷一七改。

〔三六〕癸未　原作「癸亥」，案本月丙子朔，無癸亥日，據繫年要録卷二七改。

〔三七〕副京東轉運判官杜時亮使虜請和　「虜」原作「北」，據宋刊本、明抄本及宋史全文卷一七改。

〔三八〕汝爲獨馳入虜壁　「虜」原作「敵」，據宋刊本、明抄本及宋史全文一七改。

〔三九〕皆爲虜所殺　「虜」原作「敵」，據宋刊本、明抄本及宋史全文卷一七改。

〔四〇〕始知爲虜至　「虜」原作「敵」，據宋刊本、明抄本及宋史全文卷一七改。下同。

〔四一〕虜之分道寇海也　「虜」原作「敵」，「寇」原作「入」，據宋刊本、明抄本及宋史全文卷一七改。下同。

〔四二〕罷邠州歲貢火筯　「邠」原作「彬」，據繫年要録卷二九及文獻通考卷二二土貢考一改。

〔四三〕虜陷無爲軍　「虜」原作「敵」，據宋刊本、明抄本及宋史全文卷一七改。

〔四四〕虜又攻采石渡　「虜」原作「敵」，據宋刊本、明抄本及宋史全文卷一七改。下同。

〔四五〕虜陷六合縣　「虜」原作「敵」，據宋刊本、明抄本及宋史全文卷一七改。

〔四六〕虜陷真州　「虜」原作「敵」，據宋刊本、明抄本及宋史全文卷一七改。

〔四七〕則虜豈能越三關四鎮而擣淮　「虜」原作「敵」，據宋刊本、明抄本及宋史全文卷一七改。下同。

〔四八〕虜犯太平州　「虜」原作「敵」，據宋刊本、明抄本及宋史全文卷一七改。

〔四九〕金人犯吉州　「犯」原作「攻」，據宋刊本、明抄本及宋史全文卷一七改。

〔五〇〕虜遣兵追御舟　「虜」原作「敵」，據宋刊本、明抄本及宋史全文卷一七改。

〔五一〕虜分兵犯撫州　「虜」原作「敵」，據宋刊本、明抄本及宋史全文卷一七改。

〔五二〕今若車駕乘海舟以避狄　「狄」原作「敵」，據宋刊本、明抄本及宋史全文卷一七改。

〔五三〕虜騎必不能襲我　「虜」原作「敵」，據宋刊本、明抄本及宋史全文卷一七改。下同。

〔五四〕兀术之寇江南也　「寇」原作「下」，據宋刊本、明抄本及宋史全文卷一七改。

〔五五〕朝廷豈不知虜所利者騎也　「虜」原作「敵」，據宋刊本、明抄本及宋史全文卷一七改。

〔五六〕爲賊乘之　「賊」原作「敵」，據宋刊本、明抄本及宋史全文卷一七改。

〔五七〕虜酋張太師者止之　「虜酋」原作「金將」，據宋刊本、明抄本及宋史全文卷一七改。

〔五八〕虜酋張太師與李棁陳邦光燕樂方作　「虜酋」原作「敵將」，據宋刊本、明抄本及宋史全文卷一七改。

〔五九〕虜相顧動色　「虜」原作「敵」，據宋刊本、明抄本及宋史全文卷一七改。

〔六〇〕若夷狄而圖中原　「夷狄」原作「北人」，「原」原作「土」，據宋刊本、明抄本及宋史全文卷一七改。

〔六一〕行磔汝萬段　「磔汝萬段」原脱，據宋刊本、明抄本及宋史全文卷一七補。

〔六二〕過獨松嶺　「松」原作「杜」，據繫年要録卷三〇及咸淳臨安志卷一七疆域「餘杭」條改。

〔六三〕猶叱左右負己擊賊　「賊」原作「敵」，據宋刊本、明抄本及宋史全文卷一七改。

〔六四〕虜騎雖百萬　「虜」原作「敵」，據宋刊本、明抄本及宋史全文卷一七改。

〔六五〕有唱言權府事劉誨欲以城降虜者　「虜」原作「敵」，據宋刊本、明抄本及宋史全文卷一七改。

〔六六〕浙西制置使韓世忠知虜人不能久　「虜」原作「敵」，據宋刊本、明抄本及宋史全文卷一七改。

〔六七〕虜引兵入城　「賊」原作「敵」，據宋刊本、明抄本及宋史全文卷一七改。

〔六八〕胡不率衆救汝主　「胡」原作「何」，據宋刊本、明抄本及宋史全文卷一七改。

〔六九〕民兵約三萬人南歸　「約」原作「納」，據宋刊本、明抄本及繫年要録卷三〇改。

〔七〇〕與賊遇　「賊」原作「敵」，據宋刊本、明抄本及宋史全文卷一七改。下同。

〔七一〕虜遣兵追襲乘輿至城下　「虜」原作「敵」，據宋刊本、明抄本及宋史全文卷一七改。

〔七二〕虜自高橋攻西門　「虜」原作「敵」，據宋刊本、明抄本及宋史全文卷一七改。下同。

增入名儒講義皇宋中興聖政卷之七

高宗皇帝七

建炎四年春正月甲辰朔，大風。御舟碇海中。

乙巳日午，西風忽起，虜乘之犯明州〔一〕，浙東制置使張俊與守臣劉洪道坐城樓上，遣兵掩擊，殺傷大當，虜奔北，墮田間或墜水。俊急令收兵。夜，虜拔寨去。

虜乘風犯明州

丙午早，御舟次章安鎮。

丁未，御史中丞趙鼎自明州還行在，遂與從官同對於舟中。

庚戌，金人再犯明州。

再犯明州

丙辰，江淮宣撫司右軍統制岳飛自廣德軍移屯宜興縣。杜充之敗也，其將士潰去，多行剽掠，獨飛嚴戢所部，不擾居民，士大夫避寇者皆賴以免〔二〕，故時譽翕然歸之。

岳飛時譽翕然

婁宿陷陝府

李彥仙死陝府

丁巳，婁宿陷陝府，守臣李彥仙死之。彥仙守陝再踰年，大小戰二百，及城陷，其屬官、通守、職官、縣令、將佐五十一人皆與同死，無屈降者。

賞明州戰功

戊午，張俊全軍立功人並遷七官，賞明州之捷也。

金人再犯餘姚縣。

金人破明州

己未，金人破明州。

雷雨之異

夜，大雷雨。翌日，上謂大臣曰：「昨雷聲頗厲，於占，爲君弱臣强，四夷兵不制所致〔三〕。朕當與卿等修德以應天。」

壬戌，晚，雷雨又作。上謂大臣曰：「此與前占無異，惟頻發者應速耳。」

癸亥，泊青澳門。

甲子，泊温州港口。

丙寅，移次温州之館頭。先是，金人攻定海縣，破之，遂以舟師犯昌國縣，欲襲御舟。至碕頭，風雨大作，提領海船張公裕引大舶擊散之，虜乃去〔四〕。

丁卯，金人犯潭州〔五〕。

戊辰，權知三省樞密院事滕康提舉亳州明道宫，權同知劉珏提舉江州太平觀。

己巳，尚書户部侍郎葉份請令僧道換給已書填黄紙度牒，每道輸紙墨錢十千。從之。

換給度牒

初，趙立既至楚州，朝廷因以立知州事。金左監軍昌親帥數萬人圍城，相持四十餘日，虜不能入〔六〕，而城中薪糧日竭。

趙立受圍

辛未，給事中兼直學士院汪藻言：「金人爲患，今已五年。陛下以萬乘之尊，而倀然未知税駕之所者，由將帥無人，而御之不得其術也。如劉光世、韓世忠、張俊、王𤫉之徒，身爲大將，論其官，則兼兩鎮之重，視執政之班，有韓琦、文彦博所不敢當者；論其家，則金帛充盈，錦衣肉食，輿臺廝養皆得以功賞補官，至一軍之中，使臣反多，卒伍反少〔七〕。平時飛揚跋扈，不循朝廷法度，所至驅虜〔八〕，甚於夷狄〔九〕，陛下不得而問。正以防秋之時，責其死力耳。張俊明州僅能少抗，奈何敵未退數里間，而引兵先遁？是殺明州一城生靈，而陛下再有館頭之行者，張俊使之也。臣痛念自去秋以來，陛下爲宗社大計，以建康、京口、九江皆要害之地，故杜充守建康，韓世忠守京口，劉光世守九江，而以王𤫉隸杜充，其措置非不善也。而世忠八九月間，

汪藻論諸將罪

已歸鎮江，所儲之資，盡裝海舶，焚其城郭，爲逃遁之計。洎杜充力戰於前，世忠、王瓊卒不爲用，光世亦偃然坐視，不出一兵，方與韓梠朝夕飲宴，賊至數十里間不知。則朝廷失建康、虜犯兩浙〔一〇〕，乘輿震驚者，韓世忠、王瓊使之也。失豫章、太母播越、六宮流離者，劉光世使之也。嗚呼！諸將已負國家，罪惡如此。而俊自明引軍至温，道路一空，居民皆逃奔山谷；世忠逗遛秀州，放軍四掠，至執縛縣宰，以取錢糧，雖陛下親御宸翰，召之三四而不來。元夕取民間子女張燈高會，君父在難而不恤也。瓊自信入閩，所過邀索千計，公然移文曰：『無使枉害生靈。』其意果安在哉？臣觀今日諸將，用古法皆當誅，然不可盡誅也。惟王瓊本隸杜充，充敗于前，而瓊不救，此不可赦，當先斬瓊，以令天下。其他以次重行貶降，使以功贖過。臣愚以爲虜退之後，正大明賞罰、再立紀綱之時，莫若擇有威望大臣一人，盡護諸將，雖陛下親軍，亦聽其節制，稍稍以法裁之。仍使於偏裨中擇人才之可用者，間付以方面之權，待其有功，加以爵秩，陰爲諸將之代，此今日所最急者，惟陛下與大臣熟議，斷而行之。」

户部侍郎葉份言：「淮鹽路梗，妨阻客販。浙鹽數少，積壓客鈔。望權

更福建鹽法

以福建鹽通商，仍稍還買鹽本錢，即本路官搬官賣，兩不相妨。」從之。福建路歲産鹽一千一百萬斤，政和中，遣左司郎官張察至本路參定，歲以三分爲率，二分歸朝廷。許商人輸錢，給鈔受鹽，一分歸漕司，許自賣鹽，以辦歲計。時商販、官搬二法並行。靖康俶擾，商販殆絶，故官悉自鬻，歲入課錢四十萬緡。至是，份請行鈔法，而奸民乘之，盜販者甚衆。

御舟至温州駐蹕

二月乙亥，御舟至温州江心寺駐蹕。

大中大夫盧益權知三省樞密院事，吉州居住李回復端明學士、權同知。

虜引兵還臨安

金人陷潭州〔一一〕。

丙子，虜自明州引兵還臨安〔一二〕。

丙戌，金人自臨安退兵。

金人陷京師

丁亥，金人陷京師〔一三〕，權留守上官悟及副留守趙倫出奔。悟至唐州，爲董平所殺，自是四京皆陷没矣。

四京皆陷

駐蹕温州

庚寅，上入温州，駐蹕州治。

趙士醫死秀州

辛卯，金人陷秀州〔一四〕，權州事鄧根留本州兵馬都監趙士醫乘城拒敵，城陷，士醫爲流矢所中而死。

換鈔給閩廣鹽

甲午，尚書省言：「淮鹽道路不通，商人皆自京師持鈔引至兩浙請鹽，故温、台州積下引鈔至多，有至二三年者。乞令行在榷貨務換給新鈔，赴閩、廣筭請，每袋貼納通貨錢三千。」從之。

鼎州鍾相作亂

鼎州人鍾相作亂，自稱楚王，改元天載。自是十九縣皆爲盜區。

虜以邦昌事誘杜充

宰相杜充降虜

乙未，尚書右僕射兼江淮宣撫使杜充罷爲觀文殿大學士、提舉江州太平觀。充自真州而北，宗弼遣人説充，許以中原地封之，如張邦昌故事，杜充遂降虜〔一五〕。

張浚自秦州入衛

丙申，宣撫制置使張浚聞上親征，亟治兵，自秦州入衛，留參議軍事劉子羽掌留司事。

周望遁走

虜遊騎至平江〔一六〕，同知樞密院事周望奔太湖，守臣湯東野挈家潛遁，以府印付統制官郭仲威。

兀朮入平江

丁酉，金人大集城下，望及仲威皆遁。

虜在湖南者退兵

戊戌，宗弼入平江。虜之在湖南者〔一七〕，是日亦渡江，趨石首縣而去。

錢景死桃源縣

己亥，鍾相犯桃源縣，知縣事錢景出戰〔一八〕，爲所殺。

庚子，吕頤浩奏：「户部侍郎葉份言：『駕幸浙西，須早除發運使。』臣觀可任漕計，極難得人。間有之，又素行不修」。上曰：「有德者率淳直〔一九〕，或不能辦事；有才者多是小人，如梁揚祖，誠無學術，使爲發運使，則有餘矣。大抵小人不可使在侍從之列，若藉其才任於外，亦何不可？」

兼用才德

小人可任於外

臣留正等曰：世不能無小人，固也。因其小人而遂絶之，使不容於世，可乎？至治之時，君子、小人各安其分，在易之泰，其至治之時歟？君子道長而居於内，小人道消而居於外，是之謂各安其分。且君子、小人之别安在哉？德勝才，謂之君子；才勝德，謂之小人。才有所用，則豈在所絶哉？使之居外，則足以效其所長，而不至於害吾之治，此太上皇帝所以不棄揚祖也。生乎斯時者，尚安有不遇之歎！

辛丑，鍾相陷澧州，守臣黄琮等十餘人皆爲所殺，澧陽縣丞葉畬戰死。

黄琮等死澧州

三月癸卯朔，宗弼去平江府。

甲辰，初，婁宿既陷陝，遂與其副撒離曷長驅入關。宣撫處置使司都統制曲端聞虜至〔二〇〕，遣涇原路馬步軍副總管吴玠及統制官張中孚、李彦琪將所部〔二一〕，拒之于彭原店，端自擁大兵屯於邠州之宜録，以爲聲援。虜乘高而

彭原店之戰

爲曲端所劾

張浚奇吴玠

吴玠治兵秦鳳

陣，婁宿引兵來犯，玠擊敗之。撒離曷懼而泣，虜人因目爲「啼哭郎君」。既而虜師復振，官軍敗，端退屯涇州，虜亦引去。端劾玠違節，降武顯大夫〔一二〕，罷總管，復知懷德軍。宣撫處置使張浚素奇玠，尋擢玠秦鳳副總管兼知鳳翔府。時當兵火之餘，玠勞來安集，民賴以生。始青溪嶺之戰，玠牙兵皆潰，及是玠治兵秦鳳，諸潰卒復出就招。玠問訊再三，搜索非是者五六人，斥遣之，餘悉斬於遠亭下，去秦州十里，軍中股慄，自是每戰皆效死，無復潰散者矣。

却大食來貢

己酉〔一三〕，張浚言：「大食獻珠玉，已至熙州。」詔津遣赴行在。右正言吕祉言：「所獻真珠、犀牙、乳香、龍涎、珊瑚、梔子、玻瓈，非服食器用之物，不當受。」上諭大臣曰：「捐數十萬緡，易無用珠玉，曷若愛惜其財以養戰士？」遂命宣撫司無得受，仍加賜遣之。

龜鑑曰：寶器異物，即命碎之，内府珠玉，即命投之，螺鈿什物，悉皆銷毀，幄帟文繡，一切屏去。銷金鋪翠則有禁，龜筒玳瑁則有禁，真珠文犀則有禁。廣州貢珠則罷，交趾獻羽則罷，川蜀錦繡則又罷。且作損齋以自誓，而上謂宰相曰：「捐數十萬緡，易無用珠玉，曷若惜財以養戰士？」吾君之儉何如也。

張浚至房州而還

時浚率步騎數萬人入衛，至房州，遇德音，知虜騎退〔二四〕，乃還。

壬子，金人入常州。

奉養隆祐太后

思慕隆祐太后

甲寅，先是，上諭呂頤浩曰：「朕初不識隆祐皇太后，自建炎初迎奉至南京，方始識之。愛朕不啻己出，宮中奉養及一年半，朕之衣服飲食，必親調製。今朕父母兄弟皆在遠方，尊長中惟皇太后，不惟相別數千里外，加之胡騎衝突〔二五〕，又兵民不相得。縱火交兵，五六日乃定，復爾驚擾。當早遣大臣領兵迎奉，以稱朕朝夕慕念之意。」

編配林杞呂熙

詹標死於獄

林杞除名，連州編管，坐提點福建刑獄日，與呂熙共殺張政也。熙配惠州牢城。詹標初手執傳，及是，亦坐獄，辭不伏而死。

韓世忠金山之捷

丁巳，金人至鎮江府，浙西制置使韓世忠已屯山寺以邀之，降其將鐵爪鷹李選。選者，江淮宣撫司潰卒也。宗弼遣使通問，世忠亦遣使臣石皋報之，約日會戰。世忠謂諸將曰：「是間形勢，無如金山龍王廟者。虜必登此〔二六〕，覘我虛實。」仍遣偏將蘇德將二百卒伏廟中，又遣二百卒伏廟下，戒之曰：「聞江中鼓聲，岸兵先入，廟兵繼出。」虜至，果有五騎趨龍王廟，廟中之伏者先鼓而出，五騎振策以馳，僅得其二，有一人紅袍玉帶，既墜，復跳馳而脫。詰二人者，即宗弼也。既而戰數十合，世忠妻和國夫人梁氏在行間，親執桴鼓，虜終不得濟，復使致詞，願還所掠假道，世忠不從。益以名馬，又不從。

上御舟還浙西

己未，上御舟復還浙西。

張浚措置有條

辛酉，上御舟發温州。晚朝，執政登舟奏事，上曰：「張浚措置陝西，極有條理，薦人用士，持心向公。」張俊、辛永宗皆言：「陝西將帥往往服浚謀略。」吕頤浩曰：「陛下雖失之杜充，復得之張浚。」王綯曰：「張守嘗語臣：浚好謀，有大志，嘗招諸將至臺，講論用兵籌策。今果能行所言，真不易得。」上復言浚用孫渥代辛興宗、按王擇仁等罪，稱善者久之。

壬戌，御舟次章安鎮。

褒元祐忠賢

故朝請郎張耒贈右文殿修撰，故朝散郎晁補之、朝奉郎黄庭堅、宣德郎秦觀，皆贈直龍圖閣。又詔故右司諫江公望、監察御史常安民各官子孫二人。時方褒録元祐忠賢，以耒等四人爲黨籍餘官之首，而參知政事范宗尹言公望、安民論事勁切。故首及之。

乙丑，上次台州松門寨。宰執奏事，吕頤浩因言：「此行未審且駐會稽，爲復須到浙右？」上曰：「須由蘇、杭往湖州，或如卿所奏往宣州。」頤浩又曰：「將來且在浙右爲當，徐謀入蜀〔二七〕。」上曰：「朕倚雍之强，資蜀之富固善，但張浚奏漢中只可備萬人糧，恐太少。」頤浩曰：「若第攜萬兵入蜀，則淮、浙、江、湖以至閩、廣將爲盜區，皆非國家之有矣！」上曰：「當益進上流，用淮、浙榷貨鹽錢以贍軍費，運江、浙、荆湖之粟以爲軍食。」王綯曰：「議者多言入蜀便，殊不知自秦用張儀，至本朝遣王繼恩下蜀者八矣。取輒得之，不勞再舉，則亦未可謂之便也。」范宗尹曰：「臣謂若便入蜀，恐兩失之。據江表而徐圖關陜之事，則兩得之。」上曰：「然。」既而浚復上疏言：「陛下果有意於中興，非幸關陜不可。」上不許。議幸蜀復罷

戊辰，湖北捉殺使孔彦舟擊鍾相，敗之，執相及僞后伊氏、僞太子子昂，並檻送行在。孔彦舟平鍾相

己巳，戚方陷廣德軍，權通判王儔、判官李唐俊、權司法潘偶〔二八〕、權知廣德縣韋績、權丞蔣夔與權軍事皆死。

辛未，上次定海縣，顧縣爲金虜所焚，惻然曰：「朕爲民父母，不能保民，使至如此！」王綯曰：「陛下留杜充提兵四萬守建康，留周望提兵二萬守平

江。不幸充、望不稱任使[二九]，乃至如此。」吕頤浩因言：「承平日久，士多文學，而罕有練達兵財，可濟今日者。」上曰：「前此太平，朝士若乘馬馳騁，言者必以爲失體。纔置良弓利劍，議者將以爲謀叛。」綯曰：「大抵文學之士，未必應務，有才者或短於行。自非陛下棄瑕録用，則舉世無全人矣。」

劉豫賂虜求立

初，虜陷山東，左監軍完顔昌密有許封劉豫之意，會濟南有漁得鱣者，豫妄謂神物之應，乃祀之。既而北京順豫門生禾，五穗同本，其黨指言豫受命之符，乃使豫子僞知濟南府麟賚重寶賂昌，求僭立。大同尹高慶裔，左副元帥宗維心腹也，恐爲昌所先，乃説宗維曰：「吾君舉兵，止欲取兩河，故汴京既得，則立張邦昌。後以邦昌廢逐，故再有河南之役。方今河南州郡，官制不易，風俗不更者，可見吾君意非貪土，亦欲循邦昌之故[三〇]事也。元帥盍建此議，無以恩歸他人。」宗維乃令希尹馳白金主晟，晟許之。

夏四月甲戌，上御舟至明州之城外。

趙鼎請以公安爲行闕

御史中丞趙鼎言：「吴、越介在一隅，非進取中原之勢。荆、襄左顧川、陜，右視湖、湘，而下瞰京、洛，在三國必争之地。宜以公安爲行闕，而屯重兵於襄陽，以爲屏翰，運江、浙之粟，資川、陜之兵，經營大業，計無出此。願詔張浚，未可長驅深入，姑令五路各守其地，犄角相援可也。」

乙亥，上發明州。

上駐蹕越州

癸未，上次越州，駐蹕州治。

韓世忠阨虜于金山

初，浙西制置使韓世忠與宗弼相持于黃天蕩，而孛堇太一圍揚州。朝廷恐守臣張績力不能支，許還屯京口。績不爲動，虜乃趨真州〔三二〕。時太一軍于北，宗弼軍于南。世忠以海艦進泊金山下，將戰，世忠預命工鍛鐵相連爲長綆，貫一大鈎，以授士之驍捷者。平旦，虜以舟譟而前，世忠分海舟爲兩道，出其背，每縋一綆，則曳一舟而入，虜竟不得濟。乃求與世忠語，世忠酬答如響，時于所佩金鳳瓶傳酒，縱飲示之。宗弼見世忠整暇，色益沮，乃求假道甚恭。世忠曰：「是不難，但迎還兩宮，復舊疆土，歸服明主，足相全也。」呂頤浩聞虜窮蹙，乃請上幸浙西，且下詔親征，以爲先聲，而亟出鋭兵策應世忠，庶幾必擒兀朮，參知政事王綯亦言：「宜遣兵與世忠夾擊。」上納之。

從世忠親征之請

甲申，下詔親征。

呂頤浩顓恣

乙酉，御史中丞趙鼎爲翰林學士。自建炎初置御營使，而宰相兼領之，

趙鼎論呂頤浩

移趙鼎翰林

遂專兵柄，呂頤浩跋扈尤甚，議者數以爲言。上自海道還，鼎率其屬共論頤浩之過。會鼎復駁親征之議，頤浩聞之，乃移鼎翰林。鼎引司馬光故事，以不習駢儷之文，不肯就職。

戚方圍宣州

戚方圍宣州。

韓世忠奏捷

戊子，韓世忠奏捷。上曰：「金人侵犯以來，諸將率望風奔潰。今歲如世忠輩，雖未成大功，皆累獲捷。若益訓卒繕兵，今冬虜人南來，似有可勝之理。」范宗尹曰：「前此兵將望風奔潰，而今歲皆能力戰，此天意似稍回，更願陛下修德，庶幾天意必回，則天下之事不難爲矣。」乃出世忠奏，命尚書省以黄榜諭中外。時虜衆十餘萬，而世忠戰士纔八千。宗弼求登岸會語，世忠以二人從，見之。宗弼語不遜，世忠怒，引弓且射之，亟馳去。

向亶以遁走誅

詔涇原路第七正將向亶，械赴宣撫司，依法行遣。亶從統制官秦公楚拒金虜，公楚戰死，亶遁走行在，故浚以爲請焉。

庚寅，御史中丞趙鼎爲吏部尚書，鼎不受。

罷福建鈔鹽

辛卯，罷福建鈔鹽，令轉運司官搬官賣，仍歲發鈔鹽錢二十萬緡，赴行在榷貨務助經費，以淮、浙鹽場復通故也。

分權務於臨安

吕頤浩罷

范宗尹乞避虜

無復進上流意

三省密院同奏事

韓世忠敗績

乙未，分行在榷貨務官吏之半，於臨安府置司。

丙申，尚書右僕射吕頤浩罷。先是，趙鼎復辭吏部尚書之命，且攻頤浩之過。章十數上，頤浩乃求去。上諭王綯等曰：「頤浩功臣，兼無誤國大罪，與李綱、黃潛善〔三二〕不同，朕當眷遇，始終不替。」是夕，遂召汪藻草制，略曰：「占吏員而有虧銓法，專兵柄而幾廢樞庭。下吴門之詔，則慮失于先時；請浙右之行，則力違於衆論。」遂罷爲鎮南軍節度使、開府儀同三司，充醴泉觀使。時王綯與頤浩論頗同，乃累章丐免，於是范宗尹攝行相事，遂留會稽，無復進居上流之意矣。

詔三省、樞密院同班奏事。

是日，韓世忠及宗弼再戰于江中，敗績。宗弼既爲世忠所扼，欲自建康謀北歸，不得去。或獻謀于金人曰：「江水方漲，宜於蘆場地鑿大渠二十餘里，上接江口，舟出江背，在世忠之上流矣。」宗弼從之，傍治城西南隅鑿渠，一夜渠成，次日早出舟，世忠大驚。金人悉趨建康，世忠尾擊，敗之，虜終不得濟〔三三〕。先是，宗弼在鎮江，世忠以海舟扼于江中，乘風使篷，往來如飛。宗弼謂諸將曰：「使船如使馬，何以破之？」乃揭榜，募人獻所以破海舟之

兀术敗世忠而遁

策。有福州人王某，僑居建康，教虜人於舟中載土，以平板鋪之，穴船板以棹槳〔三四〕，俟風息則出，江有風則勿出。海舟無風不可動也，以火箭射其篛篷，則不攻自破矣。一夜，造火箭成。是日，引舟出江，其疾如風〔三五〕。天霽無風，海舟皆不能動。虜以火箭射其篛篷，火烘日曝，人亂而呼，馬驚而嘶，被焚與墮江者，不可勝數。所焚之舟，蔽江而下。虜輕舟襲追之，統制官孫世詢、嚴永吉皆力戰而死，世忠與餘軍至瓜步，棄舟而陸奔，還鎮江聚兵，宗弼乃得絶江遁去。

大事記曰：張俊以孤軍敢與虜戰〔三六〕，而有明州城下之捷。陳思恭邀擊于吴縣，而有太湖之捷。牛皋邀擊于荆南，而有寶豐之捷。岳飛邀擊于荆南，而有静安之捷。而韓世忠捷於鎮江，虜勢尤爲窮蹙〔三七〕，雖海舟無風，天時未順，而頤浩固請幸浙西，下詔親征，兵勢稍張，而虜自是不敢復過江矣。

丁酉，御筆，趙鼎依舊御史中丞，鼎即出視事。

不許乞空名告敕

辛丑，詔：「比年爵賞失實，名器浸輕。自今將帥、監司，毋得乞空名告敕，如實有功，保奏推賞。大臣出使亦如之。」

金人犯江西者，自荆門北歸，留守司同都統牛臯潛軍于寶豐之宋村，擊敗之。

牛臯宋村之捷

五月癸卯，中書門下省檢正諸房公事張汝舟特遷一官。初，上過明州，汝舟應奉簡儉，粗能給足。至台州，而守臣晁汝爲儲峙豐備，論者以爲擾民，乞行賞罰，以示好惡。至是進呈。范宗尹曰：「若黜汝爲，則盧知原、宋煇皆當貶矣〔三八〕。臣觀近歲宰相一罷，則凡經遷擢者，悉皆擯斥，目爲其黨，不復進用，遂分彼此，更相憎嫉。」上曰：「朝廷人才，豈有易相，一切進退？第以簡儉褒汝舟，則好惡自明。如汝爲輩，不必皆黜。」乃進汝舟一官，其實宗尹陰佑汝爲，故有此論。

賞張汝舟簡儉

銷弭朋黨

陰庇晁汝爲

甲辰，參知政事、權樞密院事范宗尹守尚書右僕射、同中書門下平章事兼御營使。時江北、荆湖諸路盜益起，大者至數萬人，據有州郡，朝廷力不能制。盜所不能至者，則以土豪、潰將或攝官守之，皆羈縻而已。宗尹以爲此皆烏合之衆，急之則併死力以拒官軍，莫若析地以處之。盜有所歸，則可以漸制。乃言於上曰：「昔太祖受命，收藩鎮之權，天下無事百有五十年，可

建議復藩鎮

謂良法。然國家多難，四方帥守事力單寡，束手而莫知所出，此法之弊也。今日救弊之道，當稍復藩鎮之法，亦不盡行之天下，且裂河南、江北數十州爲之，少與之地，而專付以權，擇人久任，以屏王室。」群臣多以爲不可。宗尹曰：「今諸郡爲盜據者以十數，則藩鎮之勢駸駸成矣。曷若朝廷爲之，使恩有所歸？」上決意行之，遂以爲相。宗尹時年三十一〔三九〕，自漢、唐及國朝宰相，未有如是之年少者。

爲相最年少

丁未，金左副元帥宗維與諸酋分往山後草地避暑〔四〇〕。

虜定議立劉豫

先是，大同尹高慶裔自東平還雲中，言推戴劉豫之意，宗維復令慶裔馳至東平，問豫可否。豫陽推張孝純。宗維報曰：「戴爾者，河南萬姓，推孝純者，獨爾一人。難以一人之情，而阻萬姓之願。爾當就位，我當以孝純輔爾」。其議遂決。

宗弼自江南還，屯六合縣。

輪修時政記

庚戌，詔三省、樞密院官輪修時政記，以同班奏事，故革舊制也。

論用人之法

辛亥，上謂大臣曰：「從班人極少，卿等當共議，務取其實，不厭多也。今乘輿、服御悉從簡儉，除一省郎，未至甚費，苟得其人，其利博矣。」范宗尹曰：「用人之法，須擇可爲執政者，方除從官，可爲從官者，方除省郎，則選精而真材出。」上曰：「善。」

劉晏死於戚方

統領赤心軍馬劉晏與戚方戰於宣州，死之。

虜焚建康府

壬子，金人焚建康府，掠人民，虜財物，自静安渡宣化而去。時宗弼屯六合縣，虜之輜重自瓜步口舳艫相銜〔四一〕，至六合不絶。

岳飛静安之捷

淮南宣撫司右軍統制岳飛聞虜去〔四二〕，以所部邀擊于静安，勝之。

赤白雲氣之異

夜，有赤雲亘天，其中白氣貫之，犯北斗及紫微，由東南而散。

沈與求論天變

殿中侍御史沈與求言：「此天愛陛下，出變以示警也。願陛下隨宜措置，略修宗廟、陵寢之祀。又天子所在謂之朝廷，今號令出於四方者多矣，盡假便宜，即同聖旨，然其大者，虔州一朝廷，秦州一朝廷，號令之極，至爲詔矣。願修約便宜事件，度其緩急，時罷行之。防守者，國家之大計也。願采酌群臣之議，擇其便宜，斷自聖心，汲汲行之。論相者，天子之職也。願以所屬意之臣，親製宸翰，禱於天地，占而用之。仍舉行開寶故事，使參知政事得與宰相輪日知印。」又論劉光世軍名及罷浙西預借苗米、置諸軍功罪簿等事。詔三省以次施行。

趙鼎正西府體

癸丑，同簽書樞密院事張守參知政事，御史中丞趙鼎簽書樞密院事兼權御營副使。自黄潛善、吕頤浩繼相，凡兵政悉隸御營使司。事權既分，又再經大變，文移紛亂。至是，樞密未置長，而同知院事周望在臨安。鼎始檢故事舉行，以正西府之體。

閭勍以不降死

甲寅，金人陷定遠縣〔四三〕，節制淮南軍馬閭勍爲所執，至南京，欲降之，不可，虜怒〔四四〕，敲殺之。

統制官巨師古與戚方戰于宣州城下。方三戰三敗，遂引去。

乙卯，參知政事王綯提舉萬壽觀兼侍讀。

宋昌祚等死和州

始，宗弼渡江，和州兵馬都監宋昌祚權領州事，率軍民固守，逮虜北歸〔四五〕，擊破之。昌祚與權通判唐景、歷陽令蹇譽、司户徐皝、歷陽尉邵元通皆死。

丁巳，宰執擬呈海州東海縣李彦先遣人至行在奏聞，登、萊積粟頗多，今欲就委彦先用海舟轉輸，以助軍食。上曰：「登、萊諸州自道路榛梗不及，今既未能厚加撫恤，乃反責其積粟以輸行在，於理未安。」輔臣退，曰：「聖慮高遠，非群臣所及。」

臣留正等曰：聖人之於民，將有以勞之，必先有以佚之，將有以取之，必先有以予之，則民不怨。澤未浹而賦斂先焉，豈所謂勞來安定之術哉？艱難以來，山東道梗，太上皇帝慨然念德澤之不及，撫恤之未能，其心未嘗不欲固結東民，以圖恢復之效，而大臣慮不及遠，乃欲輸登、萊之粟以助軍，宜聖意之所不取也。

復置權侍郎

戊午，詔復置權尚書六曹侍郎，如元祐故事，滿二年爲真，補外者除待制，未滿除修撰。時宰相范宗尹建言：「自崇寧罷權侍郎之後，庶官進用，有不可任以給、舍者，則正除侍郎，超躐太甚。請復舊制，以待資淺新進之人。」故有是命。

廢班直尋復之

初，上在明州，諸班直爲亂，既誅其爲首者，遂廢其班。及還會稽，乃命御前親軍統制辛永宗更選兵三百人，直殿巖，然皆烏合之衆。至是，趙鼎因奏事言：「祖宗於兵政最爲留意，蓋自藝祖踐祚，與趙普講明利害，著爲令典，萬世守之，不可失也。昨明州班直緣訴事紛亂〔四六〕，非其本謀，乃盡廢之，是因噎而廢食〔四七〕。今諸路各總重兵，不隸三衙，則兵政已壞，獨衛兵彷彿舊制，亦掃蕩不存，是祖宗之法廢于陛下之手，臣甚惜之。」上悟，尋復舊制。

子弟別試國子監

壬戌，詔行在職事官及釐務官子弟，並赴國子監別試。

癸亥，陳桷提點福建路刑獄公事。桷嘗爲尚書郎，以學行稱。范宗尹奏：「今所除用多儒生，欲兼用才吏，以備緩急使令，故不留桷行在。」上曰：「才吏亦不可無，但勿令太多。前呂頤浩當國，純用掊剋之吏，如變賣度牒、計置錢物，雖有寬恤之名，而實皆掊剋也。」

才吏不可無專用掊剋吏

臣留正等曰：甚哉，掊剋之吏之爲斯民害也！蓋其處心積慮，惟在於損下益上，凡可以取於民者，雖剥膚椎髓，無所不爲，而民之咨怨，初不遑恤之人也，其可加之斯民之上矣？

流寓人附試

詔：「河南北、陝西、淮南流寓士人，許於所在州附試，每二十人解一人，仍召文臣二員委保，結除名罪，所保毋得過二人。」

詔建藩鎮

甲子，詔曰：「周建侯邦，四國有藩垣之助；唐分藩鎮，北邊無夷狄之虞〔四八〕。永惟涼渺之資，履此艱難之運。遠巡南國，久隔中原。蓋因豪傑之徒，各奠方隅之守。是用考古之制，權時之宜，斷自荆、淮，接于畿甸。豈獨植藩籬於江表，蓋將崇屏翰於京師。欲隆鎮撫之名，爲輟按廉之使。有民有社，得專制於境中；足食足兵，聽專征於閫外。」詔辭直學士院綦崇禮所草也。先是，范宗尹言：「從官集議分鎮事宜，請以京畿、淮南、湖北、京東、西地分，並分爲鎮。除茶鹽之利，國計所係，合歸朝廷，置官提舉外，他監司並罷。上供財賦，權免三年，餘令帥臣移用。管内州縣官許辟置，知、通，令帥臣具名奏差，朝廷審量除授，遇軍興，聽從便宜。其帥臣不因朝廷召擢，更不除代。如能捍禦外寇，顯有大功，當議特許世襲。」始宗尹等議，即令世襲，上曰：「未須爾。」輔臣奏：「江北殘破，若不許世襲，恐不能死守。」上曰：「便令世襲，恐太重。俟其保守無虞，然後許之。」宗尹曰：「當如聖訓，臣等慮所不及。」

大事記曰：自范宗尹裂諸路爲鎮撫使，而李成敢於犯江、浙，桑仲敢於窺蜀。紹興以來，雖李成摧破，張用招安，李允文革面，而孔彥舟據鄂，馬友據潭，范汝爲據建州，楊么據重湖，曹成、李宏在湖南、江西之間，鄧慶、龔富剽掠南雄、英、韶諸郡，而内郡之民皆盜矣。

竄帥臣周望遁走罪

同知樞密院、淮南、兩浙宣撫使周望以脱身先遁，致失蘇、杭，降秘書少監分司、衡州居住。

趙立斬葛進劉偲

趙立忠義之聲

乙丑，知楚州兼管内安撫使趙立爲楚、泗州、漣水軍鎮撫使兼知楚州。時宗弼自六合歸屯于楚州之九里徑，欲斷立糧道，立大破之。先是，劉豫在東平，遣立故人葛進等賫書誘立，令供賦税，立大怒，不撤封，斬之。已而，又遣沂州舉人劉偲持旗榜招立，具言金人大軍且至，必屠一城生聚。立令將出就戮，偲大呼曰：「公非吾故人乎？」立曰：「吾知忠義爲國，豈問故人耶！」趣令纏以油布，焚死市中，且表其旗榜于朝，由是忠義之聲傾天下，遠邇向風下之。

罷帶制置安撫

戊辰，詔諸路帥臣，見帶制置使及諸州守臣帶管内安撫使者，並罷。

行布衣獻言

己巳，布衣程康國上書，論分鎮十事。其一言，四鄰有警，即令應援。上謂大臣曰：「此意雖出於布衣，若朝廷行之，人豈知其爲布衣之言？」張守曰：「使人知其出於布衣之言，乃朝廷美事也。」遂批旨行下。

張浚起復王庶

庚午，初，張浚之入蜀也，朝議大夫王庶以失守得罪，即前途迎見之。浚以爲參議官，與偕行。庶俄以母喪去。至是，桑仲頗窺興元，而上行未至，浚度諸將無可用，乃起庶故官，知興元府兼利路安撫使。

劉超據荊南

劉超據荊南府，分衆犯峽州。兵馬鈐轄渠成與戰，爲所殺。超遣彭筠犯復州，欲取鼎、澧，以窺湖南、二廣。

渠成死于劉超

六月辛未朔，詔侍從、臺諫、三衙諸軍統制，並赴都堂，集議駐蹕事宜，有未盡者，許實封以聞。

集議駐蹕事宜

癸酉，合江南兩路轉運爲一司。

江南運司合爲一

衡州居住周望再責昭化軍節度副使、連州安置。望竟卒于貶所。

甲戌，以宰相范宗尹兼知樞密院事，罷御營使。議者以爲：「宰相之職，無所不統。本朝沿五代之制，政事分爲兩府，兵權付以樞密。比年又置御營使，是政出於三也。望罷御營司，以兵權歸之密院，而宰相兼知，庶幾可以收兵柄，一賞罰，節財用。」於是罷御營使及官屬〔四九〕，而以其事歸樞密院，爲機速房焉。自慶曆後，宰相不兼樞密者八十餘年，其復兼，蓋自此始。

罷御營歸密院

宰相復兼樞使

監察御史萬格爲樞密院檢詳諸房文字，始除檢詳官也。

始除檢詳官

乙亥，詔六品以上官及初改京官，並給告，陞朝官以上給敕，初授官人給綾紙。自渡江，惟侍臣給告，至是漸復之。

復給敕告

丁丑，戚方犯安吉縣。詔浙西江東制置使張俊往捕之，仍命統制官岳飛聽俊節制。

命張俊捕戚方

改御前軍號

戊寅，詔御前五軍改爲神武軍，御營五軍改爲神武副軍，其將佐並屬樞密院。

重修敕令

庚辰，命宰臣范宗尹提舉詳定重修敕令，參知政事張守同提舉。先是，有詔以嘉祐、政和敕令格式對修成書，至是，始設官置局，命大理寺及見在敕局官就兼詳定、删定等官，仍召人言編敕利害。踰年乃成。

楊華楊么作亂

鍾相之敗，其黨楊華、楊太等聚衆于龍陽。太年幼，楚人謂幼爲么，故以么目之。

進士龔楫禦虜死
士人蔣子春罵虜死

和州進士龔楫率民丁禦虜于新塘〔五〇〕，爲所殺。虜之得歷陽也，有士人蔣子春者，平日教授鄉里，虜見其人物秀整，喜，欲命之以官，子春怒罵，爲所殺。

申命討論濫賞

辛巳，用宰相范宗尹請，申命有司討論崇、觀以來濫賞，皆釐正之。自越州駐蹕以來，已收使人，令吏部拘收付身毁抹。

右正言吴表臣論：「近臣不以縣令爲重，故爲令者政多苟簡，而民受其弊。願擇可用之人〔五一〕，必先使爲縣令，顧其才誠可用，則必有善政，以惠斯民。縱或不能，亦必强勉爲善，以期他日之獲用矣。夫天下者，積諸縣而爲

論擇縣令

之者也。縣令皆得其人，天下豈有不治？」輔臣進呈，上曰：「祖宗謹守資格，必兩任縣令以至守、倅，然後内爲郎，外爲監司，又擇其賢者，然後爲侍從。」范宗尹曰：「大凡進用，不必甚驟，久於其職，然後究知利病，而奔競之風息。」

趙立攻虜塞

楚州鎮撫使趙立引兵攻金人孫村浦寨，不克而還。

論潘良貴勸誅殺

壬午，執政奏以潘良貴提點荆湖南路刑獄公事。上曰：「良貴頃爲諫官，與袁植皆勸朕誅殺。祖宗以來，未嘗戮近臣，故好生之德信于天下。若此，必失人心。」趙鼎曰：「諫諍之職，尤不可以此導人主。」

立益王主奉

乙酉，詔皇兄忠州防禦使安時權主奉益王祭祀。自仁宗以來，諸王後各以一人襲封，至渡江始廢。

汪藻乞治贓吏

權直學士院汪藻言：「今欲恤民，莫大於去貪殘之吏。祖宗時，吏犯贓者，無大小，皆棄市，故人重犯法，官曹爲清。今縱未能舉祖宗之典，姑擇其一二大者，真決黥配，以戒其餘。仍令臺諫官以上，歲舉郡守一人，保其終身，如後姦贓，與之同罪，不得以自首原免〔五二〕，而郡守、監司於部内有贓吏，不聞朝廷，而爲他人所劾者，罪亦如之。庶幾斯民漸被實惠。」疏奏，詔坐條申明行下，其後卒施行如藻請。

吕頤浩等帥江浙

丙戌，吕頤浩爲建康府路安撫大使兼知池州，劉光世爲兩浙路安撫大使兼知鎮江府，朱勝非爲江州路安撫大使兼知江州。

張俊降戚方

要高官受招安

戊子，詔遣使撫諭邵青、戚方，以所部赴行在。時方引兵犯安吉縣之上鄉，浙西江東制置使張俊以兵討之〔五三〕，會統制官岳飛追襲其後，方無路進退，始詣俊乞降。方上兵簿，有馬六百匹，所獻金玉珠珍不可計。詔還方武翼大夫，以其軍六千人隸王瓊軍，俊因以方爲裨將。時人爲之語曰：「要高官，受招安。」

收用簽軍

己丑，樞密院進呈劉光世所獲虜人并簽軍狀〔五四〕，參知政事張守曰：「光世謂簽軍不宜留，蓋知吾山川險易，他日叛亡，恐爲虜人鄉道。」上曰：「此皆吾民也，不幸陷於夷虜〔五五〕，驅質而來，豈其得已？」守曰：「若分置軍伍中，每隊留一二人，豈能遽叛？」上以爲然。

貸魔賊黨

辛卯，大理寺奏魔賊王宗石等款狀，上曰：「此皆愚民無知，自抵大戮。朕思貴溪兩時間二十萬人無辜就死，不勝痛傷。」乃誅宗石等二十六人於越州市，其餘皆釋之。

豪傑不次擢用
論守資格

壬辰，侍御史沈與求言：「今日矯枉太過，盡循資格，賢愚同滯〔五六〕。」輔臣進呈，范宗尹曰：「苟有豪傑之士，自可不次擢用。若未得其人，不得不謹守資格。」上曰：「使有豪傑之士，雖自布衣擢爲輔相可也。前古固多，但本朝未有耳。今士大夫並進，若未能考詳其實，不若姑守資格。」

委諸路漕臣和糴

甲午〔五七〕，中書門下奏，行在仰食者衆，倉廩不豐，請委諸路漕臣及秋成和糴。詔：「廣東糴十五萬斛，並儲之漳、泉、福州；浙西以銀十萬兩、錢十萬緡糴之，儲于華亭縣；浙東以銀十萬兩糴，儲于越、温、台州。應屬郡非茶鹽及朝廷寄樁錢，皆許爲糴本。諸統兵官非有制書而擅取，及所在州擅與之者，皆從軍法。」

置密院幹官

置樞密院幹辦官四員。

王繼先遷前班
富直柔駁王繼先

初，和安大夫致仕王繼先以覃恩，特换武功大夫，落致仕。給事中富直柔奏：「繼先以伎術雜流而易前班，則自此轉行，更無拘礙，深恐將帥解體。」上覽奏，諭輔臣曰：「朕於言無不從，但頃冒海氣，繼先診視，實有奇效。可特令書讀。」直柔再奏：「外議謂醫官用藥有功，自當於本色官遷之。武功大夫，昔之皇城使也，惟有戰功、歷邊任、負材武者乃遷，無是三者，雖入仕日久，不以輕授。伏望陛下思名器不可假人之意，特加愛惜，以塞亂源。」是日進呈，上曰：「繼先初未嘗有請，出自朕意。直柔能抗論不撓，朕當屈意從之。」議遂寢。

史臣曰：以一人臨天下，其勢常信。不以一己之私，勝天下之公，則其義當屈。聖人不恃其信者，而嘗畏其當屈者，此所以立於無過之地也。

郭仲威犯鎮江

丁酉，郭仲威犯鎮江，詔統制官岳飛以所部擊之。

江躋論天變甚悉

己亥，朝散郎江躋爲監察御史。躋入見，論天變事甚悉。上以其有史學，他日，謂大臣曰：「今士大夫知史學者幾人？此皆王安石以經義設科之弊。」

王安石壞史學

范宗尹曰：「安石學術本不至是，由蔡京兄弟以紹述之説，敷衍枝蔓，浸失其意。然自非卓然特立之士，鮮不爲誤者。」上深以爲然。

增入名儒講義皇宋中興聖政卷之七

校勘記

〔一〕虜乘之犯明州　「虜」原作「敵」，「犯」原作「攻」，據宋刊本、明抄本及宋史全文卷一七改。下同。

〔二〕士大夫避寇者皆賴以免　「寇」原作「敵」，據宋刊本、明抄本及宋史全文卷一七改。

〔三〕四夷兵不制所致　「夷」原作「裔」，據宋刊本、明抄本及宋史全文卷一七改。

〔四〕虜乃去　「虜」原作「敵」，據宋刊本、明抄本及宋史全文卷一七改。

〔五〕金人犯潭州　「犯」原作「攻」，據宋刊本、明抄本及宋史全文卷一七改。

〔六〕虜不能入　「虜」原作「敵」，據宋刊本、明抄本及宋史全文卷一七改。

〔七〕卒伍反少　「卒」原脱，據宋刊本、明抄本及宋史全文卷一七補。

〔八〕所至驅虜　「虜」原脱，據宋刊本、明抄本及宋史全文卷一七補。

〔九〕甚於夷狄　「夷狄」原作「敵人」，據宋刊本、明抄本及宋史全文卷一七改。

〔一〇〕虜犯兩浙　「虜」原作「敵」，據宋刊本、明抄本及宋史全文卷一七改。

〔一一〕金人陷潭州　「陷」原作「取」，據宋刊本、明抄本及宋史全文卷一七改。

〔一二〕虜自明州引兵還臨安　「虜」原作「敵」，據宋刊本、明抄本及宋史全文卷一七改。

〔一三〕金人陷京師　「陷」原作「取」，據宋刊本、明抄本及宋史全文卷一七改。

〔一四〕金人陷秀州　「陷」原作「取」，據宋刊本、明抄本及宋史全文卷一七改。

〔一五〕杜充遂降虜　「虜」原作「金」，據宋刊本、明抄本及宋史全文卷一七改。

〔一六〕虜遊騎至平江　「虜」原作「敵」，據宋刊本、明抄本及宋史全文卷一七改。

〔一七〕虜之在湖南者　「虜」原作「敵」，據宋刊本、明抄本及宋史全文卷一七改。

〔一八〕知縣事錢景出戰　「錢景」，繫年要録三一卷作「錢景持」。

〔一九〕有德者率淳直　「淳」原作「惇」，據宋刊本、明抄本、宋史全文卷一七及繫年要録三一改。

〔二〇〕宣撫處置使司都統制曲端聞虜至　「虜」原作「敵」，據宋刊本、明抄本及宋史全文卷一七改。下同。

〔二一〕遣涇原路馬步軍副總管吴玠及統制官張中孚李彦琪將所部　「張中孚」原作「張忠孚」，據繫年要録三二、宋史卷三六九曲端傳改。

〔二二〕降武顯大夫　「武」原作「中」，據宋刊本、明抄本、宋史全文卷一七及繫年要録三二改。

〔二三〕己酉　原作「丁酉」，案本月癸卯朔，無丁酉日，據繫年要録三二改。

〔二四〕知虜騎退　「虜」原作「敵」，據宋刊本、明抄本及宋史全文卷一七改。

〔二五〕加之胡騎衝突　「胡」原作「北」，據宋刊本、明抄本及宋史全文卷一七改。

〔二六〕虜必登此　「虜」原作「敵」，據宋刊本、明抄本及宋史全文卷一七改。

〔二七〕徐謀入蜀　「徐」原脱，據宋刊本、明抄本、宋史全文卷一七及繫年要録三二補。

〔二八〕權司法潘偶　「偶」原作「瑀」，據繫年要録三二及宋史卷四五三王儔傳改。

〔二九〕不幸充望不稱任使　「稱」原作「學」，據繫年要録卷三二及皇朝中興紀事本末卷一二改。

〔三〇〕從「徐圖關陝之事」至「邦昌之故」總計四百三十二字原脱，據明抄本及宋史全文卷一七補。

〔三一〕虜乃趨真州　「虜」原作「敵」，據宋刊本、明抄本及宋史全文卷一七改。下同。

〔三二〕從「學士自建炎初」至「與李綱黄潛善」總計四百三十一字原脱，據明抄本及宋史全文卷一七補。

〔三三〕虜終不得濟　「虜」原作「敵」，據宋刊本、明抄本及宋史全文卷一七改。下同。

〔三四〕穴船板以棹槳　「棹」原作「擢」，據繫年要録三二改。

〔三五〕其疾如風　「風」，繫年要録三二及宋史卷四五三王儔傳作「飛」。

〔三六〕張俊以孤軍敢與虜戰　「虜」原作「金」，據宋刊本、明抄本及宋史全文卷一七改。下同。

〔三七〕虜勢尤爲窮蹙　「虜」原作「敵」，據宋刊本、明抄本及宋史全文卷一七改。

〔三八〕若黜汝爲則盧知原宋煇皆當貶矣　「盧」原脱，據明抄本、宋史全文卷一七及繫年要録三三補。

〔三九〕宗尹時年三十一　「三十一」原作「三十三」，據建炎以來朝野雜記甲集卷九及揮麈前録卷二並參考宋史卷三六二范宗尹傳改。

〔四〇〕金左副元帥宗維與諸酋分往山後草地避暑　「酋」原作「將」，據宋刊本、明抄本及宋史全文卷一七改。

〔四一〕虜之輜重自瓜步口舳艫相銜　「虜」原作「金」，據宋刊本、明抄本及宋史全文卷一七改。

〔四二〕淮南宣撫司右軍統制岳飛聞虜去　「虜」原作「敵」，據宋刊本、明抄本及宋史全文卷一七改。

〔四三〕金人陷定遠縣　「人陷」原作「兵取」，據宋刊本、明抄本及宋史全文卷一七改。

〔四四〕虜怒　「虜」原作「敵」，據宋刊本、明抄本及宋史全文卷一七改。

〔四五〕逮虜北歸　「虜」原作「敵」，據宋刊本、明抄本及宋史全文卷一七改。

〔四六〕昨明州班直緣訴事紛亂　「直」原作「首」，據明抄本、宋史全文卷一七及繫年要録三三改。

〔四七〕是因噎而廢食　「噎」原作「咽」，據繫年要録三三改。

〔四八〕北邊無夷狄之虞　「夷狄」原作「烽火」，據宋刊本、明抄本及宋史全文卷一七改。

〔四九〕於是罷御營使及官屬　「是」原作「用」，據宋刊本、明抄本及繫年要録三四改。

〔五〇〕和州進士龔楫率民丁襲虜于新塘　「虜」原作「敵」，據宋刊本、明抄本及宋史全文卷一七改。下同。

〔五一〕願擇可用之人　「願」原作「改」，據明抄本、宋史全文卷一七及繫年要録三四改。

〔五二〕不得以自首原免　「首」原作「守」，據宋刊本、明抄本及繫年要録三四改。

〔五三〕浙西江東制置使張俊以兵討之　「兵」原作「方」，據宋刊本、明抄本及宋史全文卷一七改。

〔五四〕樞密院進呈劉光世所獲虜人并簽軍狀　「虜」原作「敵」，據宋刊本、明抄本及宋史全文卷一七改。下同。

〔五五〕不幸陷於夷虜　「夷虜」原作「敵人」，據宋刊本、明抄本及宋史全文卷一七改。

〔五六〕賢愚同滯　「滯」原脱，據明抄本、宋史全文卷一七及繫年要録三四補。

〔五七〕甲午　原脱，據繫年要録三四及宋史卷二六高宗本紀三補。

增入名儒講義皇宋中興聖政卷之八

高宗皇帝八

建炎四年秋七月癸卯，浙西安撫大使劉光世乞依宣撫處置使司例，合隨宜措置事，並從便宜。詔除臨陣出奇，或事干機會，許施行外，餘並稟朝旨。令劉光世稟朝旨

詔諸州守臣自軍興以來，得便宜旨揮者，並罷。罷便宜旨揮

甲辰，命劉洪道趣之池州，權管本州及安撫司事，諸軍權聽節制。洪道請用便宜旨揮。許之。

丁巳，申命元祐黨人子孫，經所在自陳，盡還應得恩數。録元祐黨子孫

庚申，昌州團練使岳飛爲通泰鎮撫使兼知泰州，用張俊薦也。張俊薦岳飛

丁卯，户部請，歲終以諸路上供錢斛，比較最多、最少處，申乞賞罰，庶使官吏有勤惰之戒。從之。比較上供

虜立劉豫國號齊

金主晟遣西京留守高慶裔、尚書禮部侍郎韓昉，册命知東平府、充京東西淮南安撫使、節制河南諸州劉豫爲皇帝，國號大齊，都大名府。册文略曰：「咨爾劉豫，素懷濟世之才，夙擅直言之譽。百里雖智，亦奚補于虞亡？三仁至高，或願從于周仕。宜即始歸之地，以昭建業之元。」昉有文學，仕遼爲知制誥，金主因而用之，凡大詔令，多昉所草也。

進唐鑑訓典帝學書

己巳，禮部尚書謝克家奏：「故翰林學士范祖禹，當元祐中，終始實在經筵，所著唐鑑已進御，又有仁宗訓典及帝學二書，深裨治道。今其子前宗正少卿沖見寓衢州，乞給札，令沖投進。」從之。

王銍樞庭備檢

詔迪功郎王銍權樞密院編修官，纂集祖宗兵制。其後書成，上覽之稱善。命銍改京官，賜名樞庭備檢。

八月辛未朔，禮部尚書謝克家參知政事。

論劉光世牒六曹

浙西安撫大使劉光世嘗因公事移牒六曹。言者以爲今國勢浸弱，藩方大臣所宜尊獎王室。若帶儀同三司可牒六曹，則亦可以關三省、樞密院矣。光世非敢淩蔑，特不知事體。詔以章示光世。

季陵乞敘用奸黨

户部侍郎季陵轉對，上疏曰：「臣聞宣王承板蕩之後，任賢使能，周室中興焉。夫賢以德稱，能以才稱。賢者必有才，故任之勿疑；能者不必有德，顧所使如何耳。自古以爲才難。使人不當求備，紀其功，忘其過，取所長，棄所短，安得乏才之歎乎？前日士大夫名節不立，有愧於古，論事之人，皆喜攻之。瑕疵既彰，不復可用，縱加拔拭，攻者踵來，雖君相制命，亦不能爲之地矣。自崇、觀以來，黨助巨姦，交結非類，各由詭道，以饕寵榮，坐此當責者，不知其幾何人也。陛下昭德塞違，以照臨百官，雖皆赦而不誅，然弄筆墨者，至今未容貸，文致其罪，當得惡名，雖知其才，誰敢引薦？當今多難之時，朝廷緩急無可使者，獨不聞舉魏尚於獄中，卒能却匈奴；起張敞於亡命，卒能弭盜賊？責功補過，自古有之。臣願陛下明詔宰執，於罪戾之中，選擇實能，量付以事，勿因一眚，廢其終身。仍詔臺諫爲國愛人，許以自效；非誤國者，勿復再言，使人人皆得自新，誓死圖報，同心協濟，以成中興之業，天下幸甚！」疏奏後二日，范宗尹進呈。詔榜朝堂。

以堂闕還吏部

壬申，詔自今堂除窠闕內不載去處[二]，並令吏部差注。又詔除知州、軍及舊格堂除通判外，一切撥還吏部。

命進故事

甲戌，詔日輪侍從官一員，具前代及本朝事關治體者一兩事進入，用參知政事謝克家請也。既而綦崇禮言：「若令從官一例獻其所聞，既非舊典，且有越職之嫌。」乃命學士與兩省官如前詔。

以守江功易鎮

丁丑，起復神武左軍統制韓世忠，遷檢校少師，易鎮武成、感德，始録守江之勞也。

書郭子儀傳賜諸將

翌日，上諭大臣曰：「世忠不親文墨，朕方手寫郭子儀傳，欲付卿等，呼諸將讀示之。」

神武右軍都統制張俊爲檢校少保、寧武昭慶軍節使，録扈蹕及平盜之勞也。

贈常安民江公望官

詔故監察御史常安民、左司諫江公望加贈諫議大夫，各官其家二人。召安民子奉議郎同赴行在。既至，以同知大宗正丞。

撤季陵轉對榜罷之

戊寅，侍御史沈與求、右諫議大夫黎確、右正言吳表臣論季陵轉對乞收用近年廢黜之人，其言非是，不當榜朝堂。上悟〔二〕，命撤之。范宗尹請坐三章行出，上曰：「祖宗以來，凡朝廷政事不當，未出則給、舍封駁，既行則臺諫論列，一體相成，判而爲二，則非矣。」宗尹曰：「臣等惟是之從，何敢固執？」然議者謂陵所言，蓋宗尹風旨也。

庚辰，隆祐皇太后至自虔州。

承州天長軍鎮撫使薛慶及金人戰於揚州城下，死之。

沈與求季陵罷

辛巳，侍御史沈與求、尚書户部侍郎季陵並罷。先是，與求嘗言宰相范宗尹年少驟進，不更世務，恐誤國事。上意方向宗尹，不以爲然。會與求再上疏劾季陵，言其承望宰執風旨，有「變朱成黑、指鹿爲馬」之語。宗尹乃求去。上遣中使押入衙，批陵降三官奉祠，與求與合入差遣。參知政事張守、謝克家留御批不下。後二日，宗尹入對，極論大臣事君，不當懷禄耽寵，使人主疑之，而防其爲姦，事功決不可立。上宣諭再三，宗尹却立不進。守力請宗尹同奏事，宗尹不得已，而前進呈己卯御批，請陵以本官奉祠，而與求除職出守。上許之。乃詔：「陵身爲侍從，疑誤朝廷，欲收姦黨之恩，遂陳迷國之計。可罷户部侍郎，提舉亳州明道宫。與求乞顯黜獻言者，其論爲當，至云『指鹿爲馬』，使大臣不敢安位。可除直龍圖閣、知台州。」宗尹乃復視事。

張浚取永興軍

癸未，宣撫處置使張浚復取永興軍。初，浚之西行也，上命浚三年而後用師進取。及是，金左監軍昌與宗弼皆在淮東，約秋高入寇。浚聞宗弼躊躇淮上，度虜必再犯東南〔三〕，議出師分撓其勢，士大夫多以爲不可。通判敘州王賞獻養威、持重二策，浚弗用，召諸將議出師。都統制曲端曰：「平原廣野，賊便於衝突〔四〕，而我軍未嘗習戰。且金人新造之勢，難與爭鋒。宜訓兵秣馬，保疆而已。俟十年，乃可議戰。」秦鳳路馬步軍副總管吴玠曰：「高山峻谷，我師便於駐隊，賊雖驍果，甲馬厚重，終不能馳突。吾據嵯峨之險，守關輔之地，虜即大至，決不容爭此土。」浚皆不聽。參議軍事劉子羽爭之曰：「相公不記臨行天語乎？」浚曰：「事有不可拘者，假如萬一有前日海道之行，變生不測，吾儕雖欲復歸陝西，號令諸將，其可得乎？」浚雖重用端，然以人言浸潤，不能無疑，乃遣本司主管機宜文字張彬往渭州，以招填禁軍爲名，實欲伺察端意。彬至渭見端，問曰：「公嘗患諸路兵不得盡合，及財用不足以供軍，今張公之來，兵已合，用已足，婁宿孤軍深入吾境，我合諸路攻之不難。失今不擊，萬一黏罕併兵而來，何以待之？」端曰：「不然。兵法：先較彼己，必先計吾不可勝，與敵之可勝。萬一輕舉，脱不如意，雖有智者，無以善其後。又自虜入寇，因糧於我，彼去來自如，而我自救不暇，是以我常爲客，而彼常爲主。今當反之，精練士卒，按兵據險，使我常有不可勝之勢，然後徐出偏師，俾出必有所獲，是我爲主，彼爲客。不一二年，必自困斃，因而乘之，可一舉滅矣。」彬以端言復命。先是，玠以彭原之敗，望端不濟師，而端謂玠前軍既敗，惟長武有險，可捍衝突。二人争不已。浚積前疑，卒用彭原事罷端兵柄，與宮觀，再責海州團練副使、萬州安置。統制官張中孚、李彦琪諸州羈管。陕西倚端爲重，及貶，軍情頗不悦，浚遂決策治兵，移檄河東左副元帥宗維問罪。乃以玠權永興軍路經略司公事，遂取永興軍，玠以功陞忠州防禦使。

張浚違衆議起兵

論科斂贓吏害民

丙戌，寧遠軍節度使孟忠厚乞蠲太母所過秋税。范宗尹曰：「頃已免夏税，若復蠲放，恐州郡經費有闕，必致横斂。」上愀然曰：「常賦外科斂，及贓吏害民，最宜留意。祖宗雖崇好生之德，而贓吏死、徒未嘗末減。自今官吏犯贓，雖未欲誅戮，若杖脊、流配，不可貸也。」

臣留正等曰：設官吏以牧民，志不在民而貪黷是聞，民之賊也。藝祖皇帝懲五季之弊，凡贓吏一切棄市。藝祖豈好刑人者哉？誠以不如是，則不足以行仁政於天下者也。而况艱難以來，生民之困極矣。撫摩涵養，民猶或病，而貪黷之吏，乃敢剥刻，以肆其無厭之求，如之何民不窮且盗乎？故太上皇帝惻然念常賦之不可免，而欲不貸贓吏之罪。聖上斷然舉而行之，懲一而百懼，其真得藝祖、太上皇之心歟。

虜圍楚州拔之

丁亥，楚泗等州鎮撫使趙立領徐州觀察使。是時張榮在鹽城縣乘亂鴟張，立親擊破之，併是糧食，將經營京東。行次寶應縣，承州報虜復聚兵揚州〔五〕，立遂歸，而完顏昌已傅城下。立慨然曰：「賊終不去〔六〕，惟有謁節守死此州而已。」屢出兵破賊，賊圍之。

命劉岳援楚州

己丑，詔通泰鎮撫使岳飛以所部救楚州。時揚、承二鎮已陷，楚勢亦危，趙立遣人告急，簽書樞密院事趙鼎欲遣神武右軍都統制張俊往救之〔七〕，俊曰：「立孤壘危在旦夕，若以兵委之，譬徒手搏虎，併亡無益。」鼎見上曰：「江東新造，全藉兩淮。若失楚，則大事去矣！若俊憚行，臣願與之偕往。」俊復力辭，乃命飛與立腹背掩擊，仍令劉光世遣兵往援，毋失事機。

廢越州榷務

庚寅，自分榷貨務場於臨安，而商人不復至行在。詔廢越州務場。

罷潘永思

吳表臣論潘永思

不私戚里

辛卯，帶御器械潘永思罷。永思護六宮東歸，盧益頗與之交結，爲諫官吳表臣所論。上曰：「朕于戚里，未嘗私以恩澤。如邢后之父不復收召，張婕妤兄弟皆小官，卿等所知。盧益觀望，陰結永思，非端人也。」

建州范汝爲亂

癸巳，建州民范汝爲作亂，守臣韓琝遣州兵出戰，爲所敗，乃命本路安撫使程邁會兵討之。

甲午，中散大夫韓璟爲其父忠彦請謚，上曰：「呂頤浩嘗奏：崇寧黨碑，視其姓名，皆賢士大夫，真可惜也。」上篆其神道曰「世濟厚德之碑」，謚文定。

篆韓忠彦碑

兩浙安撫大使劉光世畏金人之鋒，不能援揚、楚，但遣統制官王德、酈瓊將輕兵以出。是日渡江，與虜遊兵遇〔八〕，擊之。

不能援揚楚

九月乙巳，詔劉光世、岳飛、趙立、王林犄角逼逐虜兵渡淮〔九〕。時完顏昌圍楚州已百餘日，鎮撫使趙立一日擁六騎出城，呼曰：「我鎮撫也！首領驍賊〔一〇〕，其來接戰！」南寨有二騎襲其背，立手奮二槍，賊俱墜地。奪雙騎將還，俄北寨中遣五十餘騎追立，立瞋目大呼，人馬俱辟易。明日，立三幟邀戰，立以三騎應之。虜伏發，立中飛矢，奮身突圍以出，虜益攻之。

趙立與虜索戰

戊申，劉豫僭位於北京。初，軍民聞豫至，殺金人，閉門以拒豫，豫擊而降之，遂即皇帝位，國號大齊。大赦僞境，赦文略曰：「朕夙猷寡陋，家世側微。昔也壯年，久林泉而是樂；今焉晚節，豈軒冕之爲心？雖非虞舜之明揚，幸無成湯之慚德。」既立，復還東平。

劉豫僭位於北京

癸丑，言者論：「近世銓衡之官，法守不立，自京、黼用事，有詣堂而求吏部闕者，判一『取』字，雖已注人，亦奪予之。甚至部有佳闕，密獻之以自效，爲寒遠患，踰二十年。望明戒吏部長貳，自今堂中或取部闕者，並須執守，毋得供報。」從之。

許越訴贓吏

甲寅，言者論：「近州縣之吏，贓貪頗衆。欲望應官員犯入己贓，許人越訴。其監司、守令不即按治，並行黜責，庶使舉刺之官，不敢坐視。贓吏既去，民皆樂生。」從之。

罷檢正置左右司

乙卯，罷中書、門下省檢正官。

丙辰，復增左、右司郎官爲四員。

趙立死楚州

金左監軍昌犯楚州，守臣楚泗州漣水軍鎮撫使趙立死之。前一日，昌大進攻具臨城，翌日，填壕將進，立率士卒禦之。忽報賊近城矣〔二〕，立笑曰：「將士不用相隨，吾將觀其詭計，且令此賊匹馬隻輪不返〔三〕！」上城東門未半，虜飛砲碎其首〔三〕，左右馳救之，立猶曰：「吾終不能與國滅賊矣！」言終而絕。令輦致三聖廟中，聲言疾病祈禱，使賊不悟。

却韓世忠獻馬

己未，上曰：「昨韓世忠進一馬，高五尺一寸，云非人臣所敢乘。朕答以九重之中未嘗出入，何所用之？卿可自留，以爲戰備。」

辛酉，承州天長軍兵馬鈐轄、主管鎮撫司公事王林知承州。代薛慶也。廢天長軍爲縣，隸揚州；盱眙軍爲縣，隸泗州。自是，諸鎮撫使稍因事並廢矣。

漸廢鎮撫使

壬戌，御史中丞富直柔請罷新除右司員外郎侯延慶，而用直龍圖閣蘇遲爲都司。范宗尹曰：「都司宰屬，如大藩帥臣，猶得自辟置屬官，蓋資贊畫之益。遲雖名德之後，然不可任都司。」上曰：「臺諫以拾遺補過爲職，不當薦某人爲某官。」趙鼎曰：「惟可論薦臺屬。」張守曰：「亦須得旨，乃可薦。」上曰：「然。」

臺諫不當薦官

癸亥，宣撫處置使張浚以都統制劉錫及金人戰于富平縣，敗績。初，浚既定議出師，幕客、將士皆心知其非，而口不敢言，上亦以虜萃兵淮上〔一四〕，命浚出兵，分道由同州、鄜延以擣虜虛〔一五〕。時權永興軍路經略使吴玠已得長安，而環慶經略使趙哲收復鄜延諸郡，浚乃檄召熙河經略使劉錫、秦鳳經略使孫渥、涇原經略使劉錡，各以兵會，合諸路兵四十萬人、馬七萬，以錫爲統帥，浚親往邠州督戰。金左副元帥宗維聞之，急調宗弼自京西入關與婁宿會。官軍行至耀州之富平，金人已屯下邽縣，相去八十里，而婁宿方在綏德

張浚敗績于富平

軍。衆請擊之，浚不可，乃約日會戰，金人不報。書凡數往，金人許之，至期輒不出兵。浚以婁宿爲怯，曰：「吾破虜必矣！」諸將議戰，玠曰：「兵以利動。今地勢不利，將何以戰？宜徙據高阜，使賊馬衝突〔一六〕，吾足以禦之。」秦鳳路提點刑獄公事郭浩亦曰：「虜未可争鋒，當分地守之，以待其斃。」諸將皆曰：「我師數倍於敵，又前阻葦澤，敵有騎不得施，何用他徙？」將戰，命立故將曲端旗以懼虜。婁宿曰：「彼紿我也。」虜遂薄我軍。錡身先率士卒禦之，自辰至未，勝負未分。虜更薄環慶軍，他路軍無與援者。會哲擅離所部，將士望見塵起，驚遁，軍遂大潰。金人得勝不追，所獲軍資不可計。

趙鼎以書諭光世

丙寅，賜劉光世銀、帛二萬匹兩，爲渡江賞軍之費。先是，有言光世將提兵過江，而幕客沮之。簽書樞密院事趙鼎以書抵光世曰：「參謀諸公久在幕府，必能裨贊聰明，共享富貴，固不可輕舉妄動，重貽朝廷之憂，亦安忍坐視不救，滋長賊勢〔一七〕，留無窮之患？」上聞之〔一八〕，曰：「諭諸將當如此。」

虜拔楚州

戊辰，金左監軍昌急攻楚州，拔之。趙立家屬先死于徐，以單騎入楚，得女子習書者，使讀軍中書記，城陷遂没。立爲人木强，不知書，其忠義蓋出天性。善騎射，容貌甚壯。不喜聲色財貨，與士卒同甘苦。每戰，擐甲冑先登，衆畏服，樂爲用。其視虜人如仇〔一九〕，每言及，必齧齒而怒。常戒士卒，惟以殺金人爲言。自虜犯中國〔二〇〕，所過名城大都，多以虛聲脅降，如探囊取之，惟冀州堅守踰二年，濮州城破巷戰，殺傷略相當，皆爲虜所憚，而立威名戰多，咸出其上。是役也，虜鋭意深入，會張浚出師關陝，宗弼往援之。及立以其軍蔽遮江、淮，故虜師亦困斃而止。議者謂立之功，雖張巡、許遠不能過云。

趙立功比張許

張浚斬趙哲

冬十月庚午朔，張浚斬趙哲於邠州。遂責劉錫爲海州團練副使，合州安置。初，諸軍既敗還，浚召錫等計事。浚立堂上，諸將帥立堂下。浚曰：「誤國大事，誰當任其咎者？」衆皆言環慶兵先走。浚命擁哲斬之。哲不伏，且自言有復辟功。浚親校以撾擊其口，斬於堠下，軍士爲之喪氣。哲已死，諸將聽令。浚命各歸本路歇泊，令方脱口，諸路之兵已行，俄頃皆盡。浚率帳下退保秦州，於是陝西人情大震。

朱勝非閑居録曰：張浚出使陝、蜀，便宜除官，至節度使、雜學士，權出人主之右。竭蜀人之膏血，悉陝服之甲兵，凡三十萬衆與虜角〔二一〕，一戰盡覆。用其屬劉子羽計，歸罪將帥趙哲、曲端，並誅之，由是怨怒俱叛，浚僅以身免，奔還閬州〔二二〕，關陜之陷自此始。至今言敗績之大者，必曰富平之役也。

龜鑑曰：富平一戰，偶爲趙哲離部以取敗。夫勝負兵家之常，鄧禹有關中之敗，子儀有相州之敗，孔明有街亭之敗。而富平之以速戰敗者，公非不知陜西兵將上下之情未通也，又非不知臨行天語三年而後出師也，痛念向者海道之幸，已出襄、漢。今也虜駐淮甸〔二三〕，有再入吴、越之謀，萬一犯屬車之清塵，縱欲提兵問罪，亦何及矣？此公所以不顧利害，不計勝負，而决于一戰也。

臣僚上言：「建州軍賊作過，將官曹維方到任，繼而趙哲招撫，不以軍賊叛逆在壓，奏劾除名。」有旨體究詣實改正，依無過人例。又言：「范琪爲衢州開化縣令，其邑僻遠，叛賊苗、劉所不到，乃結守臣胡唐老作守禦有功，改京秩。」有旨體究詣實改正。

臣留正等曰：曹維未嘗有罪而被罪，范琪未嘗有功而奏功。太上皇帝既得其實，亟加改正，曾不旋踵。若使維之罪不雪，而琪終冒其功，在二人固未足道，而於賞罰大柄，無乃終累乎？臣於此二事，有以見太上皇帝之於賞罰，必務覈實，以求中也。

詔令當取信

辛未〔二四〕，王以寧乞下詔幸蜀，俾敵人罔測乘輿所在。上曰：「詔令所以取信於民，自非必行之事，不可降詔，何以取信於民？」

秦檜挈家自虜歸

秦檜自楚州孫村歸於漣水軍丁禩水寨，遂泛海赴行在。

朱勝非閑居録曰：秦檜隨虜北去〔二五〕，爲大酋撻辣任用〔二六〕，至是，與其家俱得歸。檜，王氏婿也。王仲山有别業在濟南，虜爲取千緡〔二七〕，贐其行。然全家來歸，婢僕亦無故，人知其非逃歸。

林泉記曰：檜在大金爲徽宗作書上黏罕，以結和議，黏罕喜之，賜錢萬貫、絹萬匹。建炎四年，大金攻楚州，乃使乘船艦，全家厚載而還，俾結和議爲内助。

李心傳曰：檜與何㮚、孫傅、司馬朴同被拘，三人不得歸，而檜獨得歸，此可疑一也。自中京至燕千里，自燕至楚州二千五百里，豈無防禁之人，而踰河越海，並無譏察〔二八〕？此可疑二也。檜自謂隨軍至楚，定計於食頃之間，向使虜人初無歸檜之意〔二九〕，第令隨軍，則質其家屬必矣，胡爲使王氏偕行？此可疑三也。張邵所奏，謂檜衣褐憔悴，蓋被執而訓童讀〔三〇〕。而檜自敘乃云劉靖欲殺己，以圖其囊橐。既有囊橐，豈是奔舟？此可疑四也。夫以檜初歸，見上之兩言，始相建明之二策，與得政所爲，前後相符，牢不可破，豈非檜在虜庭嘗倡和議，而撻懶縱之使歸邪？

喜臺諫言事

癸酉，執政進呈諫官論疏，上覽之甚悦，謂范宗尹曰：「近來臺諫官無一日無章疏，亦未嘗放過一事。」趙鼎曰：「陛下開廣言路，獎拔言臣，是以人人得以盡言無隱，此朝廷美事也。」

論蔡卞奸邪

丙子，上謂范宗尹曰：「比閲王球家所收上皇書畫，有御制鶺鴒賦，京、卞皆作賦題其後，卞賦盛言繼述哲宗之志，屏斥元祐之人，而致斯瑞，豈非姦邪？」宗尹曰：「紹聖以來，賊害忠良，皆卞之力也。」

久雨放僦錢

己卯，以久雨，放行在、越州公私僦錢十日。自是雨雪則如之。

命尚食勿進鶉兔

癸未，上謂輔臣曰：「聞城中百物貴踴，將士經此，寒苦可念。太母日饋朕盤飧〔三一〕，問内侍，云一兔至直五六千，鵪鶉亦三數百。朕知之，飭尚食勿進鶉、兔久矣。」范宗尹曰：「陛下恭儉如此，天下幸甚！」

罷群臣起復

乙酉，言者論：「天下三年之通喪，後世有從權奪服之舉者，所以移孝爲忠，徇國之急也。而比來所起之士，多非金革之故，幾習宣、政之風。如權邦彦爲發運使，姜仲謙爲湖北轉運使。以至幕職之官，亦行起復。又有寅緣請托於權三省、樞密院而圖起復者，此何理邪？欲望一切罷去，于以明人倫而厚風俗。」詔邦彦專委催發諸路錢糧，應副行在大軍支遣，其餘皆罷之。

不峻責光世

戊子，簽書樞密院事趙鼎奏，詰劉光世違命不救楚州之罪，有云「逐官但爲身謀，不恤國事，且令追襲金人過淮，以功贖過」。翌日，上批語，言太峻，令改定進入。及進呈，上曰：「光世當此一面，委任非輕，若責之太峻，恐其心不安，難以立事。」鼎曰：「陛下待諸將，可謂無負矣，不知何以爲報！」

三省密院議虜

己丑，權同知三省樞密院事李回改同知樞密院事。時虜留淮上未退〔三二〕，一日，宰執奏邊事，范宗尹曰：「虜未必能再渡。」趙鼎曰：「勿恃其不來，恃吾有以待之也。」乃乞詔州縣各爲移治自保之計，毋得拘留百姓，及虜至，即脫身而遁，使民肝腦塗地。又曰：「三省常爲虜不來，而爲陛下拔人才、修政事；密院常爲虜見侵，而爲陛下申軍律、治兵甲，即兩得之。」上曰：「卿等如此，朕復何憂？」

李敦仁世雄作亂

辛卯，虔州進士李敦仁與其弟世雄聚衆于羅源，有兵萬餘。是日破虔化縣，又入石城縣。詔江西兵馬副都監李山與吉州統制官張忠彦會兵討之。

馬進攻江州

丙申，馬進急攻江州，兵馬副鈐轄劉紹先統兵迎敵，雖捷，而攻城愈急。

論孔彦威李成二寇

范宗尹等進呈江東探報孔彦威、李成人馬，宗尹曰：「萬一移蹕，欲令韓世忠屯饒州，張俊留越州，相爲聲援。」上曰：「朕日夕念此，未嘗忘懷。世忠兵少，與李成相拒，萬一決戰，小有敗衄，國威愈挫。朕欲留世忠浙東。此人忠勇，不畏金賊〔三三〕，敢與之戰。使張俊以五千精騎策應之，恐能成功。來春事定，朕親督諸軍巡幸江東，雖過淮南，亦所不憚。平此二寇〔三四〕，不難也。」趙鼎曰：「臣恐成輩乘間深入，愈難支吾。」上曰：「卿所慮極當，顧力未能及耳。然朕之所説，未必皆是，卿等之言，亦未必皆非，更呼諸將議之。」

十一月癸卯，詔曰：「呂公著、呂大防、范純仁皆盛德元老，同居廟堂，國勢奠安，四夷順服〔三五〕。而遭罹貶斥，久歷歲時，尚拘微文，未獲昭雪。朕經此時巡之久，益知致治之難。念兹老臣，是宜褒稱。三省可檢舉，速行褒

封謚呂公著等

贈。并其餘黨籍臣僚，下有司責以近限，具名取旨施行。」初，上既數下詔褒録元祐忠賢，而朝廷多故，有司未暇檢舉。及是，上收得元祐黨碑，即降出，令録所司，一一契勘褒贈。遂追封公著魯國公，大防宣國公，謚正愍，純仁許國公，皆贈太師。

臣留正等曰：三人之忠，載之信史，實冠臣隣。旌三臣之忠，則凡一時名列黨籍者，咸有光焉。雖褒贈之恩未及，猶及已也。況太上皇帝成命亦既有在乎，其有未及者，舉行於今日，亦太上皇帝之志也。

甲辰，簽書樞密院事趙鼎罷。

秦檜議分南北

丙午，秦檜入見。檜自言殺虜之監己〔三六〕，奔舟來歸，朝士多疑之者，而宰相范宗尹、同知樞密院事李回與檜善，力薦其忠。乃命先見宰執于政事堂。翌日，引對，檜言：「如欲天下無事，須是南自南，北自北。」遂建議講和，且乞上致書左監軍昌求好。

丁未，試御史中丞富直柔簽書樞密院事〔三七〕。

試御史中丞致仕秦檜試禮部尚書，賜銀、帛二百匹兩。范宗尹等進呈

得秦檜喜而不寐

檜所草國書，上曰：「檜朴忠過人，朕得之，喜而不寐。蓋聞二帝、母后消息，而又得一佳士也。古者兵交，使在其中，第難作國書，姑令劉光世作私書與之。」始朝廷雖數遣使，然但且守且和，而專與虜人解仇議和〔三八〕，蓋自檜始。

增諸路酒價

辛亥，兩浙轉運副使曾紆請權增諸路賣酒錢，上等每斛增二千八百，下等增千八百。從之。

刺配孫咸

壬子，權知湖口縣孫咸坐贓抵死。三省擬刺面配連州，上謂大臣曰：「祖宗時，贓吏有杖朝堂者，黥而特配，尚爲寬典。」

改幹官爲計議

乙卯，改樞密院幹辦官爲計議官，序位在太常博士之下。

丙辰，金左監軍昌陷泰州。

己未，金人陷通州。

命講官進故事

庚申，詔學士、兩省講讀官依舊輪日進故事。先是，量留百司，而講筵所不與，上特命留之。量留百司在議巡幸時〔三九〕。

劉豫改元阜昌

辛酉，僞齊劉豫改元阜昌〔四〇〕。

張浚退軍興州

宣撫處置使張浚自秦州退軍興州。初，我師既潰于富平，慕容洧叛〔四一〕，乃遂引兵而西，於是秦鳳路馬步軍副總管吴玠自鳳翔走保大散關之東和尚原。權環慶經略使孫恂由隴關入秦與浚會〔四二〕。金人乃入德順軍。浚聞，遂移師興州，簿書、輜重悉皆焚棄。浚之自邠南歸也，將士皆散，惟親兵千餘人自隨。其屬官皆懼，有建議而保夔州者。參議官劉子羽曰：「議者可斬也。宣撫司豈可過興州一步？係關陝之望，安全蜀之心。」浚以爲然，乃劾異議者，遣子羽單騎至秦州，訪諸將所在。時虜騎四出〔四三〕，道阻不通，將士無所歸。忽聞子羽在近，宣撫司留蜀口，乃各引所部來會，凡十數萬人，軍勢復振。浚哀死問傷，録善咎己，人心粗安。或謂吴玠宜移屯漢中，以保巴蜀，玠曰：「賊不破我〔四四〕，詎敢輕進？吾堅壁重兵，下瞰雍甸，虜懼吾乘虛襲其後，此保蜀良策也。」諸將乃服。時玠在原，軍食不繼，鳳翔之民感其遺惠，相與夜負芻粟輸之，玠亦憐其遠意〔四五〕，厚償以銀帛，民又益喜。虜怒，遣兵伏渭南，邀而殺之，又令保伍相坐，犯者皆死，而民益冒禁輸之，數年然後止。

吴玠屯和尚原軍復振

蜀軍復振

鳳翔民輸芻粟

十有二月己卯〔四六〕，上以太后誕日，置酒宫中，從容語及前朝事。后曰：「吾老矣，幸相聚於此。他時身後，吾復何患？但有一事，當與官家言之，吾逮事宣仁聖烈皇后，求之古今，母后之賢，未見其比。因姦臣快其私憤，

太后明宣仁誣謗

肆加誣謗，有玷盛德。建炎初雖嘗下詔辨明，而史録所載，未經删定，豈足傳信後世？吾意在天之靈，不無望於官家也〔四七〕。」上聞之惕然。其後更修神宗、哲宗兩朝實録，蓋張本於此。

監司守倅任三年

辛巳〔四八〕，詔監司、守倅並以三年爲任。

止治渠魁

丙戌〔四九〕，同知樞密院事李回進呈諸路盜賊數，上謂曰：「卿意如何？」回曰：「臣意欲治數渠魁，當少戢。」上曰：「卿意甚善，皆吾赤子，豈可一一殺之？第治李成輩三兩人可矣。」

命張俊招討

乙未，神武右軍都統制張俊爲江南路招討使，進解江州之圍，且平群盜，事急速者許便宜。

汪藻請屯田

翰林學士汪藻言：「古者兩敵相持，所貴者機會，此勝負存亡之分也。虜師既退〔五〇〕，國家非暫都金陵不可，而都金陵，非盡得淮南不可。淮南荐經虜寇〔五一〕，民去本業，十室而九，其不耕之田，千里相望，流移之人，非朝夕可還。國家欲保淮南，勢須屯田，則此田皆可耕墾。臣愚以爲，正、二月間，可便遣劉光世或呂頤浩率所招安人馬過江，營建寨柵，使之分地而耕，既固行在藩離，且清東西群盜，此萬世之利也。」疏奏，未克行。中興後言屯田者，蓋自此始。

洪皓奉使不屈

初，徽猷閣待制洪皓與右武大夫龔璹持命至太原，虜令其陽曲縣主簿張維館伴〔五二〕，留幾歲〔五三〕，虜遇使人禮益削。是歲，始遣皓、璹至雲中。時通問使王倫、閤門宣贊舍人朱弁已被拘，倫、皓因以金遺商人陳忠，令密告兩宮，以本朝遣倫等來通問，於是二帝始知建炎中興之實。已而左副元帥宗維召皓等遣官僞齊，皓力辭不可。宗維怒，命壯士擁以下，執劍夾承之，皓不爲動。傍貴人喈曰：「此忠臣也！」宗維怒少霽，遂流遞于冷山。雲中至冷山，行兩月程，距虜二百餘里〔五四〕，地苦寒，四月草始生，八月而雪。右監軍希尹使誨其八子〔五五〕，或二年不給衣食，盛夏至衣褊布。嘗久雪薪盡，至乞馬矢，煨麪而食。

增入名儒講義皇宋中興聖政卷之八

校勘記

〔一〕詔自今堂除窠闕内不載去處　「今」，繫年要録卷三六作「京」。

〔二〕上悟　「悟」原作「怒」，據宋刊本、明抄本及繫年要録卷三六改。

〔三〕度虜必再犯東南　「虜」原作「敵」，據宋刊本、明抄本及宋史全文卷一七改。下同。

〔四〕賊便於衝突　「賊」原作「敵」，據宋刊本、明抄本及宋史全文卷一七改。下同。

〔五〕承州報虜復聚兵揚州　「虜」原作「敵」，據宋刊本、明抄本及宋史全文卷一七改。

〔六〕賊終不去　「賊」原作「敵」，據宋刊本、明抄本及宋史全文卷一七改。下同。

〔七〕簽書樞密院事趙鼎欲遣神武右軍都統制張俊往救之　「俊」原作「浚」，據宋刊本、明抄本及宋史全文卷一七改。

〔八〕與虜遊兵遇　「虜」原作「敵」，據宋刊本、明抄本及宋史全文卷一七改。

〔九〕詔劉光世岳飛趙立王林犄角逼逐虜兵渡淮　「虜」原作「敵」，據宋刊本、明抄本及宋史全文卷一七改。下同。

〔一〇〕首領驍賊　「賊」原作「敵」，據宋刊本、明抄本及宋史全文卷一七改。下同。

〔一一〕忽報賊近城矣　「賊」原作「敵」，據宋刊本、明抄本及宋史全文卷一七改。下同。

〔一二〕且令此賊匹馬隻輪不返　「賊」原作「輩」，據宋刊本、明抄本及宋史全文卷一七改。

〔一三〕虜飛砲碎其首　「虜」原作「敵」，據宋刊本、明抄本及宋史全文卷一七改。

〔一四〕上亦以虜萃兵淮上　「虜」原作「敵」，據宋刊本、明抄本及宋史全文卷一七改。下同。

〔一五〕分道由同州鄜延以擣虜虚　「虜」原作「其」，據宋刊本、明抄本及宋史全文卷一七改。

〔一六〕使賊馬衝突　「賊」原作「敵」，據宋刊本、明抄本及宋史全文卷一七改。

〔一七〕滋長賊勢　「賊」原作「敵」，據宋刊本、明抄本及宋史全文卷一七改。

〔一八〕上聞之　「聞」原作「問」，據宋刊本、明抄本及繫年要録卷三七改。

〔一九〕其視虜人如仇　「虜」原作「敵」，據宋刊本、明抄本及宋史全文卷一七改。下同。

〔二〇〕惟以殺金人爲言自虜犯中國　「金人」原作「金兵」，「虜犯」原作「敵來」，據宋刊本、明抄本及宋史全文卷一七改。

〔二一〕凡三十萬衆與虜角　「虜」原作「彼」，據宋刊本、明抄本及宋史全文卷一七改。

〔二二〕奔還閬州　「閬」原作「閤」，據繫年要録卷三八改。

〔二三〕今也虜駐淮甸　「虜」原作「敵」，據宋刊本、明抄本及宋史全文卷一七改。

〔二四〕辛未　原作「己未」，案本月庚午朔，無己未日，據繫年要録卷三八改。

〔二五〕秦檜隨虜北去　「虜」原作「金」，據宋刊本、明抄本及宋史全文卷一七改。

〔二六〕爲大酋撻辣任用　「酋」原作「將」，據宋刊本、明抄本及宋史全文卷一七改。

〔二七〕虜爲取千緡　「虜」原作「敵」，據宋刊本、明抄本及宋史全文卷一七改。

〔二八〕並無譏察　「譏」原作「機」，據繫年要録卷三八及宋史全文卷一七改。

〔二九〕向使虜人初無歸檜之意　「虜」原作「敵」，據宋刊本、明抄本及宋史全文卷一七改。下同。

〔三〇〕蓋被執而訓童讀　「童」原脱，據宋史全文卷一七及繫年要録卷三八補。

〔三一〕太母日饋朕盤飧　「母」原作「上」，據文意及宋史全文卷一七改。

〔三二〕時虜留淮上未退　「虜」原作「敵」，據宋刊本、明抄本及宋史全文卷一七改。下同。

〔三三〕不畏金賊　「賊」原作「兵」，據宋刊本、明抄本及宋史全文卷一七改。

〔三四〕平此二寇　「寇」原作「方」，據宋刊本、明抄本及宋史全文卷一七改。

〔三五〕四夷順服　「夷」原作「宇」，據宋刊本、明抄本及宋史全文卷一七改。

〔三六〕檜自言殺虜之監己　「虜」原作「敵」，據宋刊本、明抄本及宋史全文卷一七改。

〔三七〕試御史中丞富直柔簽書樞密院事　「富」原作「李」，據繫年要録三九改。

〔三八〕而專與虜人解仇議和　「虜人」原作「金國」，據宋刊本、明抄本及宋史全文卷一七改。

〔三九〕量留百司在議巡幸時　「議巡幸時」原脱，據明抄本、宋史全文卷一七及繫年要録三九補。

〔四〇〕僞齊劉豫改元阜昌　「阜」原作「會」，據繫年要録三九據改。

〔四一〕慕容洧叛　「洧」原脱，據宋刊本、明抄本、宋史全文卷一七及繫年要録三九補。

〔四二〕權環慶經略使孫恂由隴關入秦與浚會　「恂」原脱，據宋史全文卷一七及繫年要録三九補。

〔四三〕時虜騎四出　「虜」原作「敵」，據宋刊本、明抄本及宋史全文卷一七改。下同。

〔四四〕賊不破我　「賊」原作「敵」，據宋刊本、明抄本及宋史全文卷一七改。下同。

〔四五〕玠亦憐其遠意　「意」原脱，據明抄本、宋史全文卷一七及繫年要録三九補。

〔四六〕十有二月己卯　「十有二月」原脱，案干支以下爲十二月記事，據繫年要録四〇補。

〔四七〕不無望於官家也　「望」原作「意」，據宋刊本、明抄本及宋史全文卷一七改。

〔四八〕辛巳　繫年要録四〇繫於「癸未」。

〔四九〕丙戌　原作「壬戌」，案本月己巳朔，無壬戌日，據繫年要録四〇改。

〔五〇〕虜師既退　「虜」原作「敵」，據宋刊本、明抄本及宋史全文卷一七改。

〔五一〕淮南荐經虜寇　「虜寇」原作「兵戈」，據宋刊本、明抄本及宋史全文卷一七改。

〔五二〕虜令其陽曲縣主簿張維館伴　「虜」原作「敵」，據宋刊本、明抄本及宋史全文卷一七改。下同。

〔五三〕留幾歲　「留」原脱，據宋刊本、明抄本及繫年要録四〇補。

〔五四〕距虜二百餘里　「虜」原作「金」，據宋刊本、明抄本及宋史全文卷一七改。

〔五五〕右監軍希尹使誨其八子　「希」原作「布」，據宋刊本、明抄本及繫年要録四〇改。

增入名儒講義皇宋中興聖政卷之九

高宗皇帝九

紹興元年春正月己亥朔，改元。

復賢良科

復賢良方正直言極諫科。自紹聖廢制科，至是，始因德音，下禮官講求，然未有應者。

趙璧等死天水縣

金兵掠天水縣，知縣事趙璧等不屈〔一〕，皆殺之。

用人不限堂除

丁未，言者論大臣用人之際，當惟其賢〔二〕，不必以嘗經堂除爲限。先是，呂頤浩當國，患請謁者衆，乃揭榜省户曰：「未經堂除者，不得投牒求官。」言者以爲：「如此，則宣、政之間，倚權貴之門，超取顯美者，皆在所收，豈無韜晦自重，不願爲人所知者？其何以來天下之士，而濟艱難之業？」疏奏，詔三省遵守。

戊申，江南路招討使張俊改江淮招討使。後數日，俊入辭，頗言李成兵

激張俊立功

衆。上曰：「汝將全軍，設爲朕攻一郡，若何？」俊曰：「臣朝至而夕可入也。」上曰：「成竭力攻九江，兩月不能下，則雖衆，何能爲？」俊大以爲然。上因謂俊：「今日諸將，獨汝未嘗立功。」俊曰：「臣何爲無功？」上曰：「如韓世忠擒苗傅、劉正彦，則功績顯著，卿殆不如。」俊恐悚承命。

復江東西路　分湖東西路

尚書省言：「岳、鄂道遠，請還隸湖北[三]，復江池路爲江東西路，置帥司于江、池；又分荆湖諸司之在江南者爲荆湖東、西路[四]，置帥司于鄂、鼎。」

馬進陷江州

馬進陷江州，李成聞州已陷，乃渡江入城。

虜寇揚州

己酉，金兵寇揚州[五]。

辛亥，參知政事謝克家提舉臨安府洞霄宫。

京官知縣並堂除　命舉縣令　不歷縣令不除監司郎官　不歷外任不除侍從　從官互舉其子

壬子，詔京官知縣並堂除，内外侍從官限三日，各舉可任縣令者二人，犯贓連坐。又詔：「不歷縣令人，勿除監司、郎官；不歷外任人，勿爲侍從。著爲永法。」於是從官有互舉其子爲縣令者，而子又皆貪贓，論者惜之。

龜鑑曰：不歷縣令[六]，不除監司、郎官；不經外任，不除侍從。嚴失舉之罰，須考課之條，定内外更迭之法，而命官之道得矣。

許百官旬休

丙辰，初許百司每旬休沐。宰執因奏事，上曰：「一日休務，不至廢事。使一月間措置得十事，雖二十日休務何害？若無所施設，雖窮朝夕，何補也？」

和買紬絹折價

戊午，户部侍郎孟庾言：「兩浙路夏税及和買紬絹一百六十萬餘匹，半令輸價錢，每匹兩千。」從之。

録趙普子孫

庚申，銀青光禄大夫李綱提舉臨安府洞霄宫。

詔：「趙普佐命元勳，視漢蕭何。宜訪其子孫，量才録用。」

封太祖後

辛酉，手詔曰：「朕念太祖皇帝創業垂統，德被萬世。神祖詔封子孫一人爲安定郡王，世世勿絶。乃至宣和之末，以太常、禮部各有所主，依違不決，使安定之封，至今不舉，朕甚憫之。有司其上合襲封人名，遵依故事施行。」

詔奉行寬恤事件

癸亥，詔：「比降德音，寬恤事件，州縣自宜悉意奉行，違者監司按劾，御史臺察之。」

范旺死賊

初，順昌盜余勝等作亂，土兵陳望與射士張衮謀應之，軍校范旺叱之曰：「吾等父母妻子皆取活於國，今力不能討賊，更助爲虐，是無天地也。」兇黨怒，剔其目而殺之。旺妻馬氏聞之，行且哭，賊脇汙之，不從，又殺之，後爲立祠，號「忠節」。

更禁衛名皇城司

二月庚午，改行宫禁衛所爲行在皇城司。

得馭將之術

辛未，同知樞密院事李回言：「士大夫自衢、信來者，皆稱張俊軍行極整肅。」上曰：「朕亦聞之，犯軍律者，已誅六七人矣。」范宗尹曰：「臣已以書獎其美。」上曰：「待亦作詔，勉之立功。俊心忠謹，惟好官職，正當以此使之。」張守曰：「陛下深得馭將之術〔七〕。」

日中黑子

己卯，日中有黑子。

怒孫覿賀啓

辛巳，禮部尚書秦檜參知政事。龍圖待制孫覿時知臨安府，以啓賀檜，有曰：「盡室航海，復還中州，四方傳聞，感涕交下。漢蘇武節旄盡落，止得屬國；唐杜甫麻鞵入見，乃拜拾遺。未有如公，獨參大政。」檜以爲譏己，始大怒之。

日中黑子消伏

壬午〔八〕，日中黑子消伏。翌日，范宗尹進呈。因言：「故事，當避殿減膳，今人情危懼之際，恐不可以虚文摇動群聽。望陛下修德以消弭之。臣等輔政無狀，義當罷免。」上曰：「日爲太陽，人主之象，豈關卿等？惟在君臣同心，行安民利物實事，庶幾天變不至爲災也。」

丙戌，復秘書省，仍詔監、少不並置，置丞、郎、著、佐各一員，校書郎、正字各二員。

復秘書省

庚寅，張浚奏：「本司都統制曲端自聞吴玠馬軍倒那〔九〕，坐擁重兵，更不遣兵策應。已責海州團練副使、萬州安置。」詔依已行事理。初，浚自富平敗歸，始思端及王庶之言可用。庶時持母喪居蜀，乃併召之。庶近地先至，授參議官。浚徐念端與庶必不相容，暨端至半道，但復其官，移恭州。宣撫處置使司主管機宜文字楊斌素與庶厚，知庶怨端深，乃盛言端反有實跡者十，秦鳳副總管吴玠亦懼端嚴明，譖端不已。庶因言于浚曰：「端有反心久矣，盍蚤圖之？」會蜀人多上書爲端訟冤，浚亦畏其得衆心，始有殺端意矣。

張浚竄曲端

王庶曲端不相容

壬辰，雨雹。

癸巳，翰林學士汪藻上馭將三説，一曰示之以法，二曰運之以權，三曰别之以分。大略謂：「諸將過失不可不治。今陛下對大臣不過數刻，而諸將皆得出入禁中。廟堂者，具瞻之地，今諸將率驟謁徑至，便衣密坐，視大臣

汪藻馭將三説

如僚友。又遣將出師，詔侍從集議者，所以博衆人之見，今則諸將在焉。且諸將聽命者也，乃使之預謀，則利於公，不利於私者，必不以爲可行；便於己，不便於國者，必不以爲可罷，欲其冒鋒鏑，趨死地，難矣！自今諸將當律以朝儀，毋數燕見。其至政事堂，亦有祖宗故事。且無使參議論之餘，則分既正，而可責其功矣，何難乎弭盜？何憂乎遏虜哉〔一〇〕？至於理財，則民窮至骨，臣願陛下毋以生財爲言也。今國家所有不過數十州，所謂生者，必生於此，數十州之民，何以堪之？惟痛加裁損，庶乎其可爾。外之可損者，軍中之冒請；內之可損者，軍中之泛取。」又言：「自古以兵權屬人〔一一〕，未有不貽患者。今諸將之驕，樞密院已不能制。宜精擇偏裨十餘人，各授以兵數千，以漸消諸將之權，此萬世計也。」是時諸將中劉光世尤横，故藻有是言。

諸將作論詆文臣

藻書既傳，諸將皆忿，有令門下作論，以詆文臣者。其略曰：「今日誤國者，皆文臣。自蔡京壞亂紀綱，王黼收復燕、雲之後，執政、侍從以下，持節則喪節，守城則棄城。建議者執講和之論，奉使者持割地之説。提兵勤王則潰散，防河拒險則逃遁。自金人深入中原，蹂踐京東、西、淮南之地，爲王臣而棄地棄民，誤國敗事者，皆文臣也。間有竭節死難，當横潰之衝者，皆武臣也。張邦昌爲僞楚，劉豫爲僞齊，非文臣誰敢當之？」自此文武兩途，若冰炭之不相合矣。

川陝類省試

丙申，復詔諸路提刑司類省試，於是川陝宣撫處置使張浚始以便宜合川、陝舉人，即置司州類省試，自是行之至今。

虜割關中予僞齊

宗維既得關中地，遂悉割以予僞齊。關陝之陷也，士大夫守節者甚衆。

呂頤浩月支糧料

三月戊戌朔，自駐蹕南京以來，軍士日給百錢，比數十日一犒設。前是水軍統制官崔增以其衆萬有千二百人降于呂頤浩，呂頤浩始用舊法，按月支糧及料錢，於是增一軍月費錢四萬四百緡，米七千五百斛，視五軍所給，月省萬五千餘緡。

不以浮言易張浚

庚子，宣撫處置使張浚以富平失律，上疏待罪。壬寅，上謂輔臣曰：「浚放罪詔宜早降。」因言：「浚用曲端、趙哲、劉錫，後見其過，即重譴之。浚未有失，安可罷也？」同知樞密院事李回曰：「須得勝浚者，乃可易。」上曰：「有才而能辨事者固不少，若孜孜爲國，無如浚。亦有人言其過，朕皆不聽。」浚乃得安。

魯詹條止盜利害

甲辰，福建轉運判官魯詹條具止盜利害，請擇令、尉，罷免行錢，糴米賑濟，減殘破縣分上供銀。上諭輔臣曰：「詹所奏切中時病，皆可施行。」上因言：「朕每日五更初，盡覽諸處奏報，比明，所覽略盡，乃出視朝。」蓋上勤政如此。

五更初覽奏報

丙午，責授定國軍節度副使王宗湛復忠州團練使，以赦敘也。上曰：「宗湛自可用，但當時用非所宜，兼戚里不當管軍。」張守曰：「祖宗時，亦有戚里管軍者。」上曰：「要是擇才，只今諸戚里，豈能管軍？」范宗尹曰：「誠如聖訓。」

不用戚里管軍

庚戌，江淮招討使張俊復筠州。初，俊引兵至豫章，而李成在江州，其將馬進在筠州，皆不進。俊喜曰：「我已得洪州，破賊必矣。」斂兵若無人者，金鼓不動，令將士登城者斬。居月餘，進以大書文牒，使來索戰，俊復細書答狀以驕之，賊謂俊爲怯戰〔二〕。俊牒知賊稍怠，乃議行，岳飛請自爲先鋒，楊沂中由上流徑絕生米渡，出賊不意〔三〕，遇其先鋒，擊破之，乘勝追奔，前一日至筠州。進出軍，背筠河，先守要地。沂中語俊曰：「彼衆我寡，當以奇勝。願以騎見屬，公率步兵當其前。」沂中乃將騎數千，與陳思恭分爲兩道，同出山後。俊嚴陣以出，鏖戰至午，精騎自山馳下，賊駭亂退走，大敗之，俊

張俊破馬進復筠州

遂復筠州、臨江軍〔一四〕。馬進復還江州與成會，俊整兵追之。

張榮敗虜于水寨

壬子，先是，張榮在通州，以地勢不利，乃引舟入縮頭湖，作水寨以守。金左監軍昌以舟師犯榮水寨，榮亦出數十舟載兵迎敵〔一五〕。望金人戰艦在前，榮謂其衆曰：「無慮也，金人止有數艦在前，餘皆小舟。方水退，隔淖不能岸，我捨舟而陸，殺棺材中人耳！」遂棄舟登岸，大呼而殺之。金人不能騁，舟中自亂，溺水陷淖者，不可勝計。昌收餘衆二千，奔楚州。榮獲昌子婿盆輂，俘馘甚衆。榮聞劉光世在鎮江，乃遣人願聽節制，且上其功。光世大喜，以榮知泰州。

榷南恩州田鹽

初榷南恩州陽江縣田鹽。縣有潮水所浸田一頃二十四畝，提舉鹽茶司募民墾之，置竈六十有七，歲産鹽七十萬八千四百斤，收浄息錢萬九千餘緡，遂命官領其事。後二年，又增萬二千緡。

行魯詹寬恤事件

甲寅，詔罷免行錢，州縣官市買方物，如民間之直〔一六〕，違者以自盜論。始用魯詹之言也。先是，改元德音已減閩中上供銀三分之一，是日，又減建、劍州銀半分，令福建轉運司兑糴米二萬斛充賑濟。

李季進乾象通鑑

初，河間府免解進士李季集天文諸書，號乾象通鑑。季寓居婺州，乃命本州給札上之。

何克忠獻太祖實録

自渡江，國史散佚。至是，衢州布衣何克忠獻太祖實録、國朝寶訓。後八九年，而國書始備。

志在一統

己未，張俊捷奏至。上諭輔臣，欲赦李成軍中脅從者。范宗尹因言：「今日之事，不可削弱。」上曰：「祖宗基業宏固，偶值戎寇〔一七〕，故劉豫、李成等輩跋扈猖獗。或謂止於淮上作籬落，朕甚不取。要當以次收復，須一統乃已耳。」

却孔彥舟獻玉

湖南馬步軍副總管孔彥舟言：於潭州池中得美玉，可爲御寶，乞遣人宣取。詔御寶已足備，兼自艱難以來，華靡之物，一無所用。其毋進。

張俊復江州馬進遁

甲子，始下詔罪狀李成，募有能斬首及獲成者，除節度使，賜銀萬兩、錢萬緡，且赦成軍中脅從者。初，馬進既敗，江淮招討使張俊追之，至奉新樓子莊，賊將商元據草山設伏。俊熟視，見山險路狹，乃遣步兵從間道直趨山頂，殺伏奪險，遂至江州。進拒戰不勝，絶江而遁。乙丑，俊復江州。統制官楊沂中、趙密引兵追擊，又大敗之，成復還蘄州。自是俊軍有「鐵山」之號。

張俊軍號鐵山

張浚以王庶帥利夔

宣撫處置使張浚承制以本司參謀官王庶知興元府兼利、夔兩路制置

盡失陝西地

使、節制陝西諸路。留統制官王宗尹、柴斌兵二千，馬不滿百，使庶守。時虜騎已破福津〔一八〕，蹂同谷，迫武興，浚遂退保閬州，於是盡失陝西地，但餘階、成、岷、鳳、洮五郡及鳳翔府之和尚原、隴州之方山原而已。時興元帥事草創，倉廩乏絶，師旅寡弱。庶募民教之。河東、陝西潰師多舊部曲，往往來歸，不數月，有衆二萬。

增七色經制錢

夏四月庚午，尚書户部侍郎孟庾請諸路無額錢附經制起發，從之。於是通鈔旁定帖及賣糟等錢凡七色〔一九〕。

修纂日曆

甲戌，詔修日曆。

復合祭天地

丁丑，刑部尚書、權禮部尚書胡直孺等言：「參酌皇祐詔書，將來請合祭昊天上帝、皇地祇於明堂，奉太祖、太宗以配天，庶幾禮專事簡。」從之。天地復合祭，自此始。

軍器當留意

戊寅，張俊捷奏至。上謂輔臣曰：「兵既精，又治器甲，所以成功。以此知軍器當留意。朕計五軍，見甲已四萬。」范宗尹曰：「得十萬粗足。」上曰：「可足成之，財固當惜，然於此不宜吝也。」

隆祐太后崩

庚辰，隆祐皇太后崩于行宮之西殿。

辛巳〔二〇〕，進呈程俱劄子：「名臣列傳止是節本，合與不合録呈？」上曰：「初止令進累朝實録，蓋欲盡見祖宗規模。此是朕家法，要得遵守。」既退，范宗尹已下歎仰者久之。

臣留正等曰：帝王之道雖同，其法則不必同。忠質文異制，同歸于治。蓋因時制宜，各自爲一代之法。夏、商、周之子孫得以憲于先王，傳世數十而長久者也。太上皇帝欲盡見祖宗規模，且曰：「此是朕家法，要得遵守。」則自中興以來，致治之效，皆由於此。今日尤當率循而不忘也。

上供紬絹折納

壬午，詔江、浙諸路上供紬絹半折見緡三千，仍易輕賫赴行在。

桑仲陷鄧州　王俊死鄧州

癸未，桑仲陷鄧州，殺知汝州王俊。

詔榷務守茶鹽法

丁亥，詔榷貨務遵守茶鹽見行成法，不得毫髮改更，務令上下孚信，入納增廣。

張浚殺曲端

宣撫處置使張浚殺曲端于恭州。端既爲利、夔制置使王庶所譖，知渭州吴玠亦憾之，乃書「曲端謀反」四字于手心，因侍浚立，舉以示浚。浚素知端、庶不可並立，且方倚玠爲用，恐玠不自安，乃送端恭州獄。有武臣康隨者，在鳳翔嘗以事忤，端鞭其背，有切骨恨。浚以隨提點夔州路刑獄。端聞之，曰：「吾其死矣！」呼天者數聲。端有馬名鐵象，日馳四百里，至是連呼鐵象者又數聲，乃赴逮。既至，隨命獄吏縶之維之，糊其口，熁之以火，乾渴而死。士大夫莫不惜之，軍民亦皆悵恨，西人以是益非浚。然議者謂使端不死，一日得志，逞其廢辱之憾，端一搖足，秦、蜀非朝廷有，雖殺之可也。

龜鑑曰：趙哲之誅，孔明之誅馬謖也。曲端之不用，亦孔明之不用魏延也。至於殺之，太過矣。況曲端威望，虜人素慴〔三二〕，富平之戰，詐立端旗，猶足以懼虜，則端之死爲可惜也。然殺曲端而失關陝，浚之過也。用吴玠而保全蜀，浚之功也。

許亭户折税

乙未，詔臨安府、秀州亭户合納二稅，依皇祐專法，計實值價錢，折納鹽貨。先是，兩浙轉運司以罷給蠶鹽，令輸本色。提舉茶鹽公事梁汝嘉奏：「亭户以煎鹽爲生，未嘗墾田。」於是申明行下。

五月己亥，主管江州太平觀李彌孺勒停。初，范宗尹薦彌孺，使領營田，遂召赴行在。而右諫議大夫黎確奏弼孺淫汙狡妄〔三二〕，媚事朱勔。宗尹曰：「固知弼孺小人，然但欲委之勸耕〔三三〕，故有此命。」上曰：「君子易疏，小人易親，不知者無如之何，既知弼孺小人，安可不疏？今日知田事者，應別有人，可勿召也。」弼孺怒，上疏訟確所言誣誕，故有是命。

小人既知不可用

臣留正等曰：治道要務，在知下之邪正，邪正一辨，賢人君子常聚於本朝，而憸佞小人不容倖進，以害治道。一或涇渭不分，牛驥同皁，則邪正雜揉，往往生事以產亂，天下可得而治乎？太上皇帝宣諭輔臣，深戒小人之勿用，蓋邪正辨，則朝廷治，天下不足以理矣。治道要務，孰有先此者？豈特垂訓輔臣而已哉！真足以昭大訓於無窮也。

不欲數犒軍

辛丑，御筆犒賞諸軍一次。范宗尹奏：「自犒賞後，已近五旬。」上曰：「朕不欲數犒，凡三月可省一次。今財用止出東南數十郡，不免痛加節省。若更廣用，竭民膏血，何以繼之？」宗尹等曰：「陛下之言及此，天下幸甚！」

刻中興寶

癸卯，上出「大宋中興之寶」及上皇所獲元圭，以示輔臣，寶，上新刻者，其玉明潤，視定命寶，猶大半分。

洪擬論帝王之學

中書舍人洪擬轉對，論帝王之學，中敘董仲舒、王吉之言，末以章句、書藝爲非帝王之事。上曰：「人欲明道見理，非學問不可。惟能務學，則知古今治亂成敗，與夫君子、小人善惡之迹。善所當爲，惡所當戒，正心誠意，率由於此。」

吴玠和尚原之捷

秦鳳經略使吴玠及金人烏魯、折合戰於和尚原之北，敗之。時金主晟之從姪没立與烏魯、折合以數萬騎分兩道入寇〔二四〕，没立自鳳翔、二將由階、成，約日會和尚原。玠與其弟統領官璘以散卒數千人駐原上，朝問隔絶，軍儲匱乏，人無固志。有謀劫玠兄弟北去者，幕客陳遠猷夜入告玠，遽召諸將，厲以忠義，歃血而誓，諸將感泣，爲備益力。是日，二將以勁騎先期而至，陣于原北。玠擊之，四戰皆捷。山谷中路狹而多石，馬不能行，虜棄馬〔二五〕，遂敗去。後三日，没立自犯箭筈關，玠遣别將擊之，二寇卒不得合〔二六〕。又五日，虜移寨黄牛嶺，會大風雨雹，翌日引去。張浚録其功，承制以玠爲明州觀察使，璘爲康州團練使，擢秦鳳路兵馬都鈐轄，統制和尚原軍馬。

捕李敦仁

論呂頤浩推張俊

丙午，江東安撫大使司奏捕虔賊李敦仁獲捷。時呂頤浩猶在告，參議官李承造以聞。上曰：「頤浩大臣，義當體國。江西盜賊，非張俊未易辨，頤浩須少推之，如廉、藺相濟乃可。可趣令視事。」李回請上親劄〔二七〕，富直柔又乞遣中使撫問〔二八〕，上從之。

復召試館職

詔承議郎范同，宣教郎、敕令所删定官劉一止，修職郎王洋並召試館職，初復故事也。

劉光世執郭仲威

郭仲威爲劉光世所執。仲威與李成有舊，欲往從之。又謀據淮南以通劉豫。光世遣前軍統制王德手擒之。

募人納粟補官

己酉，詔以米價貴，諭積粟之家，出糶三千斛以上〔二九〕，補官有差。

應奏讞並降等

辛亥，詔以道路未通，諸路死囚應奏讞者，權令降等斷遣。

三衙無兵存其名

郭仲荀權主管殿前司公事。自巡幸以來，三衙實無兵，名存而已。

邵青犯太平州

邵青以舟師犯太平州。

斬郭仲威

癸丑，詔斬郭仲威於平江市。先是，仲威焚掠平江，故就誅之。

命令懬選育宗子

甲寅，趙令懬知南外宗正事。上命令懬往泉南選宗室子，育之宮中，故有是命。

對修政和嘉祐敕

戊午，權工部侍郎兼詳定重修敕令韓肖胄言，對修政和、嘉祐敕成。

復太府寺丞

復置太府寺丞，以承奉郎章億爲之，措置印給茶鹽鈔引。

招沅州弓弩手

沅州言：「本州自熙寧末爲郡，始創營田，招置弓弩手四千人。靖康調發，往往不歸。今軍食窘急，乞以閑田募民承佃，招補弓弩手二千人，餘助歲計。」從之。先是，鼎、澧、辰、沅、靖諸州，以地接蠻徭溪洞，故熙、豐間，排置弓弩手，五郡合萬三千人，散居邊境，教以武藝，無事則耕作自贍，有警則集而用之，最爲利便。後全軍調發，應援河東，或死或亡，其法浸廢矣。

拘僱甲頭錢

朝散郎吕安中言：「舊官給錢募户長催税，近已差甲頭。宜椿其雇錢，用助經費。」詔諸路提刑司拘收赴行在。既而言者以差甲頭不便者有五，於是甲頭不復差，而耆户長役錢因不復給。

己未，秘書少監程俱言：「見修日曆，乞下諸州搜訪建炎元年以後邸報，及所被受朝旨文字，仍於中外臣僚，先且取會二年事實，應曾任宰執至行在職事官，有日曆合載事件，如政事弛張、臣僚黜陟、刑賞征戰，凡所見聞，或私自記録，或親承聖語，及所上章疏，并被受詔敕，與公案官文書之類，並令詣實抄録回報，以憑修纂。」從之。

荆南營田之始

辛酉，荆南鎮撫使解潛言：「所管五州，絶户及官田荒廢者甚多，已便宜辟宗綱權屯田使，樊賓副使，募人使耕，分收子利。」詔以綱爲鎮撫司措置營田官，賓爲同措置官。渡江後，營田自此始。其後，荆州軍食多仰給於營田，省縣官之半焉。

鬻承直修武以下官

壬戌，范宗尹等以國用不足，奏鬻通直、修武郎已下官。上曰：「不至人議論否？」張守曰：「祖宗時，亦嘗有此，第止於齋郎。」李回曰：「此猶愈於科斂百姓。」上曰：「然，大凡施設，須可行於今〔三〇〕，可傳於後，即善耳。」其後遂止鬻承直郎以下官。

劉光世招安邵青

邵青受劉光世招安，太平州圍解。

殺馬進李成降僞齊

癸亥〔三一〕，初，馬進既爲張俊所敗，而李成猶在蘄州。至是，俊引兵渡江，至黄梅縣，親與成戰。成據石幢坡，憑山以木石投人。俊乃先遣遊卒進退，若争險狀，以誤之。俊率衆攻險，賊徒奔潰，進爲追兵所殺。成遁去，以餘衆降僞齊。

六月己巳，初鬻承直、修武郎以下官，承直二萬五千緡，修武四萬五千緡。

乙亥，張琪犯宣州。

言者論戰守事

戊寅，言者論：「朝廷暫駐江左，蓋非得已，當爲攘却恢復之圖。頃歲駐蹕揚州，有兵數十萬，可以一戰。金人奄至，卒以奔走，踰江而東〔三二〕，此宰相黄潛善、汪伯彦之過也。前年移蹕建康，是時兵練將勇。食足財豐，據江上不測之險，當敵人疑懼之秋，可以守矣。金人未至，先已奔走，遵海而南，此吕頤浩之過也。今歲戰守之策，安所從出？萬一事起倉卒，大臣復欲棄土地，遺人民，委府庫，脱身奔走，此豈安國家、定社稷之謀乎？臣愚以謂：有江海，則必資舟楫戰守之具；有險阻，則必資郡縣防守之力。有兵將，則必駕馭馴擾，不可爲將帥自衛之資。有財賦，則必轉運搬輸，不可爲盜賊侵據之用。伏望委任大臣，早賜措畫。」詔三省、樞密院措置。

婁寅亮言宗社大計

辛巳，召越州上虞縣丞婁寅亮赴行在，以其言宗社大計也。寅亮之書曰：「先正有言：太祖舍其子而立弟，此天下之大公也。周王薨，章聖取宗室子育之宫中，此天下之大慮也。仁宗皇帝感悟其説，詔英祖入繼大統。恭惟陛下克己憂勤，備嘗艱難，春秋鼎盛，自當則百斯男。屬者椒寢未繁，前星不耀，孤立無助，識者寒心。欲望陛下於『伯』字行下，遴選太祖諸孫有賢德者，視秩親王，使牧九州，以待皇嗣之生，退處藩服。更加廣選宣祖、太宗之裔材武可稱之人，升爲南班，以備環列，庶幾上慰在天之靈，下係人心之望。」疏入，上讀之，大以歎寤。簽書樞密院事富直柔從而薦之，遂有是命。

壬午，張琪犯徽州。

甲申，邵青復叛，引兵移江陰。

戊子，上謂輔臣曰：「昨令廣選藝祖之後宗子二三歲者，得四五人，資相皆非岐嶷。且令歸家，俟其至泉南選之。」右僕射范宗尹曰：「此陛下萬世之慮。」上曰：「藝祖以聖武定天下，而子孫不得享之，遭時多艱，零落可閔。朕若不取法仁祖，爲天下計，何以慰在天之靈？」同知樞密院事李回曰：「自昔人君，惟堯、舜能以天下與賢，其次惟藝祖不以大位私其子，聖明獨斷，發於至誠。陛下爲天下遠慮，上合藝祖，實可昭格天命。」參知政事張守曰：「堯、舜授受，皆以其子不肖。藝祖諸子，不聞失德，而以傳序太宗，此過堯、舜遠甚。」上曰：「此事亦不難行，秖是道理所在。朕止令於『伯』字行中選擇，庶昭穆順序。」簽書樞密院事富直柔曰：「陛下聖斷，度越千古，第恐令廣不足以奉承。」上曰：「且令廣求，須自選擇。」參知政事秦檜曰：「須擇宗室閨門有禮法者。」上曰：「當如此。」直柔曰：「宮中有可付託否？」上曰：「朕已得之矣。若不先擇宮嬪，則可慮之事更多。」宗尹曰：「陛下睿明審慮如此，宗廟

張琪犯徽州

邵青復叛

選立藝祖後

諭光世汰兵

無疆之福。」

辛卯，輔臣進呈言者論劉光世軍中冗費。上曰：「光世一軍，蒐汰冗雜，約留兵幾何，可以贍足？」范宗尹曰：「今月給錢十六萬緡、米三萬斛，若留精兵三萬人，且汰其使臣之罷軟者，可以足用。」上曰：「俟作手書與之，如家人禮，直示朕意，庶幾光世不疑，委曲聽命。」翌日，遣睿思殿祇候羅亶賜光世手書諭指〔三〕，仍以玉帶賜之。

增入名儒講義皇宋中興聖政卷之九

校勘記

〔一〕金兵掠天水縣知縣事趙壁等不屈　「掠」原作「攻」，「壁」原作「璧」，據宋刊本及宋史全文卷一八改。

〔二〕當惟其賢　「惟」，繫年要録卷四一作「推」。

〔三〕請還隸湖北　「湖」原作「河」，據宋刊本、明抄本及繫年要録卷四一改。

〔四〕又分荆湖諸司之在江南者爲荆湖東西路　後一「荆」字原脱，據宋史卷二六高宗本紀三及繫年要録卷四一補。

〔五〕金兵寇揚州　「寇」原作「攻」，據宋刊本、明抄本及宋史全文卷一八改。

〔六〕不歷縣令　「令」原脱，據上文及繫年要録卷四一補。

〔七〕陛下深得馭將之術　「術」原作「道」，據宋刊本、明抄本及繫年要録卷四二改。

〔八〕壬午　原作「壬子」，案本月戊辰朔，無壬子日，據繫年要録卷四二改。

〔九〕本司都統制曲端自聞吴玠馬軍倒那　「倒那」，繫年要録卷四二作「到郡」。

〔一〇〕何憂乎遏虜哉　「虜」原作「敵」，據宋刊本、明抄本及宋史全文卷一八改。

〔一一〕自古以兵權屬人　「人」原脱，據宋刊本、明抄本及繫年要録卷四二補。

〔一二〕賊謂俊爲怯戰　「賊」原作「敵」，據宋刊本、明抄本及宋史全文卷一八改。

〔一三〕出賊不意　「賊」原作「其」，據宋刊本、明抄本及宋史全文卷一八改。

〔一四〕俊遂復筠州臨江軍　「軍」原脱，據明抄本、宋史全文卷一八補。

〔一五〕榮亦出數十舟載兵迎敵　「亦出數十舟」原脱，據宋史全文卷一八補。

〔一六〕如民間之直　「如」原作「知」，據宋刊本、明抄本及宋史全文卷一八改。

〔一七〕偶值戎寇　「戎寇」原作「多難」，據宋刊本、明抄本及宋史全文卷一八改。

〔一八〕時虜騎已破福津　「虜」原作「敵」，據宋刊本、明抄本及宋史全文卷一八改。

〔一九〕於是通鈔旁定帖及賣糟等錢凡七色　「及」原作「文」，據宋史全文卷一八及繫年要録卷四三改。

〔二〇〕辛巳　案此條原置於壬午條後，依干支順序，辛巳條應在壬午條前，據繫年要録卷四三乙正。

〔二一〕虜人素懾　「虜」原作「敵」；「懾」原作「攝」，據宋刊本、明抄本及宋史全文卷一八改。

〔二二〕而右諫議大夫黎確奏弼孺淫汙狡妄　「黎」原脱；「妄」原脱，據明抄本、宋史全文卷一八及繫年要録卷四四補。

〔二三〕然但欲委之勸耕　「委」原「使」，據宋刊本、明抄本及繫年要録卷四四改。

〔二四〕時金主晟之從姪没立與烏魯折合以數萬騎分兩道入寇　「寇」原作「攻」，據宋刊本、明抄本及宋史全文卷一八改。

〔二五〕虜棄馬　「虜」原作「敵」，據宋刊本、明抄本及宋史全文卷一八改。下同。

〔二六〕二寇卒不得合　「寇」原作「將」，據宋刊本、明抄本及宋史全文卷一八改。

〔二七〕李回請上親劄　「劄」原作「扎」，據宋史全文卷一八及繫年要録卷四四改。

〔二八〕富直柔又乞遣中使撫問　「直」原作「且」，據宋史全文卷一八及繫年要録卷四四改。下同。

〔二九〕出糶三千斛以上　「出」原作「能」，據明抄本、宋史全文卷一八及繫年要録卷四四改。

〔三〇〕須可行於今 「今」原作「令」，據宋史全文卷一八及繫年要録卷四四改。

〔三一〕癸亥 繫年要録卷四四繫於五月末，當是。

〔三二〕踰江而東 「東」原作「北」，據宋刊本、明抄本及繫年要録卷四四改。

〔三三〕遣睿思殿祇候羅亶賜光世手書諭指 「祇」原作「秖」，據宋刊本、明抄本及繫年要録卷四五改。

增入名儒講義皇宋中興聖政卷之十

高宗皇帝十

紹興元年秋七月乙未朔，劉光世以枯秸生穗爲瑞，奏之。上曰：「歲豐人不乏食，朝得賢輔佐，軍中有十萬鐵騎，乃可爲瑞，此外不足信。朕在潛邸時，梁間有芝草，府官皆欲上聞，朕手自碎之，不欲主此奇怪事。」輔臣嘆服。

却枯秸之瑞

臣留正等曰：天人之際，相與至密，國家將有失道之敗，則有災異以爲之譴告。然則政教之修明，中和之浹洽，亦豈無符瑞以示其嘉祥乎？然而古人於災異則深警懼之，於符瑞則重黜絶之，何哉？知其有災異則戒，信其爲符瑞則怠，人之常情也。去其怠而謹其戒，則所益不知其幾何，不然，則徒以自慢而已，奚益哉？此春秋所以記異不記瑞，而柳宗元正符所以謂不于其天，于其人也。太上皇帝屢闢祥瑞之說，至此乃以朝廷有賢輔、鐵騎爲言，豈非所以示其重黜絶之意歟！

龜鑑曰：其於奉天也，深思政事，以盡畏天之誠，靜坐内省，以求答天之意。彗出井度，則深以天下爲憂；癸未風雷，則深以夷狄爲慮〔一〕。久雨，則詔求言，大雪，則詔決獄。枯秸之生可稱也，吾瑞鐵騎，而不瑞枯秸；麟鳳之獻可喜也，吾寶賢能，而不寶麟鳳。獻芝草則斥，獻甘露則貶，於是而無喜祥瑞、惡變異之失矣。

四川監司始敕除

庚子，新知澧州吴章爲潼川府路轉運副使。自置宣撫司後，四川監司以敕除者，始此。

封安定郡王

辛丑，皇伯令話爲寧州觀察使〔二〕，封安定郡王。先是，燕、秦二王後爭襲封，久不決。禮部員外郎王居正言：「燕王太祖長子，其後當襲封。」議遂定。令話，德昭元孫也〔三〕。

壬寅，申命有司討論濫賞。

復天文局學生

復置翰林天文局、太史局學生。太史局五十人〔四〕，天文局十人。

秘書長貳修日曆

甲辰，詔秘書省長貳通修日曆。

劉豫得罪于虜

丙午，金左將軍昌自宿遷北歸。昌過東平，僞齊劉豫不出迎。使人言於昌曰：「豫今爲帝矣，若相見，無拜之禮。」昌怒責之，却其獻。豫遣僞相張孝純隨而和之，昌卒不解。

贈謚劉摯

辛酉，故追復觀文殿學士劉摯，贈少師，後謚忠肅。

呂頤浩敗張琪

呂頤浩督諸將與張琪戰于饒州城外，大敗之，琪走浮梁縣，復還徽州。

以討論事罷相　擠范宗尹　罷討論濫賞

癸亥，尚書右僕射、同中書門下平章事兼知樞密院事范宗尹提舉臨安府洞霄宮。初，宗尹既建討論濫賞之議，士大夫僥倖者争排之。上批：「朕不欲歸過君父，斂怨士夫，可日下寢罷。」宗尹堅以爲可行，即日求去。上曰：「天下事不必堅執，至如人主有過，尚許言者極論，若遽沮遏，秖須人不進言，如此則於誰有損？」始，宗尹之建議也，檜力贊之。至是見上意堅，反以此擠宗尹。遂召翰林學士汪藻草宗尹免制曰：「日者，輕用人言，妄裁官簿。以廟堂之尊，而負天下之謗；以人主之孝，而暴君親之非。朕方丁寧德意而申命於于朝，汝方廢格詔書而持必于下。」於是崇、觀以來濫賞，悉免討論，但命吏部審量而已。

頒紹興敕令

八月戊辰〔五〕，參知政事張守等上對修嘉祐政和敕令格式一百二十二卷，看詳六百四卷。詔以紹興重修敕令格式爲名，自來年頒行。

己巳，責授寧遠軍節度副使汪伯彥提舉臨安府洞霄宮，後四日，以爲江東安撫大使，兼知池州。

論王安石學術

庚午，直龍圖閣沈與求試侍御史。上嘗從容言王安石之罪在行新法。與求對曰：「誠如聖訓。然人臣立朝，未論行事之是非，先觀心術之邪正，揚雄名世大儒，乃爲劇秦美新之文；馮道左右賣國，得罪萬世。而安石於漢則取雄，於五代則取道，是其心術已不正矣。施之學術，悉爲曲說，以惑亂天下，士俗委靡，節義凋喪，馴致靖康之禍，皆由此也。」

不録胡唐老功

壬申，吏部員外郎胡世將奏其兄唐老靖康中嘗建議除上爲大元帥，且爲之請謚。上曰：「當時之事，亦偶然耳，何功之云？」張守等退而歎曰：「大哉王言！」

初命引試刑法官

癸酉，初命大禮後引試刑法官，自渡江久廢，至是舉行。

申命追贈黨籍

乙亥，上諭輔臣曰：「黨籍至今未畢，卿等宜爲朕留意。程頤、任伯雨、龔夬、張舜民，此四人名德昭著，宜即褒贈。」乃贈夬直龍圖閣。

戊寅，參知政事張守提舉臨安府洞霄宮。侍御史沈與求言守舉汪伯彥不當。守引疾乞祠，而有是命。

同知樞密院事李回參知政事，簽書樞密院事富直柔同知樞密院事。

贈蘇軾殿學

庚辰，故追復端明殿學士蘇軾，特贈資政殿學士。

初相秦檜

丁亥，參知政事秦檜守尚書右僕射、同中書門下平章事兼知樞密院事。

二策可聳動天下

范宗尹既免，相位久虛，檜昌言曰：「我有二策，可以聳動天下。」或問，何以不言？檜曰：「今無相，不可行也。」語聞，故有是命。

贈程頤制詞

戊子，贈張舜民寶文閣直學士，程頤、任伯雨並直龍圖閣。制曰：「朕惟周衰，聖人之道不得其傳，世之學者，違道以趨利，捨己以爲人，其欲聞仁義道德之説者，孰從而聽之？間有老師大儒，不事章句，不習訓傳，自得於正心誠意之妙，則曲學阿世者，又從而排陷之，卒使流離顛仆，其賊禍於斯文甚矣。爾頤潛心大業，無待而興者也。方退居洛陽，子弟從之，孝弟忠信。及進侍帷幄，拂心逆旨，務引君以當道，由其内以察其外，以所已爲而逆所未爲，則高明自得之學，可行不疑。朕錫以贊書，寵以延閣，尚其明靈，克享此哉！」

諸將以文資蔭子

神武左軍都統制韓世忠請以明堂恩澤，爲子忠翊郎、閤門祗候亮易文資，許之。諸將以文資禄子孫，蓋自此始。於是浙西安撫大使劉光世已任孫正平爲班行，既而亦請復授，遂以爲例。

庚寅，提舉臨安府洞霄宫李綱復資政殿大學士。

辛卯，右司諫韓璜論新除江東安撫大使汪伯彦爲相誤國，不當用。不報。疏再上，上曰：「治天下，蔽以一言，曰公而已，朕亦安得而私。」乃詔伯彦提舉臨安府洞霄宫，職如舊。秦檜之少也，嘗從伯彦游學，至是，伯彦雖罷帥，而因得職名，蓋檜力也。

九月甲午朔，中書言：「池、江二州，地勢僻隘，失祖宗分道置帥之意。」詔江東、西路帥臣復還建康府、洪州舊治。

乙未，寧州觀察使韋淵求差遣，上曰：「淵以宣和皇后季弟，義當敦睦。然其人素不循理，難以出入禁闥，故斥遠之。朕不敢以公爵示私恩，密院可與一遠闕。恐居官有過，難以行法。」已而，淵爲福建路副總管。

戊戌，刑部奏軍士黄德等劫殺案目，其從二人倬于岸次，刑寺欲原死，上曰：「强盗不分首從，此何用貸？朕居常不敢食生物，蓋懼多殺也。盗於此時，須當殺以止殺。」

己亥，詔文臣寄禄官依元祐法分「左」、「右」字，贓罪人更不帶，以示區

李綱復職名

韓璜論汪伯彦

治天下惟一公

起汪伯彦復罷

報汪伯彦私恩

江東西帥復舊治

不私韋淵差遣

强盗不分首從

贓官不帶左右

別。用樞密院編修官楊願請也。其後選人亦如之。

是夜，雷。

定賢良科式

甲辰，禮部言：「自今應賢良方正科，乞並用從官三人薦舉，不如所舉者，坐之。」故事，閣試六題，以五通爲合格。及是，侍郎李正民、員外郎王居正言：「今復科之初，使士大夫徒能記誦義疏，亦無補於用。權罷義疏出題外，餘如舊制。」詔兼於義疏出題，仍以四通爲合格。

命六察糾百司

乙巳，詔百司稽違，許御史臺六察官彈奏，以侍御史沈與求援元豐故事有請也。

命諸路造甲

丁未，尚書省請下江、浙、福建諸州，造甲五千副。兩浙之衢、婺、明、湖州、平江府；江西之虔、吉、洪、撫州，各共千五百；福建千二百；饒、信州八百。逐州令通判一員董其事，所費以上供折帛錢支。從之。

惡席益赦文夸大

辛亥，合祭天地于明堂，太祖、太宗並配，赦天下。時中書舍人兼直學士院席益草赦文，有曰：「上蒼懷悔禍之心，群策竭定傾之力。六師奏凱，九扈成功。爰舉宗儀，聿修大報。」上以夸大，不悅。

呂頤浩復相

癸丑，開府儀同三司呂頤浩拜少保、尚書左僕射、同中書門下平章事兼知樞密院事。

甲寅，初，上以席益草赦文夸大，惡之。會益草呂頤浩復相制有曰：「朕中興聖緒，兼創業守文之難。」上尤不喜，乃出益知温州。

臣留正等曰：詞翰之職，所以代王言。詞翰雖成於人臣之手，而其所以爲言者，若出於人君之口，則爲得體。若其夸大而稱美，則是人君自大而自美也，豈理也哉？然而人之常情，莫不好大而悦美，故人臣之爲是言者，亦或不以爲非。今太上皇帝以赦文夸大，爲悖咈朕心，而以麻制兼創業守文之言，皆以爲太過。黜當時詞翰之臣，以見其心之所不然者，其爲謙抑也至矣！豈常情之所可度哉？

范宗尹落職 沈與求攻范宗尹

戊午，提舉臨安府洞霄宫范宗尹落職，侍御史沈與求言宗尹十九罪，故有是命。

減賣官誥錢

己未，尚書省言：「近給賣新告，價直高大〔六〕，變轉不行，乞減修武郎爲三萬緡，承直郎爲萬五千緡。」從之。

措置河南諸鎮屯田

庚申〔七〕，初措置河南諸鎮屯田。侍御史沈與求亦言：「今欲因沿江荒閑之田，募人屯耕，用爲籬落，兼資儲餉，此誠計之得者。」乃陳屯田利害，爲古今集議上下二卷，上之〔八〕。詔付户部，後亦未克行。

敘用京黼門人

冬十月乙丑，詔：「自今應京、黼門人，實有才能者，公舉而器使之，庶幾人人自竭，以濟艱難之運。」時吕頤浩爲政，喜用材吏，以其多出京、黼之門，恐爲言者所指，乃白上下此詔焉。

李回以頤浩丐免

參知政事李回不爲吕頤浩所喜，力丐免，罷爲江西安撫大使，兼知洪州。

貶江州

沈與求攻朱勝非

丙寅，江西安撫大使兼知洪州朱勝非分司南京、江州居住。侍御史沈與求論勝非避事辭難，故貶。

再招安邵青

己巳，浙西統制官王德以黄榜招安邵青，既而降之。

庚午，户部尚書孟庾參知政事。

置行在宗正司

宗司寓廣潮泉郡

壬申，詔行在置宗正一司，將内外宗司分寓廣、潮、泉三郡。上以行在宗子無統屬之人，故有是命。

廖剛言帝王之學

甲戌，尚書吏部員外郎廖剛守起居舍人。剛言：「陛下游意翰墨，博覽群書，亦可謂之好學。然帝王之學與文士異。」因援孟子所言天下之本在身與大學之道，治國、平天下，其端在正心、誠意。願去末學之無益，坐進此道，則可以福群生矣。

和尚原再捷

乙亥，陝西諸路都統制、秦鳳路經略使吴玠及金人戰于和尚原，大敗之。初，宗弼會諸道兵及女真兵，合數萬人，謀入寇〔九〕，宣撫處置使張浚命玠先據鳳翔之和尚原以待之。宗弼造浮梁於寶雞縣，渡渭攻原，玠及其弟璘率統制官雷仲等，選勁弓强弩與戰，分番迭射，號「駐隊矢」，接發不絶，且繁密如雨。虜稍却〔一〇〕，則以奇兵邀擊，斷其糧道凡三日，是夜，大破之，俘馘首領及甲兵以萬計。宗弼中流矢二，僅以身免，得其麾蓋。自虜入中原，其敗衄未嘗如此也。於是浚承制以玠爲鎮西軍節度使，璘康州團練使、涇原路馬步軍副總管。宗弼既爲玠所敗，始自河東還燕山。左副元帥宗維更以陝西副統制撒離曷爲陝西經略使，將兵屯鳳翔府，與玠相持。

印見錢關子

壬午，尚書省言：「近分撥神武右軍往婺州屯駐，合用錢理須椿辦。緣行在至婺州不通水路，難以津搬。契勘便錢之法，自祖宗以來行於諸路，公私爲便。比年有司奉行，不務經久，致失信於民。今來軍興，調度與尋常事體不同，理當别行措置。」詔户部印押見錢關子，降付婺州，召人入中，執關子於赴杭、越榷貨務請錢，每千搭十錢爲優潤。有僞造者，依川錢引抵罪。

東南會子之始

東南會子法，蓋張本於此。

范汝爲據建州

范汝爲入建州，遂據其城。

興元諸處義士

甲申，初，興元府利夔路制置使王庶籍興元府、興、洋州諸邑及三泉縣强壯，號曰「義士」。知縣爲軍正，尉爲軍副，日閲武於縣，月閲武於州，不半年，有兵數萬。其後合、興、洋、三泉四郡義士至七萬人，至今不廢。

三衙不用戚里

乙酉，同知樞密院事富直柔言：「祖宗時，三衙用邊功、戚里、班行各一人，蓋有指意。」上曰：「參用戚里，固祖宗法，然窒礙處多，恐不可用。」

越州火

丙戌〔一二〕，行在越州火，燔民居甚衆。

録張九齡孫

己丑，録唐宰相張九齡十二世孫昭爲泉州文學〔一三〕。

録程頤後

壬辰，録程頤孫易爲分寧令，後五日，又官其家一人。

薦胡安國

十一月乙未，提舉臨安府洞霄宮胡安國試中書舍人兼侍講，秦檜薦之也。

復提舉買馬

丁酉，承事郎王趯充廣西經略司幹辦公事，專切提舉左、右江峒丁及收買戰馬。自五路既陷，馬極難得。議者謂嶺外於西南夷接境，有馬可市。時已罷買馬司，以帥屬領其事。工部侍郎韓肖胄言：「戰以騎兵爲勝，今川、陜馬綱不通，而廣右鄰諸番，宜即邕州置官收市，專責成功。」故復置官提舉。

詔移蹕臨安

戊戌，詔以會稽漕運不繼，移蹕臨安。先是，尚書左僕射呂頤浩言：「今國步多艱，中原隔絕，江、淮之地，尚有巨賊〔一三〕。駐蹕之地，最爲急務。要當使號令易通於川、陜，將兵順流而可下，漕運不至於艱阻。」至是，遂定移蹕之議。

參知政事孟庾爲福建江西荆湖宣撫使，神武左軍都統制韓世忠副之。

婁寅亮除察官

己亥，宣教郎婁寅亮守監察御史，以其言宗社大計也。

續太常因革禮

辛丑，太常少卿趙子畫請續編紹興太常因革禮，明年乃成，凡八十六篇，爲二十七卷。

復祀高禖

子畫又言：「每歲春分日，祀高禖，自巡幸不行。至於祓無子、祝多男，以繫四方萬里之心，蓋不可闕。望自來歲舉行。」從之。

陳剛中乞罷冗食

乙巳，迪功郎陳剛中上書論：「今民力凋瘵，國用匱乏，而冗食之官衆，不急之務繁。行在之局務可省併者，三分居一，而州縣冗食尤可怪駭，以月計之，不知所費緡錢幾百萬？民之脂膏，日以乾涸，邦之財賦，日以蠹耗，奈之何民不窮且盜也？願罷冗食，去虛文，以足邦用。」上召對，改合入官，所陳令三省措置。

論浙西科斂之害

言者論浙西科斂之害，以爲：「均買度牒、勸諭官告，下户貧民皆以困乏，不支糴錢，强令輸粟，號曰『均糴』。又別立一名，曰『借糴』。復計頃畝，以月科敷。上下相蒙，名曰『健吏』。若今盜賊，幾半天下，豈天下之人皆跖之徒哉？願詔重科敷之罪，嚴貪墨之法，庶幾人心未叛，天命未改。」詔本路漕司究實。

犯贓許越訴

知瓊州虞沇言：「近歲州縣之吏多賄敗者，望自今命官犯入已贓，許人越訴。其監司不即按治者，重行黜責。」從之。

戮張琪

磔張琪于越州市。

陳規奏本鎮營田

丁未，德安府復州漢陽軍鎮撫使陳規奏本鎮營屯田畫一事件。自中原失守，諸重鎮多失，惟規與群盜屢戰，群盜稍息。規以境內多官田、荒田，乃倣古屯田之制，命射士、民兵分地耕墾，其説以兵民不可並耕，故使各處一方。軍士所屯之田，皆相其險隘，立爲保塞。寇至則保聚捍禦〔一四〕，無事則乘時田作。其射士皆分半以耕屯田，少增錢糧，官給牛種，收其租利，有急則權罷之，使從軍。凡民户所營之田，水田畝賦粳米一斗，陸田賦麥豆各五升，滿二年無欠輸，給爲永業。流民自歸者，以田還之。凡屯田事，營田司兼行；營田事府縣官兼行，皆不更置官吏。條畫既具，乃聞于朝。詔嘉獎。明年，下其法於諸鎮，使行之。

庚戌，同知樞密院事富直柔守本官提舉臨安府洞霄宮。

宣示陳襄薦章

詔舉所知

壬子，手詔曰：「朕仰瞻坐思，雪神人之大恥，不有濟濟多士，置我周行，則不能也。且己雖賢，不若薦賢之爲愈。近得陳襄薦章草，起司馬光而下三十三人。審如所薦，斯爲盛矣。合宣示百辟卿士，各舉爾所知，應内外侍從須三人以上，在外令三省鏤板行下諸監司、郡國，郡國備録申牒諸寄居，到限五日，具名同罪保舉，繳連以聞。舉得其人，當受上賞。毋以先得罪于朝廷及蔡京、王黼門人爲嫌。」

臣留正等曰：臣誦周詩而知安天下之本，觀孔子之言而得廣求人才之要。文王之詩曰：「濟濟多士，文王以寧。」武王之詩曰：「無競維人，四方其訓之。」成王之詩曰：「得賢則能，爲邦家立太平之基。」故成周治效，致兵寢刑措，而國祚過八百年之永者，本於此三詩而已。孔子曰：「舉爾所知，爾所不知，人其舍諸。」自昔論求才者多矣，語簡而曲盡其要，無過此一言者。今太上皇帝詔曰：「方仰瞻雪耻，不有多士，寘之周行，則不能也。」此蓋深得文、武、成王爲治之本。詔又曰：「已雖賢，不若薦賢之爲愈。」因舉陳襄薦司馬光等三十三人疏草，宣示群臣，使之各舉所知。則與孔子之言，若合符節。於是聚精會神，相與協成三十六年中興之治，蓋本於此詔而已。嗚呼，大哉！

惡周杞濫刑

甲寅，上曰：「周杞任情喜怒，不免濫刑，以故言者紛然。凡當官者，小過失未有害，唯濫刑爲當懲。聞杞守常州，數濫殺人，豈得不治？朕日聽斷，若任情殺人，豈不可邪？顧恐非理爾。」輔臣將順聖德，退而記之，以垂訓萬世。

臣留正等曰：兵刑，一道也。古者大刑用甲兵，中刑用刀鋸，薄刑用鞭朴，凡以禁暴而弭亂也。唐虞之治，不能無蠻夷姦宄之憂[一五]，命咎繇作士，刑期無刑而已矣。太上皇帝推不嗜殺人之心於其大者，既敬且戒，則其小者不論可知也。刑一無罪，殺一不辜，豈不傷好生之德乎？此酷吏所以不免也。

寬失火罪

乙卯，紹興府奏百姓路榮失火罪狀，上曰：「此災不細，恐是天戒，不專爲榮罪，止杖遣足矣。」

冬至祀天

丁巳，日南至，命提舉萬壽觀兼侍讀王綯祀昊天上帝于告成觀，初復舊禮也。

復秦州

辛酉，僞齊秦鳳經略使郭振掠白石鎮，宣撫司選鋒將王彦等併兵禦之，賊兵大敗，振爲官軍所獲，遂復秦州。

乞修六曹法令

壬戌，監察御史劉一止言：「伏見尚書六曹，下逮百司，凡所用法令，類以人吏省記，便爲予奪，欺弊何所不有？伏望改差詳定一司敕令所，立限刊定，鏤板頒降，庶幾杜絶奸吏弄法受賕之弊。」詔如其請。既而廣東轉運司以元祐吏部法來上，乃命參以七司所省記元豐至紹興條例，參酌修立，再踰年而後成云。

擢黄叔敖

十二月甲子朔〔一六〕，詔直徽猷閣黄叔敖文學、吏事皆有可觀，恬退之節，士夫推重，可除給事中，令所在以禮敦遣赴行在。

公族始爲從官

乙丑，太常少卿趙子晝權尚書禮部侍郎。本朝以公族爲從官，自子晝始。

復置承旨

丙寅，詔依祖宗故事，復置樞密都承旨，以兩制爲之。

請復湖田

丁卯，吏部侍郎李光請復東南諸郡湖田〔一七〕，詔户、工部取會聞奏。初，明、越州鑑湖、白馬、竹溪、廣德等十三湖，自唐長慶中創立，湖水高於田，田又高於海，旱澇則遞相輸放，其利甚博。自宣、政間，樓异守明，王仲嶷守越，皆内交權臣，專事應奉，於是悉廢二郡陂湖以爲田，其租米悉屬御前。民失水利而官失省税，不可勝計。光奏請復之。既而，上虞縣令趙不摇以爲便，遂廢餘姚、上虞二縣湖田，而他未及也。

紹興府又火

辛未夜，行在紹興府火。

論科配之害

壬申，言者論：「今日爲百姓甚害，無如科配一事。常賦之外，一歲之間，至五七次。望今後除依法催科，以備軍期外，自餘非泛科抑，一切停罷。」詔户部勘當。户部侍郎柳約言：「遇災傷及經兵破，難以不放逋欠外，若實因軍期須索，亦有許收量添酒錢應副。或因軍期所需，多科其數，別作支用，昨降旨以自盜贓論。望依累降指揮施行。」從之。

申嚴科斂之禁

時議者又言：「朝廷之上，喜徇祖宗愛民之良法，而諱言今日科斂之大害。如早稻未熟而借冬苗，春蠶未畢而催和買，富民鬻田舍，下户質子女。籲天不聞，誠宜嗟閔。伏望明詔大臣，繼自今勿以科斂爲諱，而特加條畫，申飭監司，俾不得加數掊剋，因事侵漁。」詔申嚴行下。

坐舉官礙格罪

乙亥，初，詔內外侍從官舉縣令，中書記名，以次除授。而言者以爲所舉多親舊，或罪累礙於銓選之人，乃命吏部參考。其負罪礙格之人並罷，仍坐所舉官。

詔蠲積欠

丁丑，手詔略曰：「比緣國難，盜起未息者，蓋姦贓之吏，無恤民意，及煩王師而軍須不免，又取於民，因循輾轉，日甚一日，欲民不爲盜，不可得也。可將建炎三年以前積欠，除形勢户及公人外，一切蠲除。如州縣不奉詔，及監司迫脅州縣，巧作催科者，並除名，令御史臺糾察。多出黄榜曉諭。」又詔：「三省備坐祖宗朝真決贓吏舊制，鏤板行下。自今有犯，依法行遣，仍籍没家財。」上以軍興民困，吏緣爲姦，故盜賊蜂起。乃下此詔焉。

除都統制

以岳飛爲神武副軍都統制，仍以所部屯洪州。時飛遣其甥婿高澤民至紹興，乃詐爲飛狀，乞都統制或總管職事。飛皇恐自辯。詔諭以出自上意，仍鑄印賜之。

曹成據道州

曹成據道州。

彗出會稽

以彗出求言

戊寅，以彗出會稽，許臣民實封言事。

添職事官職錢

詔行在職事官人添職錢十千。

復廣東茶鹽司

復廣東提舉

辛巳，復置廣東茶鹽司。舊淮南鹽息，歲收八百萬緡〔一八〕，自軍興，淮南道梗，許通廣鹽於江、湖諸路，而二年半入納才七十萬緡。至是，江、湖鹽價每斤爲七八百錢，議者以爲利厚而冒販者多，故復置官提舉。

復增諸路酒錢

户部侍郎柳約復請增諸路酒錢，上等每石二千，下等一千，其半令提刑司樁管，餘備軍費。從之。

使言路攻婁寅亮

初，監察御史婁寅亮既陳宗社大計，尚書右僕射秦檜以寅亮富直柔所薦，惡之，使言者論寅亮宣和中父死于賊〔一九〕，匿不舉喪〔二〇〕。壬午，詔大理寺刻治。

諫官置局

甲申，右司諫方孟卿言：「祖宗故事，諫官置局於後省，號爲『兩省官』。蓋兩省，朝廷政令所自出，祖宗以諫官居之，不無深意。今行在諫院許於皇城内建置，未有定處。望令依舊隨省置局。」詔諫院許於行在所都堂相近置局。

不殺贓吏

丁亥，言者請贓吏當死者勿貸，上曰：「朕本心欲專尚德化，顧贓吏害民，有不得已者，然亦豈忍遽置縉紳於死地？如前詔，杖遣足矣。」

罷潘永思

閤門宣贊舍人潘永思追一官〔二一〕，坐爲人市恩澤也。先是，大理推治，事連永思，上曰：「永思雖戚里，既有過，安可廢法？」乃命罷職就逮。

戊子，宣撫處置使張浚奏和尚原劉殺金賊〔三〕。是日，吕頤浩等進呈浚奏劄，言爲水運以給西軍。上曰：「朕料浚必能立功。」秦檜因奏：「去年論浚者紛紛，賴陛下保全，得以安跡。萬一有功，實賴陛下知人善任，使不惑浮言之效。」上因備論：「天下事有利必有害，但害少而利多，皆所可爲。若聽浮言，則事將俱廢。」頤浩、檜出，至省府，未食，捷奏至，上大喜。

復銓試法

壬辰，詔自今春試選人及京官初出官人銓試如故事。後不果試。明年秋，乃克行之。

賜陳東家錢

賜陳東家錢五十萬。

冬寒賑恤

詔以冬寒，命有司賑給行在紹興府居民不能自存者。其後移臨安，亦如此例。

和糴助軍儲

初命户部降本下江、浙、湖南和糴米，以助軍儲。

交趾李乾德薨

南平王李乾德薨，子陽焕立。

增入名儒講義皇宋中興聖政卷之十

校勘記

〔一〕則深以夷狄爲慮　「夷狄」原作「邊方」，據宋刊本、明抄本及宋史全文卷一八改。

〔二〕皇伯令話爲寧州觀察使　「察」原作「密」，據宋刊本、明抄本及宋史全文卷一八改。

〔三〕德昭元孫也　「元」當作「玄」，蓋避始祖趙玄朗之諱。

〔四〕太史局五十人　「太史局」原脱，據繫年要録卷四六補。

〔五〕八月戊辰　「八月」原脱，案下文所記之事屬於八月，據繫年要録卷四六及宋史卷二六高宗本紀三補。

〔六〕價直高大　「高大」原作「太高」，據宋刊本、明抄本及繫年要録卷四七改。

〔七〕庚申　宋史卷二六高宗本紀三繫於「己未」。

〔八〕爲古今集議上下二卷上之　「二」原作「三」，繫年要録卷四七改。「上之」原脱，據繫年要録卷四七及宋史全文卷一八補。

〔九〕謀入寇　「寇」原作「伐」，據宋刊本、明抄本及宋史全文卷一八改。

〔一〇〕虜稍却　「虜」原作「敵」，據宋刊本、明抄本及宋史全文卷一八改。下同。

〔一一〕丙戌　「丙戌」原作「戊戌」，案本月甲子朔，無戊戌日，據繫年要録卷四八改。

〔一二〕録唐宰相張九齡十二世孫昭爲泉州文學　「文」原闕，據繫年要録卷四八及宋史全文卷一八補。

〔一三〕尚有巨賊　「巨賊」原作「甲兵」，據宋刊本、明抄本及宋史全文卷一八改。

〔一四〕寇至則保聚捍禦　「寇」原脱，據明抄本、繫年要録卷四九及宋史全文卷一八補。

〔一五〕不能無蠻夷姦宄之憂　「夷」原作「裔」，據宋刊本、明抄本及宋史全文卷一八改。

〔一六〕十二月甲子朔　「朔」原作「翔」，據宋刊本、明抄本及宋史全文卷一八改。

〔一七〕吏部侍郎李光請復東南諸郡湖田　「田」原作「甸」，據宋刊本、明抄本及繫年要録卷五〇改。

〔一八〕歲收八百萬緡　「八」原作「六」，據宋刊本、明抄本及繫年要録卷五〇改。

〔一九〕使言者論寅亮宣和中父死于賊　「賊」原作「敵」，據宋刊本、明抄本及宋史全文卷一八改。

〔二〇〕匿不舉喪　「舉」原作「發」，據宋刊本、明抄本及繫年要録卷五〇改。

〔二一〕閤門宣贊舍人潘永思追一官　「贊舍人」原脱，據明抄本、繫年要録卷五〇及宋史全文卷一八補。

〔二二〕宣撫處置使張浚奏和尚原剿殺金賊　「賊」原作「兵」，據宋刊本、明抄本及宋史全文卷一八改。

增入名儒講義皇宋中興聖政卷之十一

高宗皇帝十一

紹興二年春正月癸巳朔，上在紹興。是日，從官以下先發，以將還浙西也。

詔置賢良科

甲午，詔自今科場復置賢良方正、能直言極諫科。

乙未，詔諸路死囚應讞者，道路已通處，依舊法奏按；未通處，許酌情減降如舊。

給俸養廉

上語及禁戢贓吏，呂頤浩曰：「贓吏侵漁，不可不禁。然州縣官依條格合得請給，宜按月支與〔一〕，使之食足，然後可以養廉隅。」上曰：「然。」輔臣因進呈諸路公使庫支給外縣官供給條格，詔申明行下。

臣留正等曰：富而後教，聖人之心也。衣食足，知榮辱，衆人之情也。今使仰事俯育且不給，而欲以刑法毆之，於禮義教化之不克成，宜哉！太上皇帝將大治贓吏，則先足其供給，誠得事理之序。比年以來，州郡經費不支屬吏之奉，有至數月不給者。天下賢人少而庸人多，方責其廉，而勢或使之鮮廉，誠不可不察也。

韓世忠平范汝爲

活建民者李相公

丙申，福建江西荆湖安撫副使韓世忠圍建州。先是，世忠師至福州，守臣程邁以賊方鋭，欲世忠少留，以俟元夕。世忠笑曰：「吾以元夕凱旋見公矣。」辛丑，世忠拔建州。初，范汝爲既被圍，固守不下。世忠以天橋、對樓、雲梯、火砲等急擊之〔二〕，凡六日，賊衆稍怠。夜，官軍梯而上，城遂破，賊衆死者萬餘，生擒其將張雄等五百餘人，汝爲竄回源洞中，自焚死。其將葉諒以所部犯邵武軍，世忠擊斬之，餘衆悉平。初，世忠疑城中人皆附賊，欲盡殺之。資政殿大學士李綱時在福州，見世忠曰：「建州百姓多無辜。」世忠受教。及城破，世忠令軍人悉駐城上，毋得下，植旗於城之三隅，令士民自相別，農者給牛種使耕，商賈者弛征禁，爲賊脅從者汰遣，獨取其附賊者誅之，由是，多所全活。及師還，父老請祠之。世忠曰：「活爾曹者，李相公也。」

自越州幸臨安

壬寅，上御舟發紹興，至錢清堰，乘馬而行。

丙午，上至臨安。

非軍功不遷橫行

戊申，武功大夫、榮州團練使蘇易乞以奉化縣界把截所轉一官，於階官上收使，許之。自政和初改官名，以郎、大夫易正、副使，由是，武功大夫率徑遷橫行。至是，橫行凡數百千人。中書舍人程俱力論其不可，且謂：「祖宗之制，自閤門副使至内客省使爲橫行，不係磨勘遷轉之列。蓋橫行恩數多類從官。以元豐三年班簿考之，橫行共二十二人，如种諤、韓存寶、劉昌祚、姚麟之徒，皆一時名將。故元豐官制，武臣獨依舊，不以寄禄官易之，蓋有深意。今文臣之謂庶官者，率不過中大夫，而武臣乃遷橫行，此何理也？望自今非軍功勿遷。」從之。

己酉，江淮發運副使宋煇知臨安府。

簡放三盜部曲

乙卯〔三〕，詔：「輔臣以邵青、單德忠、李捧三盜就招，卿等速汰其衆，留精鋭堪出戰之士，萬人中不過三千人可留。」宰相呂頤浩、秦檜、都統制張俊被旨揀放。青等有衆二萬三千，其疲老不任披帶者皆釋之，所存七千，一如上所料。

臣留正等曰：世傳漢高帝預知吴王濞五十年後必反，謂狀有反相可知也。至於五十年之説，非通於數者不能，蓋不然。且其知三傑，料陳平，期周勃之安劉氏，此豈數之能及哉？大抵帝王之興，其睿智絶人。太上皇帝料降卒可用之數，妙於蓍龜，其張良所謂沛公殆天授者歟？

引對郎官

丙辰，詔見任郎官，以建炎以來未經上殿者，並引對。吏部侍郎李光言：「方艱難之時，朝廷廣收人才，兼收議論。郎官最號高選，其間豈無英傑之士，可備大用？乃不令一覲清光，廉退之士固難於自進。」故有是旨。

衡改限田議

丁巳，右司諫方孟卿言：「近權户部侍郎柳約請推祖宗限田之制，凡品官名田數過者，科敷一同編户。今郡縣之間，官户田居其半，而占田過數者極少。若以格令免科需，則專取於民，必致重困。臣謂艱難之際，士大夫義當體國，豈可厚享占田之利？望寢前詔勿行。」從之。

禁停接私鹽

戊午，詔自今停藏接引私鹽，並與犯人一等科罪。

修臨安府城

己未，詔修臨安府城之頽圮者。

楊惟忠殺楊勍

辛酉，忠州團練使楊勍以所部四千屯吉州，恣横不法，江西兵馬副總管楊惟忠邀勍會飲，伏兵誅之，遂并其兵。勍建炎中爲盜，踐蹂福建、湖南諸州，至是乃敗。

權罷建州鑄錢

二月丙寅，詔建州權罷鼓鑄二年，以監兵避亂散逸故也。

選人犯贓不帶左右

丁卯，詔選人七階並分左、右。時用元祐舊制，寄禄官分左、右，而贓吏不與焉。言者謂：「祖宗以來，選人皆以州縣繫銜，故無所分別。今選階品秩雖卑，豈可無以律貪，而獨置之廉恥之外？」乃下吏部，如所請。

頒降斗斛

己巳，詔榷貨務依臨安府樣製造斛斗百隻，降之諸路。倉部員外郎成大亨言：「紹興府斛斗增大，出給之際，例各折閱，興獄滋多。惟臨安斗斛均平，公私兩便。」故有是旨。

李綱帥湖廣

命秦檜居中運才

庚午，提舉臨安府洞霄宫李綱爲荆湖廣南路宣撫使兼知潭州。前五日，知道州向子忞奏曹成犯道、賀二州，宰相秦檜請身至湖外，自當一面。上曰：「卿等當居中運才〔四〕，不可授人以柄。」至是命綱。

天性不好華靡

辛未，上諭輔臣曰：「將來御試舉人，止造席棚於講殿之前，不必更修別殿。」吕頤浩因讚聖德，以爲「如此，可以示四方士人，使知陛下恭儉如此。」上曰：「朕天性不好華靡，況與承平之主不同。」秦檜曰：「大布之衣，大帛之冠，是古人處患難之事，後世以爲誇美。」上曰：「卿言極是。」

不許注巡尉

壬申，詔自今巡尉毋得注吏職出身人。

乙亥，雨雹。

除侍讀侍講

丁丑，給事中黄叔敖兼侍讀，權尚書吏部侍郎廖剛兼侍講。

減淮南營田歲收

始，淮南營田司募民耕荒，頃收十五斛。及是，宣諭使傅崧卿言其太重，故百姓歸業者少。詔損歲輸三之二，俟三年乃征之。仍賜崧卿錢五萬緡，俾貸民爲牛種之費。

祈天弭禍

己卯，進呈張浚劄子。上曰：「虜人既酋領有不免者〔五〕，當知天意所在。朕當兢謹，以祈天弭禍，庶幾其國有瘳乎。」

臣留正等曰：自古帝王所以制馭戎狄之道〔六〕，豈專以殺伐威武爲事哉？亦曰修吾之德而已，誠能嚴恭寅畏，罔或怠荒，務修德以當天意，則足以應天矣。天之心，人之心也。天人和同，何災之不弭？何外侮之足虞乎？舜修德而苗格，文修教而崇降，用此道也。太上皇帝論及戎狄〔七〕，而欲以兢謹，祈天弭禍，宜其收外攘之效，而致中興之治歟！

毁供御繡服牌

秦檜因奏言：「每見陛下屈己從諫，中外士民無不感悦。」上曰：「如前日百姓揭牌，題以供御繡服。問之，乃十年前京師鋪户用其舊牌，已令毀撤。不知者將謂舊習未革。朕所服者多繒素，豈復有綺繡也？」

監司不任本貫

庚辰，詔自今監司不得任本貫，其見在任者皆移之。

夜，雷聲初發。

始御講殿

癸未，上始御講殿。自巡幸以來，經筵久輟，至是復之。

論至誠盡仁

乙酉，上諭輔臣曰：「人主待臣下當以至誠，若知其不可用，不若罷去，疑而留之，無益也。」又曰：「人主之德，莫大於仁，仁之一字〔八〕，非堯、舜莫能當。」呂頤浩、秦檜曰：「聖學高明，以誠、仁二者治心、修身、正家、齊天下，有餘裕矣。」

初置著作官

丙戌，初置著作官二員，編次日曆。

斥高衛上甘露圖

戊子〔九〕，知撫州高衛落職與宫觀。衛言甘露降於州之祥符觀，且爲圖上之。王居正論，今日恐非天降祥瑞之時。言者劾衛以「蔡京圍田，叨冒改官。頃者抗疏極言討論之非，實自爲地，縉紳號爲『流外侍郎』。今乃崇飾諂諛，老不知愧，望賜罷黜。」從之。

劾吴懋獻羨餘

殿中侍御史江躋言：「自古言利之臣，不過椎剥細民〔一〇〕，移東於西，以欺其上。近聞前知明州吴懋輒有所獻，踰五萬緡，竊恐朝廷受之無名，小人觀望，争相效尤，殘民以爲己利，其患有不可勝言者。」詔委自憲臣勘當以聞。懋守明踰年，時四明承喋血之餘，公私掃地。懋以等第貸民錢十萬緡，又得榷酤之贏，軍用無乏。其後勘當如章，但貶懋二秩而已。

初祀高禖

己丑，有司以春分日祀高禖禮畢，宫嬪有位號者，以次即宫中飲福、受胙如儀。

復荆湖南北路

復荆湖東、西爲荆湖南、北路。

婁寅亮以貶死

庚寅，監察御史婁寅亮罷。寅亮既爲秦檜所擠，按治無所得。至是獄成，坐爲族叔郛名田改立官户〔二〕。刑寺當寅亮私罪，杖，罰銅七斤。詔免所居官，送吏部。未幾，寅亮卒。

李敦仁降

三月壬辰朔，虔化縣兇賊李敦仁補閤門祇候，其徒三十八人皆授官，分隸張俊等軍中。

李光執韓世清

淮西招撫使李光執韓世清于宣州。

翟進犯漢陽軍
趙令戣死漢陽

水賊翟進犯漢陽軍，殺權軍事趙令戣及吏民百餘人，以其衆歸於孔彦舟。

兩浙舶司移華亭

施逵編管

罷江淮發運司

霍明殺桑仲

册交趾李陽焕

命漕臣應副軍糧

敗虜于方山原

鑄紹興經筵印

王寔根括水田

甲午，詔兩浙市舶就秀州華亭縣置司。

承直郎施逵除名、婺州編管，坐爲范汝爲遊説辛企宗也。

戊戌，罷江淮發運司，以其錢帛赴行在。始祖宗時，發運司歲漕江、湖粟六百萬斛，即真、揚、楚、泗州置轉般倉納受，泝流摺運〔二〕，以贍中都，且因諸路之凶豐而平其糴。及是，江、湖盜寇多，綱米不繼，發運司歲費錢十六七萬緡，第職糴買而已，故省之。

襄陽府鄧隨郢州鎮撫使桑仲爲知郢州霍明所殺，囚其從者，而以反聞。上惻然，授其二子昕、維將仕郎。

己亥，制授南越王李乾德子陽焕静海軍節度使，封交趾郡王，仍賜「推誠順化功臣」。自元豐後，大臣功號悉除，獨安南如故。

庚子，詔自今行軍專委本路漕臣一員，通融應副。

陝西都統司同統制軍馬楊政及金人戰于方山原，敗之。

辛丑，鑄紹興經筵印。

淮東提點刑獄公事兼營田副使王寔言：「根括到揚州未種水田一萬七千頃、陸田一萬三千頃，已分給六軍，趁時耕種。」從之。

復置檢正

丙午，復置中書、門下省檢正官一員。

賞張俊汰兵

戊申，江東統制軍馬張俊敘所降一官。俊起於諸盜，所部凡七千餘人，至是，汰其老弱，僅三千，乃有是命。此即小張俊也。

布衣孫清論事

己酉，臨安府布衣孫清上疏論事，詔賜束帛。

寬兩淮租稅

癸丑，詔寬兩淮租稅。

朱虎臣兄弟習文武

童子朱虎臣，七歲能誦七書，排陣布射，與其兄端友偕來。上召對，端友以誦經、子書賜束帛，而虎臣爲承信郎。

殿試取直言

甲寅，上策試諸路類試奏名進士于講殿。上謂輔臣曰：「朕此舉將以作成人才，爲異日之用。若其言鯁亮切直，他日必端方不回之士。自崇寧以來，惡人敢言，士氣不作，流弊至今，不可不革。」因手詔諭考官：「直言者置之高等，尤諂佞者居下列。」

張九成對策

鹽官進士張九成對策曰：「禍難之作，天所以開聖人。願陛下以剛大爲心，無遽以驚憂自沮。臣觀金虜有必亡之勢〔一三〕，而中國有必興之理，特在陛下何如耳。夫好戰必亡，失其故俗必亡，人心不服必亡，而金虜皆與有焉。彼劉豫者，素無勳德，殊乏聲稱，天下徒見其背叛於君親，而委身於夷狄耳〔一四〕。黠雛經營〔一五〕，有同兒戲。今日之計，當先用

張九成策科斂名色

越王之法以驕之，使侈心肆意，無所忌憚。天其滅之，將見權臣争强，篡奪之禍啓矣。臣觀濱江郡縣，爲守令者類無遠圖，陽羨、惠山之民，何其被酷之深也。率斂之名，種類閎大。秋苗之外，又有苗頭；苗頭未已，又行八折；八折未已，又曰大姓；大姓竭矣，又曰經實；經實均矣，又曰均敷；均敷之外，名字未易數也。流離奔竄，益以無聊。臣竊謂前世中興之主，大抵以剛德爲尚，去讒節欲，遠佞防姦，皆中興之本也。今閭巷之人，皆知有父兄妻子之樂，陛下雖貴爲天子，富有四海，以金虜之故，使陛下冬不得温，夏不得清，昏無所於定，晨無所於省。每感時遇物，想惟聖心雷厲，天淚雨流，思欲掃清鑾帳〔一六〕，以迎二聖之車。」

又曰：「閹寺聞名，國之不祥也。今此曹名字稍稍有聞，此臣之所憂也。賢士大夫，宴見有時，宦官、女子，實居前後。有時者易疏，前後者難間。聖情荏苒，不知其非，不若使之安灑掃之役，復門户之司。凡交結往來有禁，干與政事者必疏。陛下日御便殿，親近儒者，講詩、書之指趣，論古今之成敗，將見聞閹寺之言，如狐狸夜號，而鵩梟晝舞也。」

擢張九成等

上感其言，擢九成第一，餘杭淩景夏次之。尚書左僕射吕頤浩言景夏之詞實勝九成，欲以爲第一。上曰：「九成對策，文雖不甚工，然上自朕躬，下逮百執事之人，無所回避，擢置首選，誰謂不然？」遂賜九成以下二百五十九人及第、出身、同出身，而川、陝類省試合格進士楊希仲等一百二十人，皆即家賜第。希仲視廷試第五人恩例，餘皆同出身。龍圖閣直學士致仕楊時遺九成書曰：「廷對自更科以來未之有，非剛大之氣不爲，得喪回屈不能爲也。」

楊時稱張九成策

金人復自水洛城入寇〔一七〕，統制官楊政等又大敗之。

禁韶州新錢滅裂

丙辰，詔韶州自今所鑄新錢，毋得滅裂，務令民間不能倣傚。

上謂呂頤浩曰：「比來苦雨，前日祈晴，雨即止。朕遣人於郊外取麥穗視之，已結秀。若晴霽十數日，二麥必大熟。茲誠上瑞，何必甘露、慶雲耶？」頤浩奏曰：「太宗皇帝嘗命親近人取禾穗入禁中，又駕幸近郊觀稼，皆聖主務農重穀之意。」

臣留正等曰：昔周公於詩作七月，歷序稼穡之艱難，於書作無逸，必曰知稼穡之艱難。稼穡賤事爾，何與於一人之貴哉？蓋惟至貴不忘乎至賤，然後能有其貴，況農事食之所出，而食者民之所以生歟！

周公之意可見矣。太上皇帝憂雨之久，而喜晴取麥於郊，而喜麥之秀，以爲過於甘露、慶雲之瑞。大哉王言！真中興之本歟！

減景靈宮用羊

戊午，詔景靈宮酌獻歲用三百五十羊，自今損三之一。

廢減坑冶

詔應有坑冶去處，令漕司契勘，所得不償所費者，並罷。

議大出師

庚申，初，桑仲之未死也，遣譚憲來告以願宣力取京師，乞朝廷出兵淮南，以爲聲援。呂頤浩信之，始大議出師。

夏四月壬戌，進呈殿試陞降策，因奏有犯御名者，上曰：「犯御名法當扶出，然使文理可采，亦不可因以失士。」

庚午，翰林學士承旨兼侍讀翟汝文參知政事。

復諸州學官

辛未，復置諸州學官四十三員。時言者論：「文武之道，不可偏廢，須緣議者，務減吏員，諸州教授例從鐫減。今所在州郡添差筦庫、捕盜官，無慮十數，何獨於此而吝之？」事下給、舍看詳，而有是命。

楊惟忠降趙進

壬申，江西兵馬副總管楊惟忠討軍賊趙進〔一八〕，降之。

校御府書籍

乙亥，初命館職校御府書籍。

戊寅，進呈新第正奏名雜犯助教人，乞依特奏名例推恩。上曰：「初降旨令考官以鯁正爲上，諛佞居下，此以示朕好惡。凡士人，當須自其初進，別其忠佞，庶可冀其有立。如張九成對，上自朕躬，下逮百執，言之無所回避，擢在首選，其誰曰不宜？」

臣留正等曰：自鄉舉里選之法壞，而設科取士之制行。鄉舉里選，務觀其行；設科取士，獨考其言。其事若不相同，而皆可以得賢，亦各一時之宜也。故嘗謂觀其行，則必其行之至純；考其言，則必其言之不詭。若使諛佞之言得以進，則是汙穢之行亦可容，爲法以取士，顧宜如是乎？然而以董仲舒之賢，猶有不切之譏；若劉蕡之直，則有不第之恨。道之艱於自信與夫難於必行也，尚矣。非上之人有以優容之，何以作成士氣，而收其顯效？太上皇帝之策士，以鯁正爲上，諛佞爲下，言之切直，無所回避者，必寘之首選，至犯御名者，又免降黜，其優容也如何，是何患於不得其人乎？

呂頤浩議出師

與頤浩分理内外

己卯，執政奏事。上諭二相曰：「頤浩專治軍旅，檜專理庶務，當如范蠡、大夫種分職。」先是，呂頤浩聞桑仲進兵，乃大議出師，而身自督軍北向。

及是，上諭輔臣，二人唯唯奉詔。

朱勝非閑居録曰：吕頤浩、秦檜同秉政，檜謀出吕而專其政，使其黨建言：「周宣内修政事，外攘夷狄〔一九〕，故能中興。今二相宜分任内外之事。」於是除頤浩江淮荆浙都督諸軍事，總兵江上；置修政局，議更張法度，而檜領之。

聽太學生上書

庚辰，太學生許㦦上書論事，上召對，命爲迪功郎。

命薦中原士大夫

壬午，手詔曰：「比自國步艱難以來，中原士夫隔絶滋久，間有流寓東南者，往往乏媒寡援，姓名不能上達，良可惜也。可詔内外侍從、監司、郡守各搜訪薦舉三兩人，以備器使。」

臨安府火

是日，臨安火。

詔戒朋比

癸未，詔曰：「朕寤寐中興，累年于兹，任人共政，治效缺然。載加考績，登庸二相，蓋欲其謀斷，協濟事功，倚毗眷遇，體貌惟均。凡一時啓擬薦聞之士，顧朕拔擢任使之間，隨其材器，試可乃已，豈有二哉？繼自今小大之臣，其各同心體國，敦尚中和，交修不逮。如或朋比阿附，以害吾政治者，其令臺諫論列聞奏，朕當嚴置典刑，以誅其意。」時呂頤浩、秦檜同秉政，檜知頤浩不爲時論所與，乃多引知名之士爲助，欲傾頤浩而專朝權。上頗覺之，故下是詔。

上覺檜欲專權

臣留正等曰：「孔子曰：大哉，堯之爲君也！惟天爲大，惟堯則之。」帝王之道，其大如天，寧有私哉？然而夏暑雨，小民惟曰怨咨；冬祁寒，小民亦惟曰怨咨。以小民之意而窺天，不知其爲大，宜其不免於怨咨也。太上皇帝謂：「登庸二相，體貌惟均，一時啓擬薦聞之士，隨材任使，曾無有二。」此其大者如天也。進用之人或潛效偏私，寖成離間，使分明植黨，互相傾摇之患，不免上貽聖慮，此猶以小民之意而窺天者也。大抵天下之事，不患於不可制，而患於不能知。知之於微而革之於早，豈有不可制之事哉？此太上皇帝所以於其幾微而明辨之，不憚於播告之修，而以絶朋比之漸也。

胡安國上制國論

甲申，中書舍人胡安國上制國論，大略謂：「陛下登極六年，謀議紛紜，未有一定。昨嘗降詔定都建康，而六飛暫駐杭、越，乃以湖北爲分鎮，恐非設險守邦之意。且朝廷近棄湖北，遠留川、陝者，謂蜀貨可以富國，秦甲可以强兵也。萬一有桀黠得之，以守峽江之險，則蜀貨不得東；塞武關之阻，則秦甲不得南，猶一身束其腰膂，而首尾不相衛矣。臣謂宜必都建康，且不以湖北爲分鎮，則全據上流。出秦甲，下蜀貨，而血氣周流矣。」又言：「祖宗都汴，其勢當自内而制外。今都江左，當自南而制北，與祖宗事雖殊而意則同，此復中原之勢也。」

宫中育蠶

乙酉，呂頤浩言：「近至天竺祈晴，今雨少霽，可以少寬聖慮。」上曰：「朕宫中亦自育蠶，此不惟可候歲事，亦欲知女工艱難，事事質儉。」

陳沖用不賀李綱

李綱始受湖廣宣撫使之命。是日，上遣内侍于蓋撫問，令視上道乃還。賓客多往賀綱，有臨川陳沖用者獨不賀，人問其故，沖用曰：「丞相在靖康末，以天下安危自任，人望所歸，今雖閑居，其望尤重。若因此成功，尚蓋前失；萬一又無所成，今日之名掃地矣，何賀之有？」

呂頤浩建督

戊子，尚書左僕射、同中書門下平章事兼知樞密院事呂頤浩都督江淮荆浙諸軍事，開府鎮江。

韓忠彦追封魏國公〔二〇〕。

減建州鑄錢額

己丑，詔建州豐國監復鑄錢。監舊有役兵五百，歲鑄錢二十五萬緡。及是，纔餘役卒數十人，乃減鑄額之半。

劉豫移都汴京

庚寅，僞齊劉豫移都汴京。

高麗入貢

閏四月癸巳，高麗國王楷遣崔惟清、沈起入貢〔一一〕。

孔玠襲封

衍聖公孔端友既卒，詔以其子玠爲右承奉郎，封衍聖公。

以大事委頤浩

甲午，上諭呂頤浩曰：「卿耆艾有勞，今總督之任，以大事委卿，不當復親細務。」頤浩皇恐奉詔。

特賜進士出身

乙未，詔諸路類試進士、赴殿試不及人，正奏名與進士同出身，特奏名與助教，調官如文學例〔一二〕。以道梗，特優之也。

岳飛破曹成

丙申，神武副軍都統制岳飛引兵擊曹成于賀州境上，大破之。成率餘兵屯桂嶺縣。

罷後苑作

丁酉，罷後苑作，惟留老工數人作弓鎧，以爲武備。

王大智造戰車

己亥，呂頤浩進呈樞密院編修官王大智所造戰車，上言：「大智知兵法，可用。」因語頤浩：「人才隨能器使，皆可就事。卿爲宰相，當識拔人物。如大智，宜擕以自隨，令造水戰之具，不當棄能也。」

移紹興場務於臨安

詔移紹興府榷貨務都茶場於臨安。

斬韓世清

辛丑，詔韓世清特處斬。

章誼奏讞平恕

乙巳，宰相奏以大理卿章誼知平江府，上曰：「誼，儒者，賴其奏讞平恕，使民不冤，勿令補外。」

韓世忠招曹成

丙午，神武副軍都統制岳飛敗曹成於桂嶺縣，成拔寨遁去。韓世忠遣董旼往招之，成以其衆就招。

奉身至約

壬子，吕頤浩言：「今歲防秋，當用兵江、淮之間。若車駕時巡，則諸將孰敢不盡力？但恐道路玉食不備。」上曰：「朕自艱難以來，奉身至約。昔爲元帥，與士卒同甘苦。一日在道絶糧，朕亦終日不食。今居禁中，雖太官上食，間食鱻肉一味。若在道路，雖無肉食，庸何傷乎？」

減堂除還吏部

乙卯，詔寺監丞以下，並令吏部擬除。時吕頤浩、秦檜言：「祖宗舊制，内外差遣，並付審官。士大夫自有調官之路，故請謁奔競之風息。近世堂除闕多，侵占注擬，士人失職，廉恥道喪。欲外自監司、郡守及舊格堂除通判，内自察官、省郎以上及館職、書局編修官外，並令吏部依格注擬。」從之。

賀廩獻書五千卷得官

戊午，將仕郎賀廩獻書五千卷。詔吏部添差廩監平江府糧料院，仍官其家一人。

封梅福真人

己未，封漢南昌尉梅福爲吏隱真人。

李横等逐霍明

初，桑仲既爲知郢州霍明所殺，都統制李横、副統制李道共率其兵，縞素圍郢州。明知事急，乃夜半與其徒數百縋石城下漢江，泛舟順流而去。横遂併將郢軍，留其黨李簡知郢州。

夏至祀皇地祇

五月庚申朔，日北至。祀皇地祇于天慶觀之望祭殿，始用牲玉。

權邦彦中興十議

辛酉，兵部尚書權邦彦簽書樞密院事。邦彦獻十議以圖中興〔二三〕，其一謂進圖洪業，恢復土宇，勿苟安於江南。其二謂駕御諸將，宜威之以法，而限之以爵。其三論講讀之官，宜取三代、漢、唐中興故事，日陳於前。其四言察忠邪。其五謂愛民先愛其力，寬民先節其用；又謂朘己俸以佐國用，當自宰執始；又謂分閫而屬大事，必得賢大將而後可；又謂制置一官可省；又謂宗室中傑然有人望可留宿衛者，宜置諸左右〔二四〕；又謂人事盡則天悔禍，不可獨歸之數。吕頤浩與邦彦善，故薦用之。

以吕頤浩薦宮觀

壬戌，降授中大夫朱勝非復左宣奉大夫、提舉萬壽觀兼侍讀，吕頤浩薦之也。

癸亥，吕頤浩出師，以神武後軍及御前忠鋭將崔增、趙延壽二軍從行，百官班送。

詔舉將帥

甲子，詔觀察使以上，許薦可爲將帥者二人，樞密院置籍，以備選用。言者論：「今正右武之時，雖二三大將嘗立奇功〔二五〕，而取富貴矣，竊恐隱約之中，尚多奇士。」故有是旨。

罷兩浙回易庫

丁卯，罷兩浙轉運司回易庫。

孝宗以選入禁中

辛未，詔左文林郎趙子偁令赴都堂審察。時知南外宗正事令懬奉詔選宗子伯琮、伯浩入禁中，伯浩豐而澤，伯琮清而癯。上初愛伯浩，忽曰：「更仔細觀。」乃令二人並立。有貓過，伯浩以足蹴之，伯琮拱立如故。上曰：「此兒輕易乃爾，安能任重耶？」乃賜白金三百兩罷之。後四日，以子偁爲左宣教郎。

以霖雨命督獄

壬申，以霖雨不止，命刑部郎官及諸路憲臣躬督獄訟。

李綱申請條件

丙子，初，朝廷以福建江西荆湖宣撫使孟庾自温州趨湖南，故命湖廣宣撫使李綱由汀、道州之鎮。至是，綱言：「祖宗朝宣撫使以執政爲之，近張浚、孟庾爲宣撫，皆見執政。如臣起廢典藩，亦冒使名。兼庾已領湖南、北，韓世忠副之，今又除臣湖南，借使諸處盜賊，一司欲令招納，一司欲令討捕，不知何所適從？諸州錢糧，一司欲令支用，一司欲令樁留，不知何所遵稟？以至節制諸將、辟差官吏、行移措置，皆有所妨。望詳酌事宜，明降處分，使有遵守。」綱又言：「自建昌、虔、吉至衡、潭約一月程，自汀、道州三倍。今曹成在連、賀，非重兵不可行。」詔綱先往廣東置司捍寇，俟庾、世忠撫定盜賊畢，赴潭州。於是曹成已爲岳飛所破，遂就韓世忠招安，而朝廷未知也。

忠鋭軍叛

胡思忠死叛兵

丁丑，初，呂頤浩總師次常州，其前軍將趙延壽所部忠鋭軍叛，過金壇縣，知縣事胡思忠率射士迎敵，爲所敗，賊逐之至市河，思忠溺死。浙西安撫大使劉光世遣王德追叛兵，及之，盡殲其衆。於是頤浩稱疾不進。

臨安府火

庚辰，臨安府火，彌六七里，延燒萬餘家。時浙部淫雨害稼，御史中丞沈與求因推言災異，謂：「徽、嚴水泉暴湧，漂及城郭廬舍；臨安火，延居民至萬餘家。天變異常，同時而見，可畏也。陛下當於行事之際，思其所未至者，加之以誠。

沈與求乞盡誠

夫畏天不以誠，則工祝雖具，近於致瀆；愛民不以誠，則詔令雖繁，終於失信；用人不以誠，則讒間日進，將以疑似而遠正人；聽言不以誠，則阿諛日聞，將以忌諱而惡直士。追祖宗之法而不以誠，則不無背戾；

惇骨肉之親而不以誠，則不無猜嫌；薄宦寺之權而不以誠，則雖名爲裁抑，而桀黠之輩不除；正宫闈之化而不以誠，則雖外示樸素，而奢靡之習猶在。願陛下加意而行，則天地感格，陰陽和平。災異之生，顧爲福耳。」上嘉納焉。

沈與求乞備料角

癸未，御史中丞沈與求言：「虜若入寇〔二六〕，當由武昌、建康兩路而來。其造海舟，慮爲虚聲以懼我。議者多欲於明州向頭設備，使賊舟得至向頭〔二七〕，而已入吾心腹之地矣。臣聞海舟自京東入浙，必由泰州石港、通州料角、陳貼、通明鎮等處，次至平江南北洋，次至秀州金山，次至向頭。又聞料角水勢湍險，一失水道，則舟必淪溺，必得沙上水手，方能轉料。倘於石港、料角等處拘收水手，優給庸直而存養之，以待緩急之用，彼亦安能衝突？」詔以付都督府。既而吕頤浩言：「料角等處去金陵遼遠，緩急恐失事機。乞就委劉光世措置。」從之。

置御前軍器所

三省請於行在别置作院一所，令諸軍匠各造器甲，並申朝廷支撥。後以御前軍器所爲名，仍隸工部。

臨軒決囚

甲申，上臨軒疏決繫囚，自是遂爲故事。

諸路絲帛半折錢

户部請諸路上供絲帛並半折錢三千，如兩浙例，許之。是時江、浙、湖北、夔路歲額紬三十九萬匹〔二八〕，江南、川、廣、湖南、兩浙絹二百七十三萬匹，東川、兩浙、湖南綾羅絁七萬匹，成都府、廣西路布七十七萬匹，成都府錦綺千八百餘匹段，皆有奇。江、淮、閩、廣、荆湖折帛錢，蓋自此始。

折帛錢之始

置修政局

丙戌，詔置修政局。時尚書左僕射呂頤浩既督軍於外，右僕射秦檜乃奏設此局，命檜提舉，而參知政事翟汝文同領之，又以尚書户部侍郎黃叔敖爲參詳官，起居郎胡世將、太常少卿王居正爲參議官，尚書右司員外郎吴表臣、屯田員外郎曾統、兵部員外郎樓炤、考功員外郎張彝並爲檢討官。置局如講議司故事。仍詔侍從、臺省寺監官、監司、守令各述所見，言省費裕國、强兵息民之策。

椿管上供絲帛

詔江東、西諸州上供絲帛，並于建康府、吉州椿管，非朝旨而擅用者，依軍法。

不許張浚通蜀鹽

丁亥，初，宣撫處置使張浚以淮鹽未通，乃通天寧鹽於京西、湖北〔二九〕。至是，秦檜聞其事，下堂帖禁之。其後，浚復通蜀鹽，詔不許。

復建隆輪對故事

戊子，手詔：「用建隆故事，行在百官日輪一人轉對，令極言得失。」先是，詔臺省官限半月各述利害，條具以聞。而御史中丞沈與求言：「臺諫係言事官，遇有職事，非時入對，不在輪對及條列之限。」乃命釐務官通直郎以上如初詔。

朱勝非復觀文殿學士、知紹興府。

毁棄金屏障

初，兩浙轉運副使徐康國自温州奏發宣和間所製間金、銷金屏障等物至行在。御史中丞沈與求奏曰：「陛下勤儉，德侔大禹，漢文帝已下不足道也。康國不識事君之禮，尚習故態，欲以微物累盛德。乞用廣陵故事，斥而焚之，仍顯黜康國，明示好惡，且爲小人希旨之戒。」詔屏障令臨安府毁棄，康國特降二官。

李宏殺馬友

六月庚寅朔，新知復州李宏引兵入潭州，執湖東招撫使馬友，殺之。

大臣子除職之始

辛卯，吕抗、吕摭並直秘閣〔三〇〕，主管萬壽觀。吕挺爲右承務郎。中興後，大臣子以恩澤除職名，自此始。

朱勝非閑居録曰：祖宗舊制，宰執子弟，並不堂除。只於銓部注擬，罷政不以罪則推恩遷擢，蓋二府號表則之地，不阿其親，當以身率也。至蔡京作相，不數年，子六人、孫四人爲執政、侍從。建炎以後，子弟得職名者：汪伯彦子召嗣直徽猷閣，吕頤浩二子抗、摭，秦檜兄梓並爲直秘閣，張浚兄滉亦直徽猷閣，李綱弟維亦直秘閣。倖門復啓，蓋諸公不爲國家計也。

樞密院效士

詔進士陳邊事可采，及自河北、京東遠赴行在之人，並充樞密院效士，其後都督行府亦如之。

刻太宗戒石銘

癸巳，頒黄庭堅所書太宗御製戒石銘於郡縣，命長吏刻之庭石，置之坐右。

臣留正等曰：古者盤盂有銘，几杖有誡，其意蓋謂，夫不忘乎目，則不忘乎心，不忘乎心，則不忘乎設施注措之間，此内外交相養之道，而亦其理之必然者也。是銘也，以虐民欺天爲戒，其説明甚，使人人服而行之，敢不悉心於愛民乎？惟其蔽而莫之知，故棄而莫之恤。令斯銘日在其目，則必能隱於其心，而見諸行事矣。此太宗皇帝製銘之意，而太上皇帝復俾刻諸庭石，置之座右之深旨也。爲守爲令者，可不念哉！

廣西增價市馬

初，命廣西經略司即韶州撥内帑錢三十萬緡市戰馬，至是，經略司言：「比歲不逞之徒，多以金銀市馬，鬻於群盜，故馬直踴貴。望於大觀格遞增二分。」許之。舊格：「入等馬高四尺七寸者，直四十五千，最下高四尺一寸者，直十有三千，其餘以是爲差。」然蠻馬尤駔駿者，在其地或博黃金二十兩，日行四百里，但官價有定數，故不能致此等焉。

軍功補右選

甲午，上諭輔臣曰：「士有從軍該賞者，可第補右選，庶清流品。三年自有科舉取士，豈可開此一路？」

改正曆法

上又曰：「今曆官不精推步，七曜細行，皆不能筭，故曆差一日。近得紀元曆，已令參考。自明年當改正。」

戊戌，朝廷聞曹成爲岳飛所破，乃命孟庾班師，李綱徑如潭州，而飛以所部之江州屯駐。

修行宫惜費

己亥，江東安撫大使李光乞行宫比臨安，增創後殿，仍修蓋三省、樞密院、百司及營房等，許之。其後，上手詔光，第令具體而微，毋困民力。輔臣進呈，上曰：「但令如州治足矣。若止一殿，雖用數萬緡，亦未爲過。必事事相稱，則土木之侈，傷財害民，何所不至？」

與翟汝文忿争

壬寅，御筆，翟汝文罷參知政事。時四方上奏未決，吏緣爲姦，汝文語尚書右僕射秦檜，宜責都司，考其稽違者，峻懲之。汝文嘗受詞牒，書字用印，直送省部，檜不能平。他日，因對，汝文乞治堂吏受賄者，檜面劾汝文擅治吏。汝文言：「臣位執政，按吏而爲宰臣所劾，無顔居位。」力求去。上意不直汝文，右司諫方孟卿因奏：「汝文不顧大體，豈能共濟今日之事？蓋防秋在近，規爲脱去之計。」上以詔諭留汝文，汝文終不釋。孟卿章再上，遂命出守。

朱勝非閑居録曰：秦檜作相，力引翟汝文參預，纔數月失歡，對按相詬。秦斥翟曰「狂生」，翟詈秦曰「濁氣」，左右堂吏，至今能言之。唐相鄭畋、盧攜議備禦王仙芝、黄巢，争論不叶，擲硯相擊，識者謂唐室衰亂之兆。今方圖中興，豈當爾耶？

孔彦舟降于劉豫

蘄黄鎮撫使孔彦舟叛降僞齊。

乙巳，詔僉書樞密院事權邦彦兼權參知政事。

致謹奏讞

戊申，輔臣進呈大理少卿李曦論太祖皇帝明謹獄事，上曰：「此太祖皇帝德澤也，朕敢不遵承？每於庶獄奏讞，未嘗不謹愼，亦未嘗送下公事，恐獄吏觀望，鍛煉人罪。」邦彦曰：「法者，天子所與天下公共。」上然之。

庚戌，御史中丞沈與求言：「祖宗故事，許令館職兼在京釐務官，所以蓄

職事官復權郎

養人才。自今劇曹郎官并繁冗局務有闕，乞于館職、編修、計議、删定官，太常丞、博士，國子監、丞内隨才選差，亦可試其能否。」從之。自是職事官復權郎矣。

復江西提舉

癸丑，李健提舉江西茶鹽公事，初復提舉官也。

呂頤浩求罷不許

甲寅，詔都督江淮荆浙諸軍事呂頤浩，令赴行在奏事。初，頤浩甫出師，而其前軍叛去。又聞桑仲死，頤浩不能進，遣參謀官傅崧卿以所部之建康，因引疾求罷。上手詔封還所上章。頤浩復乞祠，乃命還朝，以崧卿權主管都督府職事。

諭秦檜修攘

乙卯，上謂秦檜曰：「周宣内修政事，外攘夷狄〔三一〕。近設修政局，令百官各條具利害甚善，所謂修車馬、備器械、外攘夷狄之事〔三二〕，卿更宜講求。」檜曰：「臣敢不奉詔！」

解元執李宏

福建江湖宣撫司統制解元、巨振以所部入潭州，執李宏以歸。韓世忠即以宏爲宣撫司統制。時朝廷始聞馬友死，以敕書勞宏，而宏已執矣。

張俊自造軍器

丁巳，神武右軍都統制張俊請本軍自造軍器，赴朝廷呈訖，置庫樁管，下户部支物料價錢。許之。

戊午，詔江、浙、湖、廣、福建諸路，各委漕臣一員，措置出賣官田。

增入名儒講義皇宋中興聖政卷之十一

校勘記

〔一〕宜按月支與　「月」原作「目」，據宋刊本、明抄本及宋史全文卷一八改。

〔二〕世忠以天橋對樓雲梯火砲等急擊之　「等急擊」原脱，據明抄本、宋史全文卷一八及繫年要録卷五一補。

〔三〕乙卯　案此條原置於「丁巳」條後，依干支順序，實在「丙辰」前，據此乙正。

〔四〕卿等當居中運才　「才」，繫年要録卷五一作「裁」。

〔五〕虜人既酋領有不免者　「虜」原作「敵」，「酋」原作「首」，據宋刊本、明抄本及宋史全文卷一八改。

〔六〕自古帝王所以制馭戎狄之道　「戎狄」原作「邊境」，據宋刊本及明抄本改。

〔七〕太上皇帝論及戎狄　「戎狄」原作「西北」，據宋刊本及明抄本改。

〔八〕仁之一字　「一」原脱，據繫年要録卷五一補。

〔九〕戊子　原作「庚子」，據繫年要録卷五一改。

〔一〇〕不過椎剥細民　「椎」原脱，據宋史全文卷一八補。

〔一一〕坐爲族叔郛名田改立官户　「郛」原作「郭」，據明抄本、宋史全文卷一八及繫年要録卷五一改。

〔一二〕泝流摺運　「泝」原作「沂」，據繫年要録卷五二改。

〔一三〕臣觀金虜有必亡之勢　「虜」原作「國」，據宋刊本、明抄本及宋史全文卷一八改。下同。

〔一四〕而委身於夷狄耳　「於夷狄」原作「以事之」，據宋刊本、明抄本及宋史全文卷一八改。

〔一五〕點雛經營　「點雛」原作「幼主」，據宋刊本、明抄本及宋史全文卷一八改。

〔一六〕思欲掃清鑾帳　「鑾帳」原作「邊境」，據宋刊本、明抄本及宋史全文卷一八改。

〔一七〕金人復自水洛城入寇　「寇」原作「侵」，據宋刊本、明抄本及宋史全文卷一八改。

〔一八〕江西兵馬副總管楊惟忠討軍賊趙進　「西」原作「東」，據繫年要録卷五三並參考宋史卷二七高宗本紀四改。

〔一九〕外攘夷狄　原作「以弭邊患」，據宋刊本、明抄本及宋史全文卷一八改。

〔二〇〕韓忠彦追封魏國公　「追」原作「進」，據繫年要録卷五三改。

〔一二〕高麗國王楷遣崔惟清沈起入貢　「惟」原作「維」，據繫年要録卷五三及皇宋十朝綱要卷二二改。

〔一三〕調官如文學例　「如文學例」原脱，據繫年要録卷五三補。

〔一四〕邦彦獻十議以圖中興　「興」原作「原」，據明抄本、宋史全文卷一八及繫年要録卷五四改。

〔一五〕宜置諸左右　「宜」原作「室」，據明抄本、宋史全文卷一八改。

〔一六〕雖二三大將嘗立奇功　「二三」原作「一」，據繫年要録卷五四改。

〔一七〕虜若入寇　「虜」原作「敵」，「入寇」原作「用師」，據宋刊本、明抄本及宋史全文卷一八改。

〔一八〕使賊舟得至向頭　「賊」原作「敵」，據宋刊本、明抄本及宋史全文卷一八改。

〔一九〕是時江浙湖北夔路歲額紬三十九萬匹　「十」原作「千」，據宋刊本、明抄本及繫年要録卷五四改。

〔二〇〕乃通天寧鹽於京西湖北　「天」，繫年要録卷五四作「大」。

〔二一〕吕抗吕摭並直秘閣　「摭」原作「撫」，據明抄本、宋史全文卷一八及繫年要録卷五四改。

〔二二〕外攘夷狄　原作「以弭邊釁」，據宋刊本、明抄本及宋史全文卷一八改。

〔二三〕所謂修車馬備器械外攘夷狄之事　「外攘夷狄之事」原作「至于邊境之事」，據宋刊本、明抄本及宋史全文卷一八改。

增入名儒講義皇宋中興聖政卷之十二

高宗皇帝十二

紹興二年秋七月辛酉，御筆：「福建州縣，盜賊焚劫之家，悉捐其田税。」先是，德音蠲免，而有司以爲著令不得過三分。上欲實惠及民，繇是申命。

捐福建被賊田税

壬戌，復置湖北提舉茶鹽司。

癸亥，初，令廣西經略司以鹽博馬，其後，歲撥欽州鹽二百萬斤與之。

廣西鹽博馬

初，江東安撫大使李光奏：「小使臣翟慶、賀仲堪爲宣州兵馬監押，如有已差人，亦乞從今來所辟施行。」詔並特添差。甲子，殿中侍御史江躋言：「臣嘗怪近日帥守、監司辟官，往往不知尊朝廷，必欲直衝吏部已差之人。朝廷既不能奪吏部已行之命，又不能違藩鎮辟置之意，則不惜以添差與之。朝廷姑息藩鎮，可謂得已而不已。願罷慶、仲堪，仍下吏部措置。每州縣添差不得過若干員，以寬民力。」從之。令修政局措置。

論添差官弊

罷福建舶司

罷福建提舉市舶司，令憲臣兼領。

提舉兼福州舶司

胡安國入對

乙丑，給事中胡安國入對，上曰：「聞卿大名，何爲累召不至？」安國再拜辭謝，進曰：「臣聞保國必先定計，定計必先定都，建都擇地，必先設險，設險分土，必先遵制，制國以守，必先恤民。夫國之有斯民，猶人之有元氣，不可不恤也。除亂賊，選縣令，輕賦斂，更弊法，省官吏，皆恤民之事也。而行此有道，必先立政，立政有經，必先核實。核實者，是非毁譽各不亂真，此致理之大要也。是非核實而後賞罰當，賞罰當而後號令行，人心順從，惟上所命，以守則固，以戰則勝，以攻則服，天下定矣。然致此，顧人主志尚如何耳。尚志所以立本也，正心所以決事也，養氣所以制敵也，宏度所以用人也，寬隱所以明德也。具此五者，帝王之能事備矣。乞以核實而上十有五篇，付宰相參酌施行。」

胡安國時政論

先是，安國爲時政論二十篇以獻，其論定計略曰：「陛下履極六年，以建都則未有必守不移之居，以討賊則未有必操不變之術〔一〕，以立政則未有必行不反之令，以任官則未有必信不疑之臣。」論建都謂：「建康有可都者五，不宜數動，與夷狄逐水草無異〔二〕。」論設險謂：「欲固上流，必保漢、沔；欲固下流，必守淮、泗；欲固中流，必以重兵鎮安陸。」論正心謂：「在先致其知而誠其意，故人主不可不學。」論養氣謂：「用兵之勝負、軍旅之强弱、將帥之勇怯，係人主所養之氣曲直如何。願强於爲善，益新厥德，使無曲失，可得指議。」論宏度謂：「人主以天下爲度，不可以私勞行賞，私怨用刑。」論寬隱謂：「創業興衰之君，柔遜謙屈，必施於林壑退藏之士，以礪其節。獨以威刑，外施暴横之戎〔三〕，内拂貪殘之賊〔四〕，與悍驕不可使之將、讒説殄行之臣，則天下歸心，而治道成。」其大指如此。至是，又申言之。時上欲講春秋，遂以左氏傳付安國點句。安國言：「今方思濟艱難，豈宜耽玩文采？莫若潛心聖人之經。」上稱善。安國因薦司勳員外郎朱震。

胡安國薦朱震

資政殿學士、新除提舉萬壽觀兼侍讀張守知福州，從所請也。上曰：「福建盜賊之後，要在拊循凋瘵，用守爲宜。」初，僞閩以八州之産分三等之制，膏腴者給僧寺觀，中、下者給土著、流寓。自劉夔守福，始貿易以取貲。守與士大夫謀爲實封之説，存留上等四十餘剎，以待高僧，餘悉爲實封，金多者得之，歲入不下七八萬緡，以助軍衣，餘寬百姓雜科，時實便之。

行福建實封法

起居郎王居正知婺州。居正素與秦檜善，檜爲執政，嘗與居正論天下

王居正排秦檜

事甚銳。及拜相，所言皆不讎。居正見上曰：「秦檜嘗語臣：中國之人，惟當著衣噉飯，共圖中興。臣時心服其言。又自謂使檜爲相，數月必驚動天下。今爲相施設止是，願陛下以臣所言問檜所行。」於是檜始恨之。

令人盡言

己巳，上謂輔臣曰：「比來臺諫論駁，多涉細事，意其沽敢言之名。朕謂宣和間言事者少，千百中無一。今朕盡令人言，不問疏遠，所以人人敢言。」

省内諸司

癸酉，上諭秦檜曰：「内諸司可省者，令修政局條上。」檜曰：「此盛德事也。大觀、宣、政間屢省冗費，終不能行。今斷自淵衷，誰敢不聽？」

命胡安國兼讀春秋

甲戌，給事中胡安國進兼侍讀，給事中程瑀、中書舍人陳與義並兼侍講〔五〕。上令安國兼讀春秋，仍諭以「隨事解釋，不必作義，朕將咨詢。」

臣留正等曰：易之文言曰：「君子學以聚之，問以辨之，寬以居之，仁以行之。」而下文繼之曰：「君德也。」蓋人君之德，莫大於學問。寬也者，所以居是學問者也。仁也者，所以行是學問者也。學則必有思，思則必有疑，疑而問，問而辨，辨而明，明而廣大昭徹，與天地等，得失是非，不能爲之亂；賢否忠佞，不能爲之惑。欲帝而帝，欲王而王，惟所擇而用之，無不如意。夫是之謂君德，堯、舜、禹、湯、文、武之所以汲汲也。仰惟太上皇帝以天縱之聖，當艱難之初，萬機之繁，日不暇給，而留神六籍，退托不明，申命講臣，無爲義訓，隨事解釋，用將諮詢焉。嗚呼！兹君德之盛，所以與堯、舜、禹、湯、文、武相望於千百載之上也。

王彥恢言營田

知無爲軍王彥恢言〔六〕：「建康古都，乃用武之地。欲保建康，必内以大江爲之控扼，外以淮甸爲之藩籬，又必措置兵食，以贍國費。然大江以南，千里浩渺，決欲控扼，非戰艦不可。大江以北，萬里坦途，欲遏長驅，非戰車不可。舒、廬、滁、和良疇百萬，欲措置軍食，非營田不可。舟車之法，以輕捷爲上。

王彥恢飛虎戰艦

彥恢所製飛虎戰艦，傍設四輪，每輪八楫，四人旋斡，日行千里。

王彥恢神武戰車

又有神武戰車，下安四輪，略同飛虎，頂張布帷，以避矢石，傍斜衝擊，其用如神。又有拒馬車，一人之力，可以轉用，比之蒙衝、偏箱、鹿角，此尤至要。淮西良疇，不可以數計，不須朝廷給本，秖以有無相濟，併力營田，計其户口，什一養兵，則淮西可以守矣。如許令彥恢招兵教習，只乞那融淮西數州財賦，可足舟車之用；及以數州秋成所得，那融營田，可足兵食之費。萬一今秋虜人長驅入寇〔七〕，及盜賊猖獗，彥恢當以此舟車摧鋒陷陣，以此士卒斬將搴旗，以此種蒔飛芻挽粟，保守淮疆，決無疏失。」詔彥恢就本軍措置。

己卯，吕頤浩自鎮江入見。

初，韓世忠進師討劉忠，至岳州之長樂渡，與賊對壘。至是，遣卒疾馳入其中軍，賊驚潰，大敗遁去。忠據白面山，跨三年，及是乃敗，其輜重皆爲世忠所得。〔八〕

辛巳，詔吕頤浩日下赴都堂治事，知紹興府朱勝非同都督江淮荆浙諸軍事。頤浩薦勝非，蓋以傾秦檜也。

丙戌，初，宗正寺所掌四書：曰玉牒，曰仙源積慶圖，曰宗藩慶繫録，曰宗枝屬籍。玉牒如帝紀而特詳，於國書中最爲嚴重。建炎南渡，舉四書而逸於江滸。丁亥，宗正少卿李易請編次玉牒，從之。

八月庚寅，起居舍人張燾言：「自古未有不知敵人之情，而能勝者。願詔大臣、諸將，厚爵賞以募可用之人，遣往伺賊〔九〕，撫養家屬，以繫其心。資之財用，或使爲商，或爲伎藝，以混其迹。凡敵人動静皆審知之，則戰守進退，在我有備。」詔以付都督及沿江諸帥。

壬辰，福建等路宣撫使孟庾兼權同都督江淮荆浙諸軍事。觀文殿學士朱勝非復知紹興府。先是，吕頤浩自江上還，欲傾秦檜而未得其要。過平

自鎮江入見

韓世忠敗劉忠

吕頤浩傾秦檜

薦朱勝非

編次玉牒

張燾言間諜

孟庾同都督

頤浩引勝非爲助

胡安國攻朱勝非

江，守臣席益謂之曰：「目爲黨可也。然黨魁在瑣闥，當先去之。」頤浩大喜，乃引勝非爲助，故以勝非同都督諸軍事。給事中胡安國言：「勝非與黄潛善、汪伯彦同在政府，緘默附會，馴致渡江，至今人心追恨未泯。乃尊用張邦昌，結好金國，許其子孫，皆得敘録，淪滅三綱，天下憤鬱。及正位冢司，苗、劉肆逆，貪生苟容，辱逮君父。以此三者觀之，勝非忠邪賢否，斷可見矣。」侍御史江躋亦奏勝非不知兵。

省併錢監

癸巳，提點鑄錢司言：「江、池殘破，遠涉大江，乞權就虔、饒二州併工鼓鑄。」許之。舊制，江、池、饒、建四州，歲鑄錢百三十萬緡，以贍中都，其後皆不登此數。至是，併廣寧監於虔州，永豐監於饒州。是歲，鑄錢纔八萬緡。

誅贓吏欒振

甲午，近歲官吏坐贓抵死之人，率皆貸配，故犯法者滋多。至是，錢塘縣吏欒振受賄當死，詔論如律，其徒始駭懼。大理寺丞姚焯因請以振刑名頒下諸州〔一〇〕。從之。

言者論民兵

乙未，言者論：「比年編伍之民，累經番寇〔一一〕，識其伎能，往往保社相聯，乘間邀擊，賊不敢犯〔一二〕。今數路分屯，沿海設備，縱有百萬精鋭之師，亦不能偏給。儻能激勸土豪，使之訓習，數年之後，民兵之勢既成，即黥刺之法，可以漸變。」詔諸州守臣隨鄉土之宜措置。

乞引對郡守

郡守民之師帥

丙申，左司諫吴表臣言：「時方艱危，州郡獲全者無幾，正賴賢守以循撫之。望用藝祖、漢宣帝、唐太宗、明皇故事，應郡守初自行在除授，及代歸赴闕者，並令引對。一則明示朝廷謹重郡守之意，使之盡心；二則可以揣知其人之賢否，與其才之所堪，從而褒黜；三則自外來者，可詢其所以爲政，與民情風俗之所安，而下情上通，不至壅蔽。」輔臣進呈，上曰：「郡守，民之師帥，若不得人，千里受弊。宜從之。」

朱勝非留經筵

胡安國再論勝非

戊戌，朱勝非提舉醴泉觀兼侍讀。是日，吕頤浩進上勝非還任。上曰：「勝非入相三日，值劉、苗作亂，當時調獲有力，朕豈不知？可除在京宫觀，留侍經筵。」蓋頤浩必欲引勝非。故有此命。頤浩恐胡安國持録黄不下，特命中書門下省檢正諸房公事黄龜年書行。安國言：「由臣愚陋，致朝廷過舉，侵紊官制，隳壞紀綱。孟子曰：『有官守者，不得其職則去。』臣待罪五旬，毫髮無補。既失其職，當去甚明。況勝非係臣論列之人，今朝廷乃稱其處苗、劉時，能調獲聖躬，即與向來詔旨責詞是非乖異。昔公羊氏以祭仲廢君爲行權，先儒力排其説，蓋權宜廢置，非所施於君父。春秋大法，尤謹於此。自建炎改元，凡失節者，非特釋而不問，又加進擢，習俗既成，大非君父之便。臣蒙睿獎，方俾以春秋入侍，而與勝非爲列，有違經訓。倘貪禄位，不顧曠官，縱臣無恥，公論謂何？」不報。遂臥家不出。

定計議編修改官法

詔：「選人充樞密院計議、編修官，到任一年，進士通理四考，餘人五考，並與改京官。」

胡安國言衛兵

己亥，給事中兼侍讀胡安國言：「自古聖王〔一三〕，雖用文德，必有親兵，專掌宿衛。成王即政，周公指虎賁與常伯同戒于王，欲其知恤。虎賁者，猶今侍衛諸軍也。康王初立，太保俾齊侯呂伋以虎賁百人逆于南門。呂伋者，太公望子，自諸侯入典親兵，猶今殿前馬步軍都帥也。勳德世門，總司禁旅；虎賁鋭士，宿衛王宫，其爲國家，慮深遠矣。本朝鑑觀前代，三衙分掌親軍，雖崇寧間，舊規猶在。及至高俅得用，軍政廢弛，遂以陵夷。陛下嗣承寶位，謀國者不思復古，親兵寡弱，宿衛卑少，豈尊君彊本、消患預防之計也？伏望考祖宗選擇禁旅之法，修明軍政，威服四方，上嚴宸極。」詔三衙措置。

吴表臣論防江

辛丑，左司諫吴表臣言：「大江之南，上自荆、鄂，下至常、潤，不過十郡之間，其要緊處，不過七渡。上流最急者三：荆南之公安、石首、岳之北津；中流最緊者二：鄂之武昌、太平之采石；下流最緊者二：建康之宣化、鎮江之瓜洲是也。惟此七渡，當擇官兵修器械。其餘數十處，或道路迂曲，或水陸不便，非大軍往來徑捷之處，略爲之防足矣。」詔以付沿江守帥。

論催税擾民

初，命尚書倉部員外郎成大亨等四人催督江、浙諸路夏税物帛，而使者以趣辦爲功，至有五月初已到行在，論者以爲擾民，於是前所降州縣催督官吏，及受納管押等官推賞指揮並罷。

書孝經示輔臣

癸卯，上出所書孝經，以示輔臣。

王倫還自金國

淮東宣撫使劉光世言：「通問使王倫還自金國。」始朝廷遣人使虜〔一四〕，自宇文虛中之後，率募小臣或布衣，借官以行，皆爲所拘。既而金左副元帥宗維，遣都點檢烏陵思謀至館中，具言息兵議和之意，俾倫南歸，須使人往議。

胡安國以論勝非罷

戊申，給事中兼侍讀胡安國罷。安國以論朱勝非不從，力求去。勝非皇恐，亦上會稽印，走傍郡，乞奉祠。詔曰：「禮義不愆，於人言而奚恤？君臣無間，於大體以何傷？」章十數上，卒不許。呂頤浩言於上，是日，詔安國可落職、提舉建昌軍仙都觀。右僕射秦檜三上章乞留安國，不報，遂家居不出。

薦臺臣以逐秦檜

己酉，以中書、門下省檢正諸房公事黃龜年爲殿中侍御史，尚書右司員外郎劉棐行右司諫。呂頤浩用二人，將以逐檜也。是日，給事中兼侍講程瑀亦罷知信州，自是，臺省相繼出矣。

萬頃賜官

汀州童子萬頃年十歲能誦經、子書。上召見于内殿，頃記誦如流。上嘉其敏，命爲文林郎，仍賜名嚴。

庚戌，大理少卿張宗臣奏：「風塵未静，寇盜間作。州郡兵器，朘削殆盡，作院旬呈之法，僅成虚文。漕計闕乏，不復給物料之直，工匠散充他役。今兵器闕少，將使數百疲卒，索手臨敵，此必不可。宜行下諸路，嚴責州郡，凡軍器物料，速給其直，工匠不許他役。監司察其滅裂者。帥司或大軍取索，先足本州合用之數，方計給其餘。」詔從之。

臣留正等曰：軍政之不修，莫甚於今日之郡國也。郡國之有兵，所以爲民、社稷之衛。今乃與皂隸雜處，轉移執事之不暇，未始一跡於閲武之場。吏亦習熟見聞，以戎器爲長物，宜其所儲，有名無實，而廑存者蠹折斷爛，尤可傳笑。噫！以甲仗名庫者，苟欲備儀注而已耶？則誠不必問。儻曰：「民人、社稷之衛在焉，不可以無一旦不虞之備。」則安得置而弗憂？宜太上皇帝以是而力責州郡也。邇者，聖上克遵成訓，益厲戎昭〔一五〕，申命諸道主兵官專任閱習，凡器械之刓蠹、不備者，皆有程督，將繕治而一新之。豈止於吳人之犀渠，魯人之貝冑而已哉！在易萃之大象曰：「除戎器，戒不虞。」蓋國家閑暇之時，而能不忘舉此，然後見聖人之政云。

斥秦黨臺省一空

辛亥，侍御史江躋、左司諫吳表臣並罷。壬子，程瑀、胡世將、劉一止、張燾、林待聘、樓炤並落職，與宮觀，皆坐秦檜黨，爲呂頤浩所斥也。自是臺省一空矣。

輪對周復令轉對

癸丑，詔職事官輪對已周，復令轉對。

秦檜罷相

甲寅，尚書右僕射、同中書門下平章事兼知樞密院事秦檜罷，爲提舉江州太平觀〔一六〕。檜與左僕射呂頤浩不諧，會邊報王倫來歸，殿中侍御史黃龜年因劾檜專主和議，沮止國家恢復遠圖，且植黨專權，漸不可長。上乃召兵部侍郎兼直學士院綦崇禮入對，出檜所獻二策，大略欲以河北人還金虜〔一七〕，

上出秦檜二策

中原人還劉豫，如斯而已。上謂崇禮曰：「檜言南人歸南，北人歸北。朕北人，將安歸？又檜言『臣爲相數月，可使聳動天下』。今無聞。」崇禮請御筆付院，上即索紙，書付崇禮。崇禮退，未至院而麻制已成。翌日，制責檜曰：「自詭得權而舉事，當聳動于四方；逮兹居位以陳謀，首建明於二策。罔燭厥理，殊乖素期。」檜既免，上乃諭朝廷，終不復用，仍榜朝堂。檜入相凡一年。

榜朝堂不復用檜

龜鑑曰：秦檜何人哉？既出宗尹而奪之位，又出頤浩而專其權，昌言二策，可聳四方，及上二策，專爲虜計〔一八〕，「南自南，北自北」。此何語也？而斷然與天子言之。王居正有言：「檜自請爲相，必驚動天下。」今設施乃止於是，置修政局，所修何政？實欲奪同列之權，宜乎曾統有「何以局爲」之譏也。既而頤浩視師還朝，以傾檜，御史黃龜年之論奏一行，檜於是下章辭位矣。考紹興三四年間，國勢乍張而復沮，虜酋既慴而復肆者〔一九〕，秦檜禍國之胎，已萌於此也。

禁珍禽花木入城

詔珍禽花木毋入臨安諸門。

彗出於胃

夜四更，彗出於胃。上憂之，命大官進素膳。宰執言：「所次分野

畏天不論分野

甚遠。」上曰：「今不論齊、魯、燕、趙之分，天象示譴，朕敢不畏天之威耶？」

臣留正等曰：天心之仁愛人君，至出災異以譴告警懼之者，乃所以扶持而全安之也。人君之得失蓋在此〔三〇〕。而臣下乃採占步之術，或推之於隣國，或驗之於將來，是以姑息愛其君者爾！星文變異，太上皇帝不問齊、魯、燕、趙之分，惟知側身以修省。而邇臣乃以「所次甚遠」爲言，其得失果何啻天淵也！

罷修建康大内

乙卯，詔防秋届期〔三一〕，建康修大内可罷。

丙寅，上以星變，諭輔臣修闕政。

秦檜罷職

九月戊午朔，觀文殿學士秦檜落職，告詞云：「聳動四方之聽，朕志爲移；建明二策之謀，爾材可見。」

罷修政局

己未，罷修政局，以議者言修政所講多刻薄之事，失人心，致天變故也。

以星變求言

辛酉，以彗星出，赦天下。内外臣庶，許直言時政闕失。

朝奉郎、大金通問使王倫至行在。

癸亥，執政進呈胡安國請益衛兵。上曰：「一衛士所給，可贍三四兵。朕命楊沂中治神武中軍，此皆宿衛兵也。卿等可修鞍馬，備器械，乃爲先務。」

神武皆宿衛兵

初置六部監門一員。

置六部監門

乙丑，提舉醴泉觀兼侍讀朱勝非守尚書右僕射、同中書門下平章事。

朱勝非復相

辛未，詔：「自今應批降處分，係親筆付出外者，並依舊作御筆行下。」是日，御筆：「醫官樊端彦特除遥郡刺史。」言者謂：「陛下臨御以來，深戒僥倖之弊，事有不由朝廷者，皆許覆奏，所以絶群小之求。今奉御筆，恐斜封墨敕復自此始。」乃寢前命，然用御筆行下如故，蓋呂頤浩意也。

御筆指揮

甲戌，夜，彗星没。

乙亥，御筆：「尚書兵部侍郎兼直學士院綦崇禮爲翰林學士。」自靖康後，從官以御筆除拜，自此始。

御筆除從官之始

丙子，詔：「近降御筆處分事，多係寬恤及軍期等事，與前此指揮事體不同，並經三省、樞密院，如或不當，自合奏稟，仍許給、舍繳駁，臺諫論列，有司申審。若奉行違慢，止依違聖旨科罪。」是日進呈，上謂輔臣曰：「今日批

許奏駁御筆

降處分，雖出朕意，必經由三省、樞密院，與已前不同。」

罷織御服羅

戊寅，罷鎮江府織御服羅。上諭輔臣：「方軍興，有司匱乏，豈可以朕服御之物爲先？且省七萬緡〔三〕，助劉光世軍費也。」

免上書人審量

御筆：「靖康、建炎以來，上書授官之人，並令免吏部審量。」時方下詔求言，論者以爲：「近歲因上書直言而得官者，乃與宣和以前投賦獻頌之人，例皆審量，故忠直之士，咸以爲恥，未敢盡言。」故有是命。

移福建舶司

庚辰，詔福建市舶司職事，令提舉茶鹽司兼領，仍移司泉州。

韓世忠宣撫江東西路

欲罷李綱

置背嵬親隨軍

辛巳，神武左軍都統制韓世忠爲江南東、西路宣撫使，置司建康府。沿江三大帥劉光世、李回、李光並去所領揚、楚等州宣撫使名，其節制淮南諸州如故。惟荆湖、廣東宣撫使李綱止充湖南安撫使，湖北、廣東並還所部。自分鎮以來，前執政爲帥者，例充安撫大使。至是，右司諫劉斐屢言綱跋扈。吕頤浩將罷綱，故帥銜比江東、西減「大」字。世忠還建康，乃置背嵬親隨軍，皆鷙勇絶倫者。

遣使宣諭諸路

壬午，遣使宣諭江、浙、湖、廣、福建諸路。時盜賊稍息，吕頤浩慮守令弗虔，請分命御史循行郡國。前一日，手詔，選强明廉謹不欺之人，觀問風俗，平反獄訟，宣布德音。

都承旨始除文臣

權尚書禮部侍郎趙子晝充樞密院都承旨。自改官制後，都承旨除文臣自子晝始。

呂頤浩峻更鹽法

甲申，詔：「淮、浙鹽每袋令商人貼納通貨錢三千，已筭請而未售者亦如之，十日不自陳，論如私鹽律。應販私茶鹽，雖遇非次赦恩，特不原免。」時呂頤浩用提轄榷貨務張純議，峻更鹽法，至是畫一行下。

趙開變蜀鹽法

總領四川財賦趙開初變鹽法，盡榷之，倣大觀法，置合同場，收引稅錢，與茶法大抵相類，而嚴密過之。

王似爲宣撫副使

張浚謗議起

丙戌，知興元府王似爲川陝等路宣撫處置副使，與張浚相見，同治事。浚在關陝，與鄉黨親舊之間少所假借，於是，士大夫起謗議，朝廷疑之，將召歸，先爲置副。時似已復還成都，而朝廷未知也。

江南東路安撫大使李光落職，提舉台州崇道觀。

施逵奔降劉豫

婺州編管人施逵移瓊州編管。逵中道逸去，復改名宜生，奔僞齊。

劉忠降于劉豫

劉忠爲統制解元所破，與其徒遁走北去，遂附于劉豫。

置饒州孳生監

冬十月戊子朔，置孳生馬監于饒州，命守臣提領。括神武諸軍及郡縣官牝馬隸之，仍選使臣五人，專主其事。

己丑，進呈御前給曆，遣使五人巡行諸路，仍各賜内帑絹二百匹。曾統等辭免賜絹，上曰：「朕欲出使無擾，不受一切饋遺，若不賜予，何以養廉？聞司馬光爲相，每詢士大夫生計足否。人怪而問光，光曰：『儻衣食不足，安肯爲朝廷理會事，輕去就耶？』至今人多誦此語。」

臣留正等曰：廉者，士之常分也。況將命而出，四方之所觀望而視傚，苟其身之不正，如正人何？太上皇帝遣五使巡行諸路，戒以勿受饋遺，固宜欽承休命，不敢踰越，然且曲加賜予，以養其廉，使臣以禮隆寬待下，則凡爲人臣者，當如何其報耶。

饒信膽水浸銅

辛卯，朝議以坑冶所得不償所費，悉罷監官，以縣令領其事。至是，江東轉運副使馬承家奏存饒、信二州銅場，許之。二場皆産膽水，浸鐵成銅。元祐中，始置饒州興利場，歲額五萬餘斤。紹聖三年，又置信州鉛山場，歲額三十八萬斤。其法，以片鐵排膽水槽中，數日而出，三煉成銅。

胡寅應詔論十事

癸巳，直龍圖閣胡寅應詔上書，論修政事、備邊陲、治軍旅、用人才、除盜賊、信賞罰、理財用、核名實、屏佞諛、去姦慝十事。

貶王洋請立五季後

甲午，御筆：「起居舍人王洋面奏不急之務，可降一官。」初，詔群臣條闕失，而洋面奏請官五代九國子孫。上諭輔臣曰：「朕虚己求言，務濟時病，如夷狄盜賊及朝廷闕失〔二三〕，可言者非一。洋姑應詔旨，豈朕所望？諸國在五季時割據，類皆盜賊。洋欲封其後，是奬賊也。洋言無取，與降一官。若後來獻言之人，有補治道，朕當旌賞。」

賞進士言事

進士周拯、夏康佐、陳康國各上書論時事，詔拯召見，餘賜帛罷之。既而康佐等辭賜帛，上曰：「唐太宗固嘗如此，本朝久亦不廢，茲乃待士禮意也。其以此諭之。」

張浚奏貶王庶

乙未，詔王庶落職、提舉江州太平觀、本州居住，用張浚奏也。

初置都轉運使

丙申，初置江、浙、荆湖、廣西、福建路都轉運使。自罷發運司，頗失上供錢物，故呂頤浩以爲請。

議精選兵

戊戌，呂頤浩言：「建康米斗不及三百〔二四〕，欲於鎮江上下積粟三十萬斛，以助軍用。」上曰：「若選精兵十五萬，分爲三軍，何事不成？祖宗取天下，兵數如此。」

賜徐俯出身

除諫官賜出身

庚子，御筆：「右諫議大夫徐俯，可賜進士出身。」故事，任子不爲臺諫官，故有是命。

丙午，監察御史李藹言〔二五〕：「傅崧卿、施坰保明秀州糴買軍糧數足，乞議置賞，而徐康國奏秀州尚有未糴之數。」詔詰問。崧卿對以其彼善於此，所以特爲開陳。詔：「近方選任直臣，廉按諸路，冀有埋輪攬轡之士，以副朕意。而傅崧卿初將詔命，公肆誕慢，既列從班，仍加反覆；施坰保明，觀望不實，朝廷何所賴焉？崧卿可落待制職，仍降兩官，與在外宮祠；施坰降兩官，令吏部與遠處監當。嘉興、崇德兩縣係施坰所具，當職並放罷。」

臣留正等曰：衡命而使，膺皇華之選，分外臺之寄，吏之否臧，事之罷行，皆得以專達乎上，實天子耳目之司也。是宜激濁揚清，彰善癉惡，如鑑之明，如衡之平，而無私焉。而乃奏報不實，公肆誕慢，失職之誅，庸可逭乎？太上皇帝獨運剛斷，鐫貶職秩，則居是職者，誰不知所戒焉。

張成入醴陵縣

丁未，盜張成入醴陵縣，知縣事程愿率士兵、射士擊之，巡尉曹修、郭建皆爲所殺，愿中刃不死，賊亦去。

禁賣公使庫酒

己酉，詔帥臣、統兵官以公使酒酤賣者，取旨論罪。先是，李綱爲湖廣宣撫使，請於所在州軍造酒。許之。及是，呂頤浩因進呈，言：「茶鹽榷酤，今日所仰養兵，若三代井田。李唐府兵可復，則此皆可罷，不然，財用捨此何出？」朱勝非曰：「榷酤自漢孝武時，因兵興而有。」上曰：「行之千餘年，不能改革，可見久長之利。」故有是旨。

論榷酒之利

詔捕湖寇楊么

詔湖北安撫使劉洪道、知鼎州程昌寓，併力招捕湖寇楊太。

孔端朝授正字

辛亥，左迪功郎孔端朝，宣聖之後也，上召見，特改左承事郎，尋以端朝爲秘書省正字。

朱勝非言經營淮北

尚書右僕射朱勝非上經營淮北五事：「一、謂逆豫方行什一稅法，聚以資虜〔二六〕，今當渡江，取彼所積，以實邊圉。二、謂宜分三軍，張聲勢，使逆豫分兵拒守，然後大軍直擣宋、亳，豫必成擒。三、慮虜、賊併力南寇〔二七〕，不若先破豫兵，去其一助。四、大軍一出，所得金帛悉以賞軍。五、淮北有土豪助順者，就以爲守將。」上納之。

命大臣諸將會食

十有一月戊午朔，右諫議大夫徐俯入對言：「大臣不可立威，宜與諸將論事。」上曰：「朕命大臣與諸將會食共議，卿特未知。」

朱勝非閑居録曰：朝廷承堂陛之勢，宰相號表則之官，動遵典禮，不容妄作。故事，每見客，無迎送之禮，無燕聚之私。建炎以來，車駕巡幸，典禮雖不備，然大體尚存。三年，有苗劉之變，副樞呂頤浩、禮部侍郎張浚同爲勤王之舉，聚兵吴門，日與諸將議事，或犒勞偏裨，置酒高會，必至夜分，款狎無所不至。事定造朝，呂拜相，張拜樞，與諸將會集不已，酒酣箕倨，以至嘲謔，喧鬨紛拏，無復禮儀，故事悉廢矣。

戒宰相勿親細事

命宋煇盡心獄訟

庚申，執政進呈：「朝堂所受訟牒，州郡有未決者，乞付大理。」上曰：「宰相進賢退不肖，用治天下，豈可以細事爲務？」顧呂頤浩曰：「卿可諭臨安守臣宋煇，令盡心獄訟，毋致煩紊朝廷。」

命進春秋口義

辛酉，詔：「自今住講日，令經筵官輪進春秋口義一篇〔二八〕，至開講日如舊。」

榷明州三縣鹽

初，明州象山、定海、鄞縣旁海，有鹵田三十七頃，民史超等四百六十餘家，刮土淋鹵煎鹽，官未嘗收其課。至是，浙東提舉茶鹽公事王然始拘充亭户，盡榷其鹽，歲爲二百九萬餘斤，收鈔錢十萬餘緡。事既行，乃言於上。守臣陸長民以是爲言。都省勘會，令憲司具的確利害申尚書省，卒推行之。

許大臣蔭期親

丁卯，左中大夫致仕胡國瑞卒，年五十三。國瑞爲郎時，初得任子恩，先官其弟，朝廷許之，因著令，初遇大禮，有子者聽蔭補期親。

請舉兵圖中原

尚書左僕射呂頤浩屢請因夏月舉兵北向，以復中原。且言：「今之戰兵，其精鋭者皆中原之人，恐久而消磨，異時勢必難舉。」〔二九〕

御筆作聖旨行下

庚午，詔自今御筆，並作聖旨行下。時右諫議大夫徐俯言：「祖宗朝，應批降御筆，並作聖旨行下。自宣和以來，所以分御筆、聖旨者，以違慢住滯，科罪輕重不同也。今明詔許繳駁論列，當依祖宗法，作聖旨行下。方其批付三省，合稱御筆，三省奉而行之，則合稱聖旨，然後名正言順。祖宗御筆不少，王廣淵在仁宗朝，嘗類編成書，以爲後法。乞依故事施行。」上從之。

洪擬言吏强官弱

禮部尚書洪擬言：「近時吏强官弱，官不足以制吏。官有以財用不給而罷者，有以刑名而罷者，吏未嘗過而問也。官有罪，吏告之，有司治之惟恐後；吏有罪，官按之，則相疑曰：『豈寬縱致然耶？』宜其所在奸吏，專權擅勢，大作威福。」上謂宰執曰：「朕思此一事，要在官得其人，吏不敢舞文爲奸。」吕頤浩曰：「緣官不知法，致吏得以欺。」上然之。

詔見緡出臨安門，毋得過十千。

出城不許過十千

辛未，上曰：「朕常思創業、中興事殊。祖宗創業固難，中興亦不易。中興又須顧祖宗已行法度如何，壞者欲振，墜者欲舉，然大不容易。此實艱難，朕不敢不勉。」

臣留正等曰：創業、中興殆未可以難易分也，蓋削平僭叛〔三〇〕，混一區宇，與夫救溢扶衰，重光基緒，自非明聖之主，負大有爲之志，安能辦是功業哉？太上皇帝因論創業之難，而深念中興之不易，且欲勉强而力行，故能撥亂反正，中興炎祚。三紀之間，方内晏然，蓋大有爲之志，已先定於圖服之功矣〔三一〕。

命輔臣議出兵

壬申〔三二〕，上諭輔臣曰：「自昔中興，豈有端坐不動於四方者？將來朕撫師江上。朕觀周宣王修車馬、備器械，其車攻復古一篇可見。若漢世祖起南陽〔三三〕，初與尋、邑之戰，以少擊衆，大破昆陽。其下如唐肅宗，雖不足道，能用郭子儀、李光弼以復王室。朕謂中興之治，無有不用兵者。卿等與韓世忠曲折議此否？可更召侍從，日輪至都堂，給劄條對來上，朕將參酌，以決萬全。」

臣留正等曰：兵，凶器也，有時而致吉。戰，危事也，有時而致安。爭，逆德也，有時而致順。少康非兵不能以中興於夏，宣王非兵不能以中興於周，光武非兵不能以中興於漢，肅宗非兵不能以中興於唐。國家當艱難之初，虜騎猖獗〔三四〕，直欲長驅東南，非太上皇帝親總六師，指授諸將，挫其鋭鋒，而奪虜師之氣，虜肯爲前日之和哉？暨金主渝盟，擁百萬之師，壓我淮上，非諸將角數戰之勝，太上決親征之策，致彼將兇徒自相殘戮〔三五〕，聖上纘承，繼興師討，虜肯爲今日之和哉？太上皇帝謂中興之治，無有不用兵者，斯誠不易之論。

廣南鈔增貼納錢

詔吉州榷貨務見賣廣南鹽鈔，並增貼納錢，如淮、浙例。

均定給鈔鹽數

甲戌，詔：「淮、浙鹽場所出鹽，以十分爲率，四分支今降指揮以後文鈔，二分支今年九月甲申已後文鈔，四分支建炎渡江以後文鈔。」用户部尚書黄叔敖請也。先是，呂頤浩以對帶法不可用，乃令商人輸貼納錢。至是，復以分數均定，如對帶矣。

命會兵捕湖寇

李綱平湖南軍賊

李綱乞合兵捕楊么

命潭鼎荆鄂帥守李綱等四人約日會兵，收捕湖寇。初，綱以湖廣宣撫使赴湖南，聞曹成自邵入衡，以趨江西，即駐師衡陽，遣使諭成，使散其衆。成至衡，綱召與語，俾率其餘衆四萬詣建康。時馬友之將步諒有兵二萬，掠衡山。綱親帥大軍自白沙潛涉江，諒不虞其至，遂出降，至是以聞。詔令綱精加揀汰，得七千餘人隸諸軍。綱尋入潭州，械知醴陵縣張覿屬吏，權攝官以漸易置，贓吏稍戢。綱延見長老，問民疾苦，皆以盜賊、科須爲言。乃檄州縣，非使司命而擅科率者，以軍法從事，應日前科須之物，並以正賦准折。又遣統制官郝晸降潰將王進於湘鄉〔三六〕，吴錫擒王俊於邵陽，自是湖南境内，潰兵爲盜者悉平，惟湖寇楊太據洞庭。綱命統領官李建、馬準、吴錫分屯湘陰、益陽、橋口以備之。湖南無水軍，綱乃拘集沿江魚網户，得三千人，屯潭州，言于朝，乞合兵討蕩。詔湖北安撫使劉洪道、知鼎州程昌寓、荆南宣撫使解潛，遣兵會之，仍權聽綱節制。

臺官賜出身

乙亥，賜新除殿中侍御史曾統進士出身。

韓世忠建康營田

詔江東西宣撫使韓世忠措置建康營田，募民如陜西弓箭手法。

戊寅，閩盜范忠掠龍泉縣。忠〔三七〕，范汝爲之餘黨也。

宣諭五使入見

己卯，宣諭五使劉大中、胡蒙、朱異、明橐、薛徽言同班入見。上諭曰：「比所下詔令，州縣徒掛牆壁，皆爲虛文。今遣卿等，務令民被實惠。守令，民之師帥，縣令尤親于民，姦贓之吏，必須按發；公正奉法之人，必須薦舉。如山林不仕賢者，亦當具名以聞。平反獄訟，觀風問俗等事，並書於曆，朕一一行之。此非尋常遣使比也。」徽言請州縣已蠲租賦文簿，建炎改元已前者，並令焚毁。又乞所至州縣，吏無大過而職事不辨者，如漢薛宣守馮翊故事，聽臣兩易其任，不理遺闕。翌日，上諭大臣曰：「近臨遣五使，面諭丁寧，非往時遣使之比。朕欲實惠及民，可依所奏焚毁，示民不疑。如有合對移官，具事因申省取旨。」

戒理官明恕

辛巳，上謂輔臣曰：「昨日大理少卿元袞面對，朕戒諭以持法明恕。如宣和間，開封尹盛章、王革，可謂慘刻。」呂頤浩曰：「惟明克允，用刑所先也。」

壬午，知湖州汪藻言：「自太上皇帝、淵聖皇帝及陛下建炎改元，至今三十餘年，並無日曆。本朝宰相皆兼史館，故書榻前議論之辭，則有時政記；

編元符以來詔旨

柱下見聞之實，則有起居注，類而次之，謂之日曆；修而成之，謂之實録，所以備記言，垂一代之典也。望許臣編集元符庚辰至建炎己酉三十年間詔旨，繕寫進呈，以備修日曆官采擇。」許之。自軍興，史官記録，靡有存者。藻出守湖，而湖州不被寇，元符後所受御筆、手詔，賞功、罰罪等事皆全，藻因以爲張本，又訪諸故家士大夫以足之，凡六年乃成。

給度牒造甲

詔：「江、浙、福建諸州造甲五千副，每度牒一爲錢百二十千，以償三副之直。」

賑恤流民

甲申，時流民有至行在者，知臨安府宋煇請以常平米賑給，從之。

陳顒犯梅州

虔賊陳顒等犯梅州〔三八〕。

閩盜范忠平

十有二月丁亥朔，令申世景、單德忠以所部捕閩盜范忠〔三九〕，既而處州復告急，乃命張守忠以精兵會之，賊遂平。

布衣吴伸上書

黄州布衣吴伸上書曰：「陛下有孝悌之大德，而二帝之問不通，敵國之陵不已，土地之封日削，國用之富不饒〔四〇〕，盜賊之鋒未戢。」又曰：「復祖宗之故業，則陛下有萬世垂統之基。若止如東晉之南據，則不過有百年之世祚。又況自古南北之勢，但見以北并南，未聞以南并北者也。」又曰：「劉豫誘陛下之英賢，則謀謨可得而策；誘陛下之士卒，則戰鬭可得而用；誘陛下之行旅，則國之虛實可得而知矣。」又曰：「自古帝王之興，兵權未嘗重假於人。今陛下親御之衆，不如藩鎮之多。近日沿邊州軍，多用武臣爲守，或起于卒伍，或招於賊徒，毒心不改，逆謀猶存。莫若以沿邊之郡十州之地，建一諸侯，以同姓之親者主之。前言伐齊者，策之上也。不得已而建侯者，策之次也。」疏入，召赴都堂審察，遂以伸爲將仕郎。

海賊柳聰受招

庚寅，廣東經略司言，海賊柳聰已受招。詔補承信郎。然聰居海中，出没如故，久之乃定。

不許經筵講史

新知江陰軍趙詳之奏乞令經筵兼講諸史。上諭大臣曰：「朕觀六經皆論王道，史書多雜霸，又載一時捭闔辯士曲說。」遂不行。〔四一〕

論經義不通史

癸巳，禮部尚書洪擬請依元祐法，兼用詞賦、經義取士。已而御史曾統以爲未須兼經，可且止用詞賦。上曰：「古今治亂，多在史書，以經義登科者，類不通史。」吕頤浩言：「均以言取人，第看所得人材如何耳。臣嘗見太祖皇帝與趙普論事書數百通，其一有云：『朕與卿平禍亂以取天下，所創法度，子孫若能謹守，雖百世可也。』」上曰：「唐末、五季藩鎮之亂，普能消於談

論趙普平藩鎮功

笑間，如國初十節度，非普謀，亦孰能制？ 輔佐太祖，可謂社稷功臣矣。」

申嚴銷金之禁

甲午，御筆申嚴銷金之禁。 上因覽韓琦家傳，論戚里多衣銷金事，且聞都人以爲服飾者甚衆，故禁之。

李綱罷

觀文殿學士、知潭州、充湖南安撫使李綱罷。 命吏部尚書沈與求爲湖南安撫使兼知潭州。 綱嘗言：「荆湖之地，自昔號爲用武之國。 今朝廷保有東南，制御西北，當於鼎、澧、荆、鄂皆宿重兵，使與四川、襄、漢相接，乃有恢復中原之漸。」未及行而綱廢。

議恢復未及行而罷

禁將佐鬻鹽

言者論：「通州歲支鹽二十萬袋，近浙西安撫大使司統制官喬仲福、王德市私鹽，倣官袋而用舊引，貨于池州，人不敢問。」尚書省言：「茶鹽之法，朝廷利柄，自祖宗以來，他司不敢侵紊。」乃詔劉光世詰仲福與德之罪，後有犯者，捕送臺獄，重行貶竄。

臨安火

夜，行在臨安府火，燔吏、工、刑部、御史臺及公私室廬甚衆。 乙未旦，乃滅。

命徐俯非時奏事

丁酉，右諫議大夫徐俯入對。 上面諭俯：「有合奏禀事，不拘早晚及假日，並許入。」

書光武紀賜徐俯

俯嘗勸上熟讀漢光武紀，上書以賜之曰：「卿近進言，使朕熟看世祖紀，以益中興之治。因思讀之十過，未若書一遍之爲愈也。先以一卷賜卿，雖字惡甚無足觀者，但欲知朕不廢卿之言耳。」

召試洪興祖等

戊戌，左宣教郎洪興祖爲秘書省正字。興祖，擬兄子也，與孔端朝、張炳、周林四人，俱召試。上覽策，謂大臣曰：「興祖所論讜直，切中時病，當爲第一。」遂與端朝並除正字，而炳、林令吏部與諸州學官。

趙鼎建康之政

江東安撫大使趙鼎始至建康視事。時權同都督江淮荊浙諸軍事孟庾、江南東西路宣撫使韓世忠，皆駐軍府中，軍中多招安强寇。鼎爲二府，素有剛正之風，庾、世忠皆加禮，兩軍肅然知懼。民既安堵，商賈通行焉。

己亥，沈與求力辭湖南之命，乃以折彥質代李綱，與求提舉江州太平觀。

高麗入貢

辛丑，高麗國遣洪彝敘等來貢[四二]。

張浚罷宣撫

甲辰，詔張浚罷宣撫處置使，依舊知樞密院事。知夔州盧法原爲川陝宣撫處置副使，與王似同治事。令浚與劉子羽、馮康國俱還。

元祐人子孫失教

上謂大臣曰：「近引對元祐臣僚子弟，多不逮前人，亦一時遷謫，道路失教。元祐人才，皆自仁宗朝涵養焉[四三]。及子孫，自行經義取士，往往登科後再須修學，所以人才大壞，不適時用。」

遣官督上供米

乙巳，呂頤浩言：「近遣郎官孫逸督上供米於江西，聞已起三綱，則三十萬之數可集矣。」上曰：「所補不細。江西漕臣必待遣官趣之，則失職爲可責。朕面諭都轉運使張公濟，俾先理常賦。若常賦不入，反務横斂，非朕恤民之意也。」

禁常賦外横斂

福建漕憲移治

庚戌，詔福建轉運司移福州，提刑司移建州。

鄭士彦乞教閲

辛亥，司封員外郎鄭士彦言：「國以兵故强，兵以教故精。國家承平時，禁軍教法甚嚴，況今艱難，而諸州往往冗占，以將迎爲急務，教習爲虚文。望詔有司申嚴故事，每州選兵官專主，歲終較其精粗而賞罰之。」詔以付諸路帥司。

臣留正等曰：嘗讀車攻之詩，美宣王選車徒而作也，其曰：「我車既攻，我馬既同，四牡龐龐，駕言徂東。」則車馬之既飭矣。其曰：「四黄既駕，兩驂不倚，不失其馳，舍矢如破。」則射御之既良矣。其曰：「蕭蕭馬鳴，悠悠旆旌，之子于征，有聞無聲。」則軍律之無譁矣。用能四征弗庭，無往不克，蓋蒐苗獮狩，閲習以時，故人皆爲用。夫豈以衆寡計强弱哉？國家教閲之令，内而畿甸，外而州縣，莫不以時舉行，良法美意，固與成周無異矣。而不虔之吏，奉行因循，是以太上皇帝下申嚴之詔。日者，大臣言軍政之弊，肆遵慈訓，榘矱程督之嚴，皆發於宸翰，可謂備矣。然謹始怠終，人之常情，安知主兵吏後日之奉行，未必不如前日之因循也。惟睿斷不移，軍勢張而國威立矣。

李横敗劉豫復汝州

襄陽鎮撫使李横敗僞齊于楊石店，遂復汝州。

湖南江浙屯田

甲寅，言者論淮南多閑田，而耕者尚少。今安復鎮撫使陳規措置屯、營田，深得古者寓兵於農之意。望倣其制，下之諸路。詔湖北、江東、西、浙西屯田，令帥臣劉洪道、韓世忠、李回、劉光世措置都督府總治。

謝達犯惠州

虔賊謝達犯惠州。

增入名儒講義皇宋中興聖政卷之十二

校勘記

〔一〕以討賊則未有必操不變之術 「賊」原作「敵」，據宋刊本、明抄本及宋史全文卷一八改。

〔二〕與夷狄逐水草無異　「夷狄」原作「西北」，據宋刊本、明抄本及宋史全文卷一八改。

〔三〕外施暴横之戎　「戎」原作「敵」，據宋刊本、明抄本及宋史全文卷一八改。

〔四〕内拂貪殘之賊　「賊」原作「性」，據宋刊本、明抄本及宋史全文卷一八改。

〔五〕給事中程瑀中書舍人陳與義並兼侍講　「程瑀」原作「陳瑀」，據繫年要録卷五六及下文改。

〔六〕知無爲軍王彦恢言　案此條記事，繫年要録卷五六繫於「丁丑」。

〔七〕萬一今秋虜人長驅入寇　「虜」原作「敵」，「寇」原作「侵」，據宋刊本、明抄本及宋史全文卷一八改。

〔八〕案韓世忠大敗劉忠軍，繫年要録卷五六及宋史卷二七高宗本紀四均繫於「庚辰」，當是。

〔九〕遣往伺賊　「賊」原作「敵」，據宋刊本、明抄本及宋史全文卷一八改。

〔一〇〕大理寺丞姚焯因請以振刑名頒下諸州　「姚焯」，繫年要録卷五六作「姚焯」。

〔一一〕累經番寇　「番寇」原作「兵戈」，據宋刊本、明抄本及宋史全文卷一八改。

〔一二〕賊不敢犯　「賊」原作「敵」，據宋刊本、明抄本及宋史全文卷一八改。

〔一三〕自古聖王　「聖」原作「盛」，據繫年要録卷五七改。

〔一四〕始朝廷遣人使虜　「虜」原作「北」，據宋刊本、明抄本及宋史全文卷一八改。

〔一五〕益厲戎昭　「昭」，繫年要録卷五七作「威」。

〔一六〕爲提舉江州太平觀　「觀」原作「館」，據宋刊本、明抄本及繫年要録卷五七改。

〔一七〕大略欲以河北人還金虜　「虜」原作「國」，據宋刊本、明抄本及宋史全文卷一八改。

〔一八〕專爲虜計　「虜」原作「敵」，據宋刊本、明抄本及宋史全文卷一八改。

〔一九〕虜酋既懾而復肆者　「虜酋」原作「敵人」，據宋刊本、明抄本及宋史全文卷一八改。

〔二〇〕人君之得失蓋在此　「失」原作「天」，據繫年要録卷五七改。

〔二一〕詔防秋届期　「届」原作「戒」，據繫年要録卷五七改。

〔二二〕且省七萬緡　「七」原作「十」，據繫年要録卷五八、皇朝中興紀事本末卷二二及宋史全文卷一八改。

〔二三〕如夷狄盜賊及朝廷闕失　「夷狄盜賊」原脱，據宋刊本、明抄本及宋史全文卷一八補。

〔二四〕建康米斗不及三百　「百」原作「斗」，據宋刊本、明抄本及繫年要録卷五九改。

〔二五〕監察御史李藹言　「言」原脱，據繫年要録卷五九補。

〔二六〕聚以資虜　「虜」原作「敵」，據宋刊本、明抄本及宋史全文卷一八改。

〔二七〕慮虜賊併力南寇　「虜賊」原作「西北」，「寇」原作「侵」，據宋刊本、明抄本及宋史全文卷一八改。

〔二八〕令經筵官輪進春秋口義一篇　「篇」原作「授」，據繫年要録卷六〇改。

〔二九〕案吕頤浩請因夏月北伐事，繫年要録卷六〇繫於「己巳」。

〔三〇〕蓋削平僭叛　「僭叛」原作「四宇」，據宋刊本、明抄本及繫年要録卷六〇改。

〔三一〕已先定於圖服之功矣　「服」，繫年要録卷六〇所引作「復」；「功」，繫年要録卷六〇所引作「初」。

〔三二〕壬申　原脱，據繫年要録卷六〇及皇朝中興紀事本末卷二三補。

〔三三〕若漢世祖起南陽　「起」原脱，據繫年要録卷六〇及中興兩朝編年綱目卷四補。

〔三四〕虜騎猖獗　「虜」原作「敵」，據宋刊本及明抄本改，下同。「猖獗」原作「四出」，據宋刊本及明抄本改。

〔三五〕致彼兇徒自相殘戮　「兇徒」原作「將師」，據宋刊本、明抄本及繫年要録卷六〇所引改。

〔三六〕又遣統制官郝晸降潰將王進於湘鄉　「晸」原作「政」，據宋史卷二七高宗本紀四及繫年要録卷六〇改。

〔三七〕忠　「忠」字原脱，據宋刊本及明抄本補。

〔三八〕虔賊陳顒等犯梅州　「顒」原作「容」，據宋刊本、明抄本及繫年要録卷六〇改。蓋避清嘉慶帝諱。

〔三九〕令申世景單德忠以所部捕閩盜范忠　「單德忠」原作「單德中」，據繫年要録卷六一所引、宋史全文卷一八及前文改。

〔四〇〕國用之富不饒　「國用」互倒，據繫年要録卷六一乙正。

〔四一〕案趙詳之請經筵講諸史事，繫年要録卷六一繫於「辛卯」。

〔四二〕高麗國遣洪彝敘等來貢　「洪」原作「浜」，據宋刊本、明抄本及繫年要録卷六一改。

〔四三〕皆自仁宗朝涵養焉　「焉」原作「燕」，據宋史全文卷一八改。

增入名儒講義皇宋中興聖政卷之十三

高宗皇帝十三

紹興三年春正月丁巳朔，上在臨安。

己未，命諸路憲臣兼提舉常平司公事，用户部尚書黄叔敖請也。

命提刑兼提舉

詔婺州年額上供羅並權折價錢。

婺州羅權折價

庚申，李横破潁順軍，降僞齊知軍事蘭和。後二日，敗僞齊兵於長葛縣。

李横敗僞齊兵

甲子，命户部侍郎姚舜明往建康，總領大軍錢糧，總領名官自此始。

總領名官之始

李横復潁昌府，城陷，趙弼巷戰不勝，遂遁去。

乙丑，手詔曰：「廷尉，天下之平也。曹劌謂『小大之獄，雖不能察，必以情，爲忠之屬也。可以一戰。』不其然乎？可布告中外，應爲吾士師者，各務仁平〔一〕，濟以哀矜。天高聽卑，福善禍淫，莫遂爾情，罰及爾身。置此座右，永以爲訓。臺屬憲臣，常加檢察。月具所平反刑獄以聞，三省歲終鈎

詔戒理官

考，當議殿最。」

臣留正等曰：人主有好生惡殺之心，而治獄之吏以慘酷害之。斯民固有以小罪而陷深文者，猶吾內之於機穽也。太上皇帝中興之功，出於仁恕。夷狄盜賊雖毒流於天下〔三〕，而不能使民心解攜而去，蓋不忍人之政，素有以結之也。時方艱難，既已救吾民於水火，而兵革休息，又恐其隕性命於酷吏之手，聖心亦已勞矣。爲吏者安忍高下三尺，而傷中和之政乎？紹興初，宰相欲以大理卿高誼知蘇州，太上皇帝曰：「大理，人命所係，獄官多慘刻少恩，誼儒者，奏讞平恕，勿令補外。」劉大中宣諭江西而歸，擢爲諫官，已而曰：「大中江西興獄頗多，若置之諫官，恐州郡觀望。」遂改除秘書少監，聖慮深遠顧如此。

金人陷金州。

雨雹而雷

辛未，雨雹而雷。

復祀大火

癸酉，初復大火之祭，配以閼伯，歲以辰戌月祀之，用酒脯。

轉運司賣曆日

己卯，詔太史局依舊頒降諸路轉運司曆日，其賣到浄利錢，赴榷貨務。

置邕州買馬司

壬午，知桂州許中奉詔市戰馬，得千四百匹，而弱不堪用，上命降中二官。樞密院因請即邕州置買馬司，馬必四尺二寸以上，每百匹爲一綱，令帥臣提舉收買，選見任官管押。自是歲得千匹，雖道斃者半，然於治軍，亦非小補。

減鬻鹽錢

乙酉，減民間鬻鹽錢。初，祖宗時賣民間鬻鹽，政和三年，詔民間不願請鹽者，輸鹽錢十之六。渡江後，不復予鹽，而差損其直。至是，又申明之。

二月丁亥朔，陞桂州爲靜江府，以上嘗領節度故也。

席益言銓法

定銓法程文

工部尚書兼權吏部尚書席益言：「魏、晉而下，甄別人物，專任選曹。至唐而銓法密矣。然不拘以微文，激濁揚清，時出度外，故杜淹表薦四十餘人，後多知名。韋思謙坐公事負殿，高公輔遽擢爲監察御史。國初猶存舊制，乾德四年，詔曰：『自今常調，集選人吏部南曹，取歷任中多課績而無闕失，其人材可擢者，具名送中書，引驗加奬。』則是或尚任人，而不專任法也。其後官制釐改，典選者一切不得以意從事，振拔幽滯，無復聞焉。望稽用乾德詔書，凡常調中材行可取者，許長貳具名以聞。」從之。

上論春秋書法

右諫議大夫徐俯進春秋解義，至「天王使宰渠伯糾來聘」，用左氏說：

「父在，故名。」上謂俯曰：「魯威公篡立〔三〕，天王當致討。既四年不問，乃使其宰往聘，失政刑矣，故書名以貶之。」戊子，俯乞編之記注。

軍中虛費四事

己丑，言者論軍中虛費四事，一曰冗兵，二曰虛券，三曰廣作名目以收使臣，四曰招集游手以充效用。大略謂：「或有一軍不過三二千，而使臣至五六百。又效用之給，倍於上禁軍，今乃以供雜役。望詔統兵之臣與應副錢糧官，同心體國，愛惜財用，立定使臣員數，選汰效用。」詔樞密院申嚴行下。

置賓州買馬司

辛卯，初置買馬司於賓州，仍命撥本路上供、封樁、内藏錢合二十七萬緡，欽州鹽二百萬斤，爲買馬費。

吴玠黄柑款敵

陝西都統制吴玠與虜遇于真符縣之饒風關〔四〕。先是，知興元府劉子羽聞金州陷，即遣統制官田晟守饒風關，拒虜來路，且馳檄召玠。時宣撫司未有行下，玠曰：「事迫矣！諸將不能辦，我當自行。」自河池一日夜馳三百里，中道少止，子羽移書曰：「虜旦夕至饒風嶺下，不守此，是無蜀也。公不前，子羽當往。」玠即復馳，與虜遇。玠軍纔千人，益以洋川義士萬三千人。玠先以黄柑遺撒離曷曰：「大軍遠來，聊奉止渴。今日決戰，各忠所事。」撒離曷大驚，以杖擊地曰：「吴玠，爾來何速耶！」時金房鎮撫使王彦自西鄉以八字軍來會，諸軍見援至，稍弛。玠怒，欲斬壕寨將，而壕寨將走降虜人，告以虚實，且言：「統制官郭仲地分雖險，而兵寡弱，易敗。」乃夜以輕兵襲取之，仲果退走。虜既得山寨，遂乘高下闞饒風，以精兵夾攻王師之背，王師盡却。玠斬之不能止，凡六日，關陷。

頒陳規營田法

癸巳，都司檢詳官奏：「下營田法於諸路行之，悉以陳規條畫爲主，凡授田，五人爲甲，別給菜田五畝，爲廬舍、稻場。初年免田租之半。兵屯以使臣主之，民屯以縣令主之，悉以歲課多寡爲殿最。」

虜陷饒風關

丁酉，饒風關陷，吴玠收餘兵趨西縣，王彦收餘兵奔達州。彦潰兵走通明縣，破之，四川大震。

蠲放先及下户

己亥，御筆：「臨安自兵火後，民地爲官司、軍營所占者，其預買絹皆除之。」翌日，輔臣言：「上户往往已免，下户不能自陳。宜遵詔旨蠲放。」上曰：「文王發政施仁，必先四者，凡施惠當先及下〔五〕。彼豪强，雖立法抑之，猶能侵細民，不可不察也。」

虜入興元府

是日，撒離曷入興元府，經略使劉子羽焚其城而遁〔六〕。初，饒風關陷，

吳玠守仙人關

子羽與吳玠謀守定軍山，玠憚之，遂西。子羽亦退屯三泉縣，從兵不及三百，與士卒同粗糲，至取草木芽蘖食之。遺玠書曰：「子羽誓死於此，與公訣矣！」時玠在興州之仙人關爲守備，得書而泣，其愛將楊政大呼軍門曰：「節使不可負劉待制，不然，政輩亦舍節使去！」玠乃從麾下由間道與子羽會於三泉。虜遊騎甚迫〔七〕，玠夜視子羽，方酣寢，傍無警呵者，曰：「此何時，而簡易乃爾？」子羽慨然曰：「吾死，命也，夫何言！」玠泣下，復往守仙人關。子羽約玠共屯三泉，玠曰：「關外蜀之門户，不可輕棄。虜人所以不敢輕入者，恐玠躡其後耳〔八〕。若相與俱下，虜必隨入險反守，徐取間道，則吾勢日蹙，大事去矣。今經略既下，玠當由興州、河池遶出虜後褒斜山谷，如行鼠穴。虜見玠遶出其後，謂將用奇設伏，邀其歸路，勢必狼顧。吾然後據險邀擊，可使遁去，此所謂善敗者不亡者也。」

劉子羽守潭毒山

子羽以潭毒山形斗拔，其上寬平有水，乃築牆壘，凡十六日而成，其衆稍集。既而統制官王俊又以五千人至，於是軍勢復振。

孝宗除防禦賜名

庚子，詔伯琮特除和州防禦使，賜單名，從王。令學士院擬二十字進入〔九〕，上自擇「瑗」字以名之。

用他物代羊肚

辛丑，詔：「天章閣神御，旦望節序，帝后生、忌，應用羊肚者，以他物代之。」上以每位當用一羊，故有是旨。且諭大臣曰：「祖宗以仁覆天下，豈欲多殺物命？」

壬寅，宗室瑗爲貴州防禦使。

委通判拘經總

甲辰，詔諸州經、總錢並委通判拘收。

李吉敗僞齊兵

乙巳，河南鎮撫司統制官李吉敗僞齊兵於伊陽。

頤浩勝非惡張浚

丁未，知成都府王似始受川陝宣撫處置副使之命。先是，宣撫處置使張浚見似除書，上疏言：「都統制吴玠、參議軍事劉子羽有功於蜀，不應一旦以似加其上。」尚書左僕射呂頤浩與似連姻，聞浚論似非才，不悦。或告右僕射朱勝非以浚起義兵平江府時〔一〇〕，嘗有斬勝非之語，勝非又毁之，浚由是得罪。時浚承制以子羽爲宣撫判官，與似同治事，大事多與子羽謀之，似充位而已。

周十隆犯循梅汀州

虔賊周十隆犯循、梅、汀州。

胡舜陟宣撫淮西　命鎮撫受安撫節制

庚戌，盧壽鎮撫使胡舜陟改充淮西安撫使，應本路鎮撫司並受節制。

辛亥，工部尚書兼權吏部尚書席益參知政事，新除翰林學士徐俯簽書樞密院事。故事，簽樞下執政一等，至是特詔鈞禮，又例外賜以金帶。

簽樞與執政鈞禮

壬子，提舉浙東茶鹽公事王然罷，仍貶秩一等。先是，宣諭官朱異論然置明州三縣鹽場，將沿海下户一例拘籍，其間有不願結甲，及雖結甲而不願貨本錢，至有憂畏而自縊者，或持杖而逐保正者。言者亦論其擾民，故有是命。

以權明州鹽罷王然

甲寅，詔自今守臣到任半年，先具民間利害，或邊防五事來上。因以察其材能。

命守臣奏利害邊防

兩浙轉運副使徐康國罷任，仍貶秩一等。先是，康國獻羨錢十萬緡，上不受。宣諭官朱異、左司諫唐煇論康國抛糴民户米麥〔一〕，踰年不償，故有是命。

徐康國獻羨餘罷

三月戊午，詔兩浙諸州和買物帛，聽以三分折納見緡。

許折納三分見錢

己未，中書舍人趙思誠言：「州縣武臣添差甚衆，一郡至有三四十人，貪污不法，民受其弊。望自今惟忠義及有功勞於國之子孫，朝廷特加優恤者，許添差外，餘並禁止。若以員多闕少，當自稍清入仕之門，以息官冗民貧之弊。」詔除宗室外，令吏部開具，申尚書省。

論武臣添差弊

淮西安撫使胡舜陟至廬州，潰卒王全與其徒來降。前郡將王亨籍官逋之在民者，亡慮數萬緡，舜陟盡蠲之。亨又託名贍軍，令市販輸金，舜陟亟罷之，流民稍稍自歸。舜陟發粟貸民，俾濟農事。會歲大穰，所收至倍，公私皆給焉。

胡舜陟廬州之政

甲子，知建康趙鼎爲江西安撫大使、兼知洪州。

趙鼎宣撫江西

京西招撫使李横傳檄諸軍，收復東京。朝廷嘉之，特遷右武功大夫、忠州觀察使〔二〕。

李横傳檄收京

丙寅，詔讀書、習射童子求試者九人，惟習射者令召見，餘賜帛罷之。上因謂大臣曰：「上有所好，下必有甚焉。蓋緜昨嘗推恩一二童子，故求試者雲集。此雖善事，然可以知人主好惡，不可不謹也。」

惟召見習射者

己巳，潁昌捷奏至，詔李横再進翊衛大夫。

癸酉，東流令王鮪坐贓抵死，除名，編管新州。自是贓吏罕復黥配矣。

竄王鮪自是罕黥配

甲戌，尚書左司員外郎王庭秀言：「朝廷比來深疾貪吏，然州縣之間，豈無廉介自將，沈於下僚者？望命五使所至，以廉潔清修可以師表吏民者，具名來上，參以公議，不次陞擢，以厲士風。」從之。

王庭秀乞擢廉吏

孟師尹平反遷秩

丁丑，初，惠州獄囚黄四等七人，有司以爲强盗，當死。推勘公事孟師尹録問，駁正無罪。及是上聞之，特遷右宣教郎。既而有司言師尹嘗平反死囚五人，復命遷一秩。

却侯彭老羨錢

知藤州侯彭老獻賣鹽羡錢十萬〔一三〕，上批其奏，付三省曰：「縱有寬剩，自合歸之有司，非守臣所當進納。或恐妄有刻剥，取媚朝廷。特降一官，以懲妄作。所進物退還。」翌日，徐俯又以爲言，彭老遂罷。

韓世忠宣撫淮東

壬午，韓世忠充淮南東路宣撫使，泗州置司。朝廷聞李横進師，議遣大將，以世忠忠勇，故召見而遣之。

兩淮始命監司

禁發塚取民首級

通判和州賈直清提舉淮西茶鹽公事。兩淮舊爲分鎮地，至是始命監司。言者論軍屯所至，發掘塚墓，及借取平民首級之弊，詔以付神武諸將。

斷贓吏鏤版行下

癸未，詔今後贓吏，依祖宗舊制斷訖，令刑部鏤板行下。以兵部員外郎劉景真有請也。

劉藻論斷獄

大理正劉藻請：「諸路獄案情犯未圓者，除命官外，更不取會，令刑寺悉行兩斷，委憲司遣官審問，定歸一斷。事下本寺，本寺奏如所請；其不可定歸一斷者，即上朝廷，酌情處斷施行。」從之。

夏四月丁亥，尚書左僕射朱勝非以母魯國太夫人楊氏憂，去位。

韓世忠論屯田

己丑，韓世忠言：「近被旨措置建康府江南北岸荒田，爲屯田之計，沿江荒田雖多，太半有主，難以如陜西例。乞募民承佃。」都督府奏如世忠議，仍蠲三年租，田主自訟則歸之。滿五年不言，給佃人爲永業。於是，詔湖北、浙西、江西皆如之，尋又免科配徭役。

論仁宗重失入罪

駕部員外郎韓膺胄轉對，論：「刑罰輕重，國祚短長係之。望追法仁祖舊章，凡獄官失入死罪者，終身廢之，雖經赦宥，永不收敍。」上曰：「此仁祖之事也，其仁民詳刑如此乎！」乃命有司申嚴行下。

論縣令不得人

上曰：「縣令於民最親，今多非其人。」吕頤浩言：「漢以九卿爲郡守，郎官宰百里。今縣令但以資格差注。」上曰：「豈在官資卑崇？惟在得人。」

陳規七年賊不犯

罷鎮撫使

庚寅，安復鎮撫使陳規知池州、兼沿江安撫使。規守德安七年，賊不能犯。至是，召還，入對，首乞罷鎮撫使。又言：「諸將跋扈，請用偏裨以分其勢。」上皆納之。以安、復二州隸湖北帥司，自是不復除鎮撫使矣。

宣撫江東

訴韓世忠

辛卯，劉光世爲江東宣撫使，屯鎮江。時光世與韓世忠更戍，世忠至鎮江城下，而姦細入城，焚其府庫，光世擒而鞫之，皆云「世忠所遣」。於是訴

王德請身見世忠　始與王德講解

于上。江東統制官王德請于光世曰：「韓公之來，獨與德有隙耳。當身往迎見之。」謁入，世忠大驚，謂德曰：「公誠烈丈夫，曩者小嫌，各勿介意。」因致酒，結歡而別。

張浚復洋州興元府　劉子羽斬虜使

金人去興元。自虜入梁、洋〔一四〕，蜀中復大震，劍南諸路皆爲徙治之計。撒離曷留屯中梁山踰月，始自斜谷去興元。子羽與吳玠謀以兵邀之于武林關，不及。浚遣統制官王俊復洋州、興元府。撒離曷既還鳳翔，乃遣十餘人持書與旗來招子羽、玠，子羽盡斬之，惟留一人使還，曰：「爲我語賊〔一五〕，欲來即來，吾有死耳，何可招也！」玠亦遺撒離曷書，以大義責之，撒離曷乃止。

移建康場務於鎮江

壬辰，移都督府于鎮江，照應江、淮兩軍機務。於是建康府榷貨務、都茶場亦移于鎮江。

宣諭使朱異薦官

浙東宣諭朱異薦簽書鎮東軍節度判官廳公事張九成，義烏縣令閭丘昕，知龍泉縣汪汝則，知瑞安縣熊彥詩〔一六〕，知嵊縣姜仲開政績，詔並進一官。

賞罰不私大臣親

呂頤浩言：「仲開，臣之外親，乞勿賞，恐外議以臣爲私。」上曰：「不可，有功必賞，乃所以爲公。使有罪，雖卿之親，亦不當貸。」

岳飛以大軍次虔州。

癸巳，執政奏事，上色不怡久之，曰：「昨夕暴雨，朕通夕不寐，恐于蠶麥有傷。」徐俯曰：「暴雨不害蠶麥，久則爲害矣。」上色稍和。（憂雨損蠶麥）

詔禮官重別討論昭慈獻烈皇后謚號。時登仕郎鄒沇上書，言其兄浩直諫事，且乞雪昭慈后元符之謗。前二日，上諭輔臣曰：「此哲宗朝事，言之毋傷乎？」徐俯曰：「陛下母事昭慈，追崇極典，天下共知，其謗已雪矣。」上曰：「昭慈勳臣之家，當時備禮而納正后，此本朝盛事。」俯曰：「宣仁聖烈太后尤重家法，欲正后生元子，繼萬世之統。以哲宗少年，戒之在色，不欲其多近嬪嬙。小人陰連宮掖，因是得行媒孽，遂致廢后。」上曰：「皆當時大臣不諫之罪也。」翌日，詔沇引對。上曰：「沇，浩之弟，故欲擢之。」俯曰：「浩自有子柄。」上曰：「直臣之子，復擢用之爲御史，使言事聳動四方，亦足爲國家之光也。」（論昭慈后誣謗）（擢直臣鄒浩子）

甲午，知嚴州顏爲條上便民事，乞嘗得解及應免解人，並免丁役。許之。其後太學生亦免。

戊戌，湖南安撫使折彥質所遣統領官劉深以兵至鼎州。時鼎寇楊太兵益盛，僭號大聖天王，且用以紀年。（楊么僭號改元）

復祀五帝日月

己亥〔一七〕，詔復五帝日月之祀，四方帝以四立日，黄帝以季夏之土王，春、秋分朝日夕月，禮如感生帝。

薛徽言便宜賑濟

湖南宣撫使薛徽言奏郴、道州、桂陽監去年旱，民乏食。詔户部劄刷本路諸州米二萬斛，付提刑司充賑濟。命未至，徽言即諭漕臣，發衡、永州米賑糶，而以經制銀市米償之，民賴以濟。

訪四方遺書

壬寅〔一八〕，尚書右司員外郎劉岑請訪四方遺書，以實三館。從之。

軍校子應童科

童子彭興祖五歲能誦書，劉瞉五歲能騎射，二人皆神武右軍小校子也。都統制張俊以聞，上召見于内殿，以興祖爲右迪功郎，瞉爲進武校尉，皆賜袍笏。

岳飛獲彭友

丁未，神武副軍都統制岳飛遣統領官張憲、王貴分道擊虔寇彭友等，獲之。友先據龍泉，至是乃敗。

議宣諭劾贓吏罪

戊申，詔諸緣宣諭所按發置獄，除正犯人外，並放。上嘗諭大臣曰：「向遣五使宣諭，意在利民，至於贓吏，所當深治。然所在多置獄，横及無辜，非朕本意。此後惟謹監司，不必每事遣使。」故有是命。

明州觀察使高士曈爲保寧軍承宣使、權管客省四方館閤門公事。士曈

不假外戚恩澤

初召見，乞落階官，上曰：「士曈以宣仁近屬，故稍優之，然躐等亦不可。高爵厚禄，留待立功將士。朕於外戚，未嘗假以恩澤。今後宫之家，官未有過保義郎者，此曹何厭之有，雖與之正任承宣使，又望節鉞矣。」

龜鑑曰：聖訓有言：「朕於外戚，未嘗假以恩澤。」怒邢焕爲徽猷待制，聞見不可之奏，則遽令改罷。高士曈爲承宣使，則責以「此曹何厭」。而后家又不敢與宣和太后家等。此猶裁酌輕重之法也。

命通判充隨軍錢糧

詔：「自今大軍所過，並令本州通判充錢糧官，自入境隨軍，出至境上。」

昌慤招來蕃馬

邕州進士昌慤特補忠州文學，充廣西買馬司準備差使。

初，提舉峒丁李棫既罷，經略司更委通判賓州任彦輝就本州買馬，道里迂遠，大理馬遂不至。及是，朝廷復置司買馬，慤上疏：「請招來之，仍諭諸蕃：中馬及三百疋，賜錦袍銀帶。如有出格之馬，依傒洞搭價收買，不可循其舊例。每蕃令提舉官以綵帛爲信。如遣效用入蠻，許借官錢，多市鹽綵，結托山獠及諸蠻，令開拓道路，庶幾諸蕃忻慕，曲盡招馬之術。」疏入，遂授以官，俾行其説焉。

五月乙卯朔，上諭大臣曰：「朕省閱天下事，日有常度，每退朝，閱群臣及四方章奏，稍暇，即讀書史至申時，而常程皆畢，乃習射。晚則復覽投匭封事，日日如是也。」〔一九〕

臣留正等曰：爲天下者豈易哉？躬勤而治，君德明矣。夫户樞之不蠹，以日運也。筋力之人少疾，以氣〔二〇〕血無壅也。況乎天下之大，一人臨之，勤亦不可以已也，而明實生焉。漢之君惟能訪公卿，覽封事，講論經傳，而致中興之盛。惟爲其臣所蔽，使不得閑，又不觀書而兆於亂，故不勤，則無以爲明也。不已于勤，則亦不已于明也。太上皇帝躬明德以濟中興，其積諸此。

龜鑑曰：居常禁中亦有日課，朕無嗜好，惟是觀書。五月至八月罷講，舊制也，而孜孜經史，且至勿罷焉。講書，講易，經筵進讀可也，而萬機之暇，且至手書石經焉。故安國之春秋也，置之座右，率二十四日，讀之一過。孟子所言皆仁義與治道，復命儒臣以進讀。而謂輔臣則曰：「朕自有常度，每朝看奏章，少暇，讀書史習射，至暮，復覽封章，日以爲常。」吾君之勤何如也。

宣諭使薦人才

陞擢宣諭所薦人

林儼獻書二千卷得官

均敷丁錢絹米

詔諸路宣諭官所薦人才，並俟終更令入對，當不次陞擢，以勸能吏。

左承奉郎林儼獻書二千卷。詔官其家一人，尋以儼監西京中嶽廟。

丙辰，初，馬氏據湖南，始敷郴、道、永州、桂陽監、茶陵縣丁錢絹米，其後丁有逃亡，而不除其數，民極以爲患。至是，湖南宣諭薛徽言奏：「道州丁米萬七千餘斛，乞以其半敷之田畝、半取之身丁。」事下漕司相度。未幾，守臣趙坦亦以爲言，乃命田畝敷三分之二。

支官告度牒博糴

詔博糴米斛以度牒、官告償其直者，中糴數多之家多給官告，數少者給度牒。

乞申明法意

戊午，大理少卿元衮言：「律令煩多，非明察詳審而熟於憲章者，未免有失。故四方請讞比擬，繆誤者十常二三。望令刑寺官，具法令引用有可疑者，爲之推原法意，申明以頒天下，俾郡縣無承用之駁，而姦吏絶因緣之市，以廣陛下欽恤之意。」詔刑寺看詳，如其請。

築睦親宅

辛酉，詔築第百間，以居南班宗室，仍以睦親宅爲名。

親試張揉

壬戌，應童子舉張揉爲迪功郎。揉年九歲，能誦書，爲古風詩、孫子論，上親試而命之。

取法仁祖

癸亥，吕頤浩奏事，因論祖宗兵制。上曰：「祖宗制度，自朕家法。至於仁宗臨御最久，恩澤及人深。朕於政事間，未嘗不繹思仁祖，庶幾其髣髴也。」

龜鑑曰：我高宗之法祖也，論兵制則曰「祖宗制度，自朕家法」。進實録則曰「祖宗規模，此朕家法」。吏部條法創之可也，而曰「祖宗成憲不可廢也」。尚書繩墨，寬之可也，而曰「祖宗成憲不敢改也」。謂「仁祖臨御最久，德澤在人最深，朕於政事專以仁祖爲法」。景德與契丹講和故事。今日可以遵行，命以真宗寶訓進呈，於是而得繼志述事之孝。

辛炳論添差弊

乙丑，侍御史辛炳入對，言：「艱危多事之時，冗食之官當減。今福建八州，而添差至八十餘員〔二〕，理宜改正。」詔付吏部。炳又言：「宣諭大臣，自今勿廢都堂公見之禮，則必無乏材之歎。」詔三省通知。

罷守臣辟通判

監察御史鄭作肅言：「通判出於帥守之門，則於州事無所執守，視過咎無敢刺舉。今藩屏之權已重，於此尤所宜謹。」乃詔諸州通判、見任守臣所辟者並罷。

韓肖胄使虜

丁卯，尚書吏部侍郎韓肖胄同簽書樞密院事，充大金通問使，給事中胡松年試工部尚書，充副使。

楊沂中招魔賊

神武中軍統制楊沂中以大軍至桐廬縣，而魔賊繆羅與其徒八人已就招。詔沂中速往招捕餘黨，沂中捕斬其徒九十有六人。

治妄訴罪

壬申，言者論：「五使所至，訟牒紛起，其間固有久負屈抑，不得自伸，至於因緣嫌怨，虛誕不實者，十蓋八九。望令有司，具申朝廷，特置嚴憲。」從之。

放生鹿

乙亥，天申節，韓世忠進生鹿。上不欲却，諭輔臣曰：「將放之山林，以適物性。」

薛徽言奏罷黄陞等

丙子，知永州黄陞與其州官文武六人並罷，以湖南宣諭薛徽言劾其贓汙不法也。

王彦復金州

金房鎮撫使王彦復金州。

編管王聲

丁丑，左中奉大夫王聲英州編管，坐權知岳州受賕當絞也。仍以其獄示諸路州縣。

戊寅，左宣教郎李長民守監察御史。左修職郎程克俊，右迪功郎、監明州比較務歐陽興世，登仕郎鄒況，並特改京官。先是，四人俱得召對。上問輔臣曰：「長民性行比兄正民如何？」吕頤浩對：「二人皆淹博，文詞則長民優。」上曰：「陳襄薦司馬光等，朕得其稿，以示從臣。而正民以爲光等皆不合時宜者，士大夫笑之。」徐俯言：「正民之父景淵長者，持論平，乃不以元祐爲非。」上曰：「顧長民材行何如耳。元祐之人雖賢，其子孫亦不必偏用，餘人亦不可偏廢，惟賢則用之。」又問況何如人？頤浩等對以浩之弟。上曰：「浩固賢矣，更當議況之賢否爾。」席益曰：「陛下不以正民之過而廢長民，雖已知浩之賢，而又問況之賢否，可謂至公矣。」上曰：「朕未嘗偏有好惡，況用人乎？」既而侍御史辛炳言：「況本非士類，鄉評無聞，玷辱名臣之後，望授降等差遣。」從之。

用人惟賢

不偏好惡

臣留正等曰：用人之道與聽言同，聽言而不繹，蔽於先入之私，牢不可破，此害理之大者也。求才必於名門，凡賢人父兄之後，概爲可用而不加察焉，不爲善用人者矣。夫人才將焉取哉？取於疏賤而賢則用之，取於世族而賢則用之。疏賤非無人才，而氣質成就之爲難，世族非必多才，而事業見聞之有自。抑遠者多見遺，近者無不録，能使大臣知之，薦之天子而用之也，往往寒畯爲左，膏粱爲右耳。彼其承藉風烈，克肖於一門之中，如十六才子者，美矣！不才如四族者，烏能保其無有哉？太上皇帝褒録元祐黨人子孫，則象賢崇勸之道也，不偏於用舍，則求賢審官之公也。問李長民之性行，更議鄒況之賢否，雖大臣所嘗薦論，而疇咨吁咈若此，以知人之爲難也。孟子論用賢之道，亦曰：「未可者三，然後察之。」蓋賢哲群才之鑒，惟明則精也，一不用明焉，殆矣！

論人難知

己卯，湖南宣諭薛徽言上通判永州劉延年、祁陽令張登治狀。上問：「延年何如人？」輔臣皆言：「不識。」上曰：「古人求賢如不及，然人故未易知，雖聖人猶難之。大臣既不識，何由知其賢否？通判非如縣令之不可數易也。」乃召延年赴行在，登就任增秩。徽言又奏擅發錢米，賑糴饑民，乞黜責。上釋其罪，因詔：「自今宣諭官合用錢物，並申朝廷，違者重置典憲。」延年嘗權興國軍，巨寇李勝以迎奉神御爲名，將徒衆數千人拏舟入軍，延年御之有方，勝屈伏而去，江西人至今稱之。

禁宣諭擅用錢物

罷宣撫便宜黜陟

辛巳，罷宣撫司便宜黜陟。初，張浚既受黜陟之命，事重者，出敕行之。

參知政事席益、簽書樞密院徐俯大不平，指以爲僭。及是，浚還行在，而王似等代之，故有是旨。

增入名儒講義皇宋中興聖政卷之十三

校勘記

〔一〕各務仁平　「平」原作「乎」，據宋刊本、明抄本及繫年要録卷六二改。

〔二〕夷狄盜賊雖毒流於天下　「夷狄」原作「四方」，據宋刊本及明抄本改。

〔三〕魯威公篡立　「威」應作「桓」，蓋避宋欽宗諱改。

〔四〕陝西都統制吴玠與虜遇于真符縣之饒風關　「虜」原作「敵」，據宋刊本、明抄本及宋史全文卷一八改。下同。

〔五〕凡施惠當先及下　「惠」原脱，據繫年要録卷六二及皇朝中興紀事本末卷二四補。

〔六〕經略使劉子羽焚其城而遁　「遁」原作「避」，據宋刊本、明抄本及宋史全文卷一八改。

〔七〕虜遊騎甚迫　「虜」原作「敵」，據宋刊本、明抄本及宋史全文卷一八改。下同。

〔八〕恐玠躡其後耳　「躡」原作「議」，據繫年要録卷六三改。

〔九〕令學士院擬二十字進入　「二十」，繫年要録卷六三作「二十八」。

〔一〇〕或告右僕射朱勝非以浚起義兵平江府時　「時」原脱，據宋刊本、明抄本及繫年要録卷六三補。

〔一一〕宣諭官朱異左司諫唐煇論康國抛糴民户米麥　「抛」原作「辦」，據宋刊本、明抄本及繫年要録卷六三改。

〔一二〕特遷右武功大夫忠州觀察使　「功」原脱，據繫年要録卷六三補。

〔一三〕知藤州侯彭老獻賣鹽羡錢十萬　「十萬」，中興兩朝編年綱目卷五與此同；皇朝中興紀事本末卷二四及皇宋十朝綱要卷二二作「一萬」；繫年要録卷六三作「千萬」。

〔一四〕自虜入梁洋　「虜」原作「敵」，據宋刊本、明抄本及宋史全文卷一八改。

〔一五〕爲我語賊　「賊」原作「云」，據宋刊本、明抄本及宋史全文卷一八改。

〔一六〕知瑞安縣熊彦詩　「瑞」原作「里」，據宋刊本、明抄本及繫年要録卷六四改。

〔一七〕己亥　繫年要録卷六四繫於「庚子」。

〔一八〕壬寅　繫年要録卷六四繫於「丙午」。

〔一九〕案「爲國家之光也」至「日日如是也」八百餘字原脱，據明抄本及宋史全文卷一八並參考繫年要録卷六四補。

〔二〇〕「臣留正等曰」至「筋力之人少疾以氣」三十八字原脱，據繫年要録卷六五紹興三年五月乙卯條所引補。

〔二一〕而添差至八十餘員　「八十」，宋史卷三七二辛炳傳、繫年要録卷六五作「百八十」。

增入名儒講義皇宋中興聖政卷之十四

高宗皇帝十四

免解賜帛爲故事

紹興三年六月甲申朔，徽州童子林國佐，九歲能誦書，詔免解賜帛，自是遂爲故事。

命察官決臨安獄

乙酉，詔以臨安獄多淹滯，命察官一員，詣府監視決遣，事大者趣之。

張志行賜處士號

婺州進士張志行賜號沖素處士。志行，東陽人，以學行爲鄉里所推。大觀中，數舉八行，不就。浙東宣諭官朱異言于朝，故以命之。志行年幾七十矣。

復置架閣庫

丙戌，復置六部架閣庫。自崇寧間，何執中爲吏部，始建議置吏部架閣官〔一〕，其後諸曹皆置。凡成案留部二年，然後畀而藏之，又八年，則委之金耀門文書庫，人以爲便。迄宣和再置，再省。至是，都官員外郎蘇良冶奏復之，遂命末廳郎官兼領。

丁亥，同簽書樞密院事韓肖胄、工部尚書胡松年入辭。肖胄言：「今大臣各徇己見，致和戰未有定論，然和議乃權時之宜。今臣等已行，願毋先渝約，或半年不復命，必別有謀，宜速進兵，不可因臣等在彼而緩之也。」肖胄母文氏聞肖胄當行，爲言：「韓氏世爲社稷臣，汝當受命即行，勿以老母爲念。」上聞之，詔特封榮國太夫人，以寵其節。文氏，彦博孫也。

韓肖胄言和戰

庚寅，上謂呂頤浩等曰：「爲法不可過有輕重，然後可以必行，而人不能犯。太重則法不行，太輕則不禁奸。朕常語徐俯，異時宫中有所禁，切令之曰『必行軍法』，而犯者不止。朕深惟其理，但以常法處之，後更無犯者。乃知先王立法貴在中制，所以決可行也。」

論立法貴中

臣留正等曰：法爲天下平也，不可得而重，不可得而輕，惟其當而已矣。故法之立也，固已服人之心，於未抵罪之前，而又哀矜惻怛，不忍以行之，則下知有恥，而義足以禁其非也。苟惟不然，加之極刑，有死而已。人苟自棄，則死非其悔，奈何以此懼之哉？國家仁恕爲治，惟熙寧用事之臣，制重禄以行倉法，至於一錢以上坐徒，劉摯謂「徒爲暴刑，難正其罪。」蘇軾譬之子弟有銖兩之過，父兄施斤鈞之罰。皆謂其不可行也。法嚴而不可行，無乃有悖於事情，有不合於先王之法乎？法不可行而存之，無乃有害於民，有累於國體者乎？視宫中禁切之令，雖軍法無益，則吏禄之法，宜用中制，然後决可行也。

宣諭官薦李彌正等

壬辰，江南東西路宣諭官劉大中言，建昌軍教授李彌正、玉山縣丞張絢清修廉潔〔二〕，文學過人。詔並進官，赴行在。

命王璦討楊么

甲午，神武前軍統制王璦爲荆南府潭鼎澧岳鄂等州制置使。時鼎寇楊么復犯公安、石首二縣，湖南安撫使折彦質數請濟師，乃命璦總舟師以行，凡湖南、北兵並受璦節度。已而，璦請招安金字牌，上曰：「近來盜賊踵起，蓋黄潛善等專務招安，而無弭盜之術。高官厚禄以待渠魁，是賞盜也。么跳梁江湖，罪惡貫盈，故命討之，何招安爲？但令璦破賊後，止戮渠魁數人，貸其餘可也。」

上言招安之弊

龜鑑曰：我高宗之所以區處群盜者，又有道焉。聖訓嘗曰：「招安非良法，命之以官，是誘之使盜，不若移此以賞捕盜立功之人。」是聖意之主於討者然也。又曰：「凡今日奪攘縱暴之侣，皆異時忠義四方之人，應能開心易慮，散歸田里，罪犯不問。」是聖意之主於招者然也。他日謂宰執曰：「民窮爲盜，多緣守令不良以擾之。若安其田里，肯爲盜乎？」又宣諭江西平盜之策，惟曰：「擇憲帥以壓服其心，任守令以勸課其業，蠲科役以優足其力。」是又不招不討，思以弭盜，而使之無盜。寧非萬世之龜鑑乎？

編管上書狂妄人

辛丑，進士歐陽凱士特送洪州編管。凱士嘗上書論時事，前四日，上諭輔臣曰：「頃上書人間有狂妄者，朕多留中，不欲置罪。今凱士狂妄之甚，若不懲戒，且慮扇惑群聽，亦害政之一端也。可以其書付從官，議罪來上，仍宣示臺諫。」議上，故斥之。

王岡折頤浩不公

時方審量濫賞，而以左、右司領之。吕頤浩當國，時有所縱舍，左司員外郎王岡輒持不可，曰：「管仲奪伯氏駢邑三百，飯疏食，没齒無怨言，何謂也？法者，天下公共之法，大臣行法，與衆棄之，尚誰怨？前日論甲，黜三官，且至乙矣，輒貸不問，今日復論丙如甲。公秉國鈞於天下，具瞻之地，不平謂何，而怨始有所歸矣。」頤浩矍然。

創自吕頤浩朱勝非

自吕頤浩、朱勝非並相，以軍用不足，創取江、浙、湖南諸路大軍月椿錢，以上供、經制、係省、封樁等窠名充其數，茶鹽錢蓋不得用。所樁不能給十之一二，故郡邑多横賦於民，大爲東南之患。今江、浙月樁錢，蓋自紹興二年始。

謝伋言宗室五事

丙午，詔内外從臣各舉宗室一人，以備器使。先是，知大宗正丞謝伋條上宗室五事，曰：「舉賢才以强本支，更法制以除煩苛，擇官師以專訓導，繼封爵以謹傳襲，修圖譜以辨親疏。」時已用伋議，復置宗正少卿，因有是命，惟襲封不行。

初置監生博士

丁未，詔即駐蹕所在學置國子監，以學生隨駕者三十六人爲監生，置博士二員。

遣兵襲劉光世

奏韓世忠掠其兵

書寇賈事賜二將

江東宣撫使劉光世引兵發鎮江。時淮南宣撫使韓世忠屯登雲門，光世懼其扼己，改途趨白鷺店。世忠遣兵千餘襲其後，光世覺之，乃止。既而，光世奏世忠掠其甲士六十餘人，且言：「世忠身爲大將，當國家多事之時，正宜謹慎，共濟大事。而乃不循法度，强奪戰兵。若非臣彈壓嚴切，必致兩軍相挺，上貽聖憂。」樞密院言：「近兩軍申奏，各有互招過官兵。」詔同都督孟庾體究發還，如無實跡，行下逐司照會。上尋遣使和解，仍書賈復、寇恂事賜之。

吴璘通西馬

壬子〔三〕，自陝西既陷，買馬路久不通。至是，知秦州、節制階文軍馬吴璘，始以茶綵招致小蕃三十八族，以馬來市。西馬復通，蓋起於此。

朱異薦林安宅

秋七月甲寅朔，宣諭朱異言，建州觀察推官林安宅，清廉守正，嘗面折范汝爲。詔循二資，令入對。

不役軍士營繕

丙辰，吕頤浩言：「行宫北門未成而役夫少，欲於忠鋭第八將范温麾下，擇不堪出戰二百人助役，且令温自董之。」上問其故，席益曰：「役夫出入禁闥，非素所撫循，無以彈治。」上曰：「不可，四方聞之，以爲使將帥舍甲兵而事營繕，非今日整兵經武之道也。」

置博學宏詞科

己未，置博學宏詞科。用工部侍郎李擢奏也。其法，以制、詔、書、表、露布、檄、箴、銘、記、贊、頌、序十二件爲題，古今雜出六題，分三日試，命官除歸明、流外、進納及犯贓人外，願試者，以所業每題二篇納禮部，下兩制考校，堪召試者，每舉附省試院收試。上等改京官、除館職；中等減三年磨勘；下等減二年，並與堂除。奏補出身人以賜進士及第、出身、同出身爲三等之差。著爲令。

詔太史奏天文

詔太史局每月具天文、風雲、氣候、日月交蝕等事，實封報秘書省。

饒州監置提舉官

初置提舉孳生牧馬監官，於饒州置司。時益市馬於廣西，故先擇牧地鄱陽，置官提舉。

大旱

覈實和買之弊

甲子，時大旱，上以爲民咨怨而傷和氣，諭大臣曰：「雨不濡土，當務修政事，以感天意。和買未爲良法，重困吾民，其令監司覈實，勿爲文具也。」

朱異薦李郁等

丙寅，詔鄉貢進士石公孺、李郁並令赴都堂審察。公孺，臨海人，長於春秋傳，不事科舉；郁，光澤人，父深，元祐黨人，母，陳瓘女兄弟也。郁早從楊時學，時以其子妻之。宣諭朱異言其賢，故召。

録六朝勳臣子孫

丁卯，詔録用六朝勳臣，自曹彬至藍元振三百二十人子孫，其後得趙普、趙安仁、范質、錢若水諸孫，皆官之。

因旱遣憲臣慮囚

己巳，詔以久旱，令兩浙憲臣行所部慮囚。左司諫唐煇乞令憲臣所至，親自引問，庶使冤枉獲伸。從之。

增茶湯錢

庚午，詔：「無職田選人及親民小使臣，並月給茶湯錢十千，職田少者，通計增給。」先是，御筆增選人、小使臣俸以養廉。輔臣進呈，上諭以「今飲食衣帛之直，比宣和不啻三倍。衣食不給，而責以廉節，難矣。雖變舊法，亦權一時之宜。」户部尚書黄叔敖言：「文武官料錢，各有格法，不可獨增選人、小使臣。乞令提刑司均州縣職田，於一路通融應付，無職田及職田少者增支。」從之。

宰執因旱乞罷

癸酉，宰相呂頤浩、參知政事席益、簽書樞密院事徐俯以旱乞罷政，上親答曰：「與其去位，曷若同寅叶恭，交修不逮，思所以克厭天心者？」頤浩等乃復視事。

起復朱勝非再相

乙亥，朱勝非起復舊官，守尚書右僕射、同中書門下平章事兼知樞密院事。

詔諸路監司慮囚

丙子，詔諸路監司分按州縣，親録囚徒，以察冤滯。以久旱，用工部員外郎朱締奏也。

泉州大水

泉州洪水溢，壞城郭，墊廬舍，凡三日乃平。

己卯，進呈左司諫唐煇奏〔四〕：「講筵所祗應人以經進書推恩，内門下後省私名慕允中换進義副尉，仍與不作非泛補授。乞追改施行，遵守朝廷約束。」上曰：「此講筵所奏，御寶批也。既有例，當依例施行。」席益曰：「此事固有前比，當如聖旨施行。然副尉而煩諫官論執，乞陛下從所奏。」上頷之。

徐俯曰：「既有例，當如何？」上曰：「然凡朝廷所行事，既有法有例而行之。因言者論列而改，則是朝廷所行果非也？且此小事，非關大體。」吕頤浩、席益又固請從焊之説，上可之。

臣留正等曰：天下之事，必有争臣以防其微，必有謀臣以當於體，此爲治世也已矣。事之行也，苟有毫髮之可議，人以爲猶可也，争者曰：「必不可。」人以爲未害也，争者曰：「必有害。」人主豈得忽於微而黜其説哉？彼以争爲職者也，事之猶可也，而過於言，無傷也。人有所難言，事有所必不可不言者，又將使斯人不擇可否，不計從違，以伸其職於後也。故曰：法家拂士，不可以通人望之，言無不從，有補國家。稍加違咈，其職遂廢。謀臣者，所宜左右其説，以獻於明主也。太上皇帝樂受諫疏，付外而行，與大臣謀議，曲折詳盡，寧格成命，而重違諫奏，此國體也。夫以焊之論一副尉，與論獻瓜果而授試官者何如哉？獻瓜果而授試官，塗之人耳，而來者未必加多，因講筵而覬恩倖，則祗應之類不乏也〔五〕，其非泛補授之名，安得而不早正於此，雖有前比，可免論執，特不可以一祗應恩澤而屈忠言，沮直氣也。焊之論事以其職。

頤浩、益謀國，以其體。而太上皇帝不難於聽從之，聖德盛矣哉！

得雨始御玉食

庚辰，輔臣奏事，呂頤浩言雨足。上曰：「日者亢旱，朕甚憂之，以爲稽事無望矣。今霑足如此，殆將有秋。春秋二百四十二年，書大有年者纔一，書有年者再而已。以此知豐登之難得也。」先是，自六月丙午不雨，上命議獄省刑，弛力役，進素膳。及是雨乃足。翌日，上始御玉食焉。

徐文降僞齊

八月丙戌，初，忠鋭第八將徐文叛降僞齊，劉豫大喜，命以海艦二十益其軍，令犯通、泰州。

奏按濡滯刑獄

辛卯，詔諸路州軍，自去年以後，奏案未得斷敕者，具月日申報取斷。先是，禮部尚書洪擬入對，論諸路獄案凝滯。上諭輔臣曰：「奏案遺決濡滯，刑獄禁繫者多，何以召和氣？」呂頤浩曰：「奏案法有日限。」上曰：「但不舉行耳。可常催趣，務在刑清，庶革久弊。」乃有是旨。

元祐黨不皆賢

甲午，上謂大臣曰：「元祐黨人固皆賢，然其中亦有不賢者乎？」呂頤浩等曰：「豈能皆賢？」徐俯曰：「若真元祐黨人，豈有不賢？但蔡京輩，凡己之所惡，欲終身廢之者，必名之元祐之黨，是以其中不免有小人。」

庚子，詔都轉運使移司撫州。

以災異求言

甲辰，手詔曰：「比者雨暘弗時，幾壞苗稼。朕方寅畏怵惕之中，又復地震，蘇、湖益甚，朕甚懼焉。蓋天之降災，其應必至，皆朕失德，不能奉順乾坤、叶序陰陽之故。咨爾在位，大小之臣，有能應變弭災、輔朕不逮者，極言無隱。」時已命諸路憲司起發州郡所負積年禁軍闕額錢，是日，上諭輔臣：「恐不便於民，速令除放。」詔自建炎已來皆蠲之。

蠲禁軍闕額錢

御史臺主簿陳祖禮言：「按臺令，有三院御史分詣三省檢點之文，六察官輪詣六曹按察之制。望申行之。」詔自下半年爲始。

檢察三省六曹

提舉廣南市舶姚焯請得具便民或邊防五事，如守臣例，許之。自是監司皆得條上。

許監司奏便民邊防

乙巳，詔復置史館，以從官兼修撰，餘官皆直館、檢討。若著作佐郎有闕，依元豐例，差郎官兼領。

復置史館

戊申，罷江、浙等路轉運司。

罷江浙轉運司

是月，韓肖胄等始至雲中，見宗維議事。

九月癸丑，尚書左僕射呂頤浩引疾求去。時天象示變，臺諫交章論頤浩之罪，上始厭之。

臺諫交章論頤浩

秘書少監孫近請：「命前宰執供具建炎四年二月以前時政記〔六〕，仍令修注官補建炎以來起居注，命百司各以朝廷所施行事報進奏院。」從之。

補修建炎起居注

丙辰，朱勝非言：「近聞泉州水災，已下本州詰問。」上謂大臣曰：「國朝以來，四方水旱，無不上聞，故修省蠲貸之令隨之。近日蘇、湖地震，泉州大水，輒不以聞，何也？」既而泉州奏其事，乃詔民之被害者，除其稅，其當濟給及營繕者，以度牒二百賜之。

論不奏災異

臣留正等曰：書曰：「明四目，達四聰。」蓋言人君之視聽，貴於無壅也。管子曰：「堂上長於百里，堂下遠於千里。」蓋言人主之視聽，易於隔絶也。今欲去隔絶之患，而使之無壅，其唯言路乎？四方雖遠，有水旱災異，使之上聞，雖不出户庭，而周知天下之疾苦，其視聽廣矣。能乎是，則天下之事無不聞矣。蓋人情喜聞其美，而惡言其非所樂聞之事。今也水旱災異而使得以上聞，則凡可以達一人之聽者，果何憚而不言乎？奸佞之肆欺，盜賊之竊發，若是之類，使其無之則已，有則必以實告，得其實而預圖之，天下無難事矣。其爲益，豈小補哉？噫！此祖宗之深意，而太上皇帝所以責監司守臣也。

乞重修敕令

權刑部侍郎章誼言：「朝廷比修紹興敕令，去取之間，不無舛錯。望詔監司、郡守與夫承用官司，參考祖宗舊典，各摭新書之闕遺，條具以聞，然後命官删去訛謬。」從之。

呂頤浩罷

常同劾呂頤浩十罪

戊午，尚書左僕射、同中書門下平章事呂頤浩罷爲提舉臨安府洞霄宮。頤浩再相凡二年，侍御史辛炳劾其不恭不忠，敗壞法度。及頤浩引疾求去，殿中侍御史常同因論其十罪。

詔水旱即時聞奏

詔：「諸路水旱等事，令監司、郡守即時聞奏，如敢隱默，當置典憲。」

增贓錢絹疋

己未，手詔：「以絹計贓者，三千爲一疋。」舊法，千三百爲一疋，建炎初增爲二千。至是，言者欲舉祖宗之制，杖脊贓吏於廟堂，上以絹直高，故有是旨。

約束不支糴本

都省言：「近降金銀錢帛和糴米一百萬斛，務欲利國便民。聞前時和糴，郡縣多將糴本留不即支〔七〕，及阻節減剋，民户實得無幾，致所糴數少。今宜革去前弊。」詔有違戾者，當職官吏並徒二年。

臣留正等曰：古今言理財者，必曰輕重斂散也。太公行之於周，管仲行之於齊，其後李悝以爲平糴，耿壽昌以爲常平，李彪以爲和糴，名雖不同，其實一也。然則和糴之法，豈不爲甚良？而其效豈不爲甚著？今天下利之所出，取之悉矣，理財者亦所施其能矣。其猶可以佐用度之乏，而兼利於公私者，莫若和糴。賤而斂，貴而糶，民有所濟而不飢，利不入於大賈蓄家，而公上享其贏餘，此其法所以爲可行也。然而朝廷行之，未見大爲利者，法非不善，而行之者重蠹爾。太上皇帝因都省之言，重違戾之罪，蓋將以痛懲其弊也。其在今日，和糴之法，未嘗廢而不講〔八〕，臣願舉太上皇帝是法而奉行之，有違戾者，必罰無赦。庶幾和糴之法，不徒存其虛名，而遂收其實效，此誠當今之急務也。

朝天門外火

庚申，夜，朝天門外火，燔民居甚衆。

吴勝敗僞齊兵

辛酉，川陝宣撫司統領官吴勝敗僞齊兵于黄堆寨。

吕祉庶官帥建康

壬戌，吕祉知建康府。建康自南渡後，率以前執政或侍從官爲帥，至是特有此授。

吕祉入對條十事

祉既至，對于内殿，首論：「治道之要，先自治而後治人。兵家之法，先爲不可勝，以待敵之可勝。」因條十事：一形勢，二軍政，三守將，四屯田，五通貨，六省費，七謹賞，八民兵，九斥堠，十間諜。上嘉納之。

癸亥，起居郎曾統言：「記注之官，職司言動，國朝尤重其選，多以諫臣

許記注直前奏事

爲之，聽直前奏事，所以廣聰明也。元豐官制，始正起居郎、舍人之名，不復并任諫列，然有史事，亦許直前。頃者權臣用事，言路浸壅，居是官者，既無言責，率以出位爲嫌。陛下雖有好問之誠，人臣雖有輸忠之意，而舊制日隳，莫之或舉，誠爲可惜。」乃命依元豐舊制。

不私后族

皇后母福國夫人熊氏以邢焕薨故，乞賜皆踰常制。上諭輔臣曰：「祖宗待戚里皆有常憲，朕不敢逾，豈曰后族，故私之邪？」後復以皇后受册乞恩，上曰：「朕於外戚，不敢有所私也。况待遇后家，又不敢與宣和家等。今請雖不已，視其援母后爲比者，亦勿聽。」

臣留正等曰：后之尊，母儀天下，固無與並。至其家所宜得之恩，於外戚亦奚有加焉？太上皇帝待遇后家邢氏，不敢與宣和皇后韋氏家等，非謂其區區之禮當然也，孝心之所發，其爲等級次第，有自然而然者，雖欲彊而同之，不可得也。語曰：「故雖天子，必有尊也。」惟太上皇帝之是心也，其爲有尊也著矣。

丙寅，江南西路安撫大使趙鼎爲安撫制置大使、兼知洪州。

宣諭明槖薦布衣

河南布衣朱敦儒特補右迪功郎，敦遣赴行在，以宣諭官明槖言其深達治體，有經世之才，參政席益、直諫院陳與義又交稱其賢，故有是命。〔九〕

今歲防秋略具

庚午，上謂輔臣曰：「日來稍撥忠鋭軍隸大將，而江上防守諸將，部分悉定，顧今歲防秋，比日前爲略具矣。」朱勝非曰：「今歲防秋，誠非前此可及。」上曰：「今有兵僅三十萬，當更精擇，止得勝兵二十萬，器械悉備，訓而用之，可以復中原，威夷狄〔一〇〕，豈獨捍防險阻哉？」

乞減諸路屬官

殿中侍御史常同言：「朝廷設官，有當廢而置、當存而罷者。自渡江以來，不除寺監之官，豈非欲減冗員、省浮費？然在外諸司屬官，浸增舊員。以江、湖、荆、浙、閩、廣九路約計，無慮百餘員，事之倒置如此。今添差一路分都監之類，月俸數百緡，輟一員之費，已可養十寺監丞，況一郡之官，有踰百員，而在庭之臣，反不及此數，非所以尊王室。臣愚以爲，當裁減諸路屬官之數，復除寺監丞官，一則可以分掌郎曹繁劇之務；二則可以養試人才，以觀其功能，而於此選除郎官、監司；三則資淺而可用者，不至僥倖而躐遷。其爲利便，灼然明甚。」是日進呈，上曰：「郎官高選，前此多歷寺監丞，乃得之。

復置寺監官

自渡江以來，省併官曹，序進人材，徑至郎官非是。其議復置如同言。」

臣留正等曰：國朝之制，以三省統六部，以六部統九寺、五監，尊卑上下，秩秩然有不可紊之序。用人率循次以進，未有不歷寺監丞，而得至郎曹者也。中興之初，大減吏員，寺監丞多闕不補，進用者乃始超躐，尚書郎或以初改秩、若監當資序者爲之。太上皇帝於是詔復寺監丞，如累朝舊典。此一舉也，有三益焉：考核人材，詳試以事，一也。資級有倫，名器增重，二也。少年新進，不敢有僥倖之心，三也。主上嗣興，尤重郎曹之選，寺監丞亦不輕授，誠得太上皇官人之法哉！

孫近論給舍失職

壬申，自軍興以來，機速事皆以白劄子徑下有司，既報行，然後赴給、舍書押降敕。其後擬官斷獄皆然，兩省之職殆廢。至是，中書舍人孫近言：「國家倣唐舊制，分建三省，凡政令之失中，刑賞之非當，其在中書，則舍人得以封還，其在門下，則給事得以論駁，蓋先其未行，而救正其失，則號令無反汗之嫌，政事無過舉之迹。今給、舍但書押已行之事，雖欲論執，而成命已行，非設官本意。望申嚴舊制，應非軍期急速不可待者，並先書讀而後行。」詔自今非急速不可待時者並報〔一〕，應給、舍書讀，如無封駁，令畫時行下。

臣留正等曰：唐制，以三省之長共議國政，復以中書舍人平處可否，給事中駁正違失，蓋懼其行之而有未善也。至德以後兵興，急於權便，三省之長始顓决遣，於是政去臺閣。迨會昌間，乃復舊典。國朝建官，遵用唐舊，上下相維之制，益復詳密。艱難以來，軍事或不待給、舍書行，循習滋久，凡擬官斷獄，一切徑下，是亦何異於至德以後哉？使給、舍緘默，不得有所建明，是豈祖宗建官之意哉？太上皇帝斷然以重事非急速者，仍命給、舍書讀，不以一時之權，而忘萬世之制，詩曰：「不愆不忘，率由舊章。」太上皇有之。

張杓乞擇縣令

大理少卿張杓言：「親民之官，莫如縣令。比來縣令不職，奸贓日聞，豈特爲令者之罪〔三〕，蓋在於舉之不審，用之不當，任之不久，遇之不厚。臣欲乞每歲監司聚議，舉縣令治狀尤異者一人，保明列奏，乞行誅賞，庶幾人自奮勵，化爲循良。吏部注授縣令，並用合格之人，不得注初補官子弟，及文學衰懦之士。」是日進呈，上曰：「縣令尤爲近民，須一任有舉主及格者，乃得爲之。比來一切之制行，或初官便得爲令，已釐正矣。當謹守之。」乃命以杓所言送吏部，後多施行。

臣留正等曰：自封建之法廢，分天子之民而治之者，惟守、令，固不可以不擇。以令視守，其去民尤近，奈何以百里之任而小之，輕於除授而莫之察乎？張衲有請，太上皇帝未暇監司、帥守之問，而先及於縣令，聖意蓋有爲也。雖然，古者爲官擇人，後世爲人擇官。漢郎官出宰百里，唐歷縣令則得爲臺郎、給、舍，所以重其選也。今日之法，改官而爲縣令，例所不免，則不得已而後授之。其餘求他入不得，亦不得已而後授之。授之既出於不得已，彼視其職不過爲養資考之計，以求免於罪戾而已，尚何望其興吾民之治乎？臣謂今日之法，宜爲官擇人，如漢、唐之制，增重其選，則於太上皇聖意有合矣。

劉大中薦李椿年等

甲戌，江南宣諭劉大中言：「知寧國縣李椿年練習民事，稽税有條；湯鵬舉悉心撫字，人服恩信。」詔並進一官，俟任滿赴行在。

分定諸將路分

乙亥，江東宣撫使劉光世爲江東淮西宣撫使，置司池州；淮南東路宣撫使韓世忠爲建康鎮江府淮南東路宣撫使，置司鎮江府；神武前軍統制王𤫊爲荆南府岳鄂潭鼎澧黄州漢陽軍制置使，置司鄂州；神武副軍都統制岳飛爲江南西路舒蘄州制置使，置司江州；侍衛親軍步軍都指揮使郭仲荀知明州，兼沿海制置使；神武中軍統制楊沂中兼權殿前司公事。仍詔仲荀以紹興府、温、台、明州爲地分。始，諸將雖擁重兵，而無分定路分，故無所任責。朱勝非再相，始議分遣諸帥，各據要會，某帥當某路，一定不復易。

上吏部七司法

冬十月癸未，起復尚書右僕射朱勝非等上吏部七司敕令格式一百八十八卷。自渡江以來，官司文籍散佚。議者以爲銓法最爲急務，會廣東轉運司以所録元豐、元祐吏部法來上，乃命洪擬等以省記舊法，及續降指揮詳定。至是成書。

丁亥，詔撫州進士鄧名世、左承事郎李公懋、左從政郎徐嘉，並召赴行在，以宣諭官劉大中薦也。

張九成不知有宰相

戊子，浙西提點刑獄公事張宗臣罷。宗臣初除大理卿，坐章去〔三〕。會婺州以賣鹽不法事被劾，宗臣欲逮平民數十人，府官就白，宗臣大怒曰：「此事左相專遣人封來，知之否？」簽書鎮東節度判官廳公事張九成曰：「九成但知有聖旨，不知有宰相。主上屢下恤刑之詔，惟恐無辜被繫。公身爲部使者，不能上體聖意，而觀望宰相耶？」聞者莫不快意。宗臣大慚。九成因投檄去。殿中侍御史常同奏宗臣夙負，且言其朋附權貴，居五客之一，故罷。

庚寅，大理少卿元衮言：「四方之獄，雖非大辟，情法不相當者，皆得奏請裁決。今奏案來上，大率皆引用情重法輕之制，而所謂情輕法重者鮮矣。豈人之犯法而無情輕者乎？欲望申敕，凡遇麗於法而情實可矜者，俾遵守成憲，請讞以聞。」詔申嚴行下。

元衮言情法輕重

甲午，大理國請入貢，且賣馬。上諭大臣曰：「令賣馬可也，進奉可勿許。安可利其虛名而勞民乎？第令帥臣、邊將償其馬直，當價則馬當繼至，庶可增諸將騎兵，不爲無益也。」

許大理國賣馬

尚書吏部員外郎劉大中宣諭江南路還，入見，以舉刺官吏、申明利害、平反獄訟、科撥財賦，爲八册來上。大中出使僅一歲，所按吏二十人，薦士十六人，所薦士後多知名。

劉大中薦士知名

乙未，提點浙東刑獄周綱言：「新法弓手，皆不逞之徒，乞廢武尉一司，將見役人隸于文尉。」事下户部〔一四〕，如所請。

廢武尉

丁酉，禮部員外郎兼秘書省著作佐郎舒清國言：「自有狄難〔一五〕，盜賊間起，人民離散，户口減少，而守令或不究心撫存凋瘵。謂宜以户口增否，立守令考課之法，而優其賞格，庶幾守令惠愛及民。」從之。

以户數考守令

詔戒奔競

戊戌，手詔略曰：「士大夫趨向，尚多趨附征利，蓋奔競之不息，則朋比之勢漸成。可令臺諫伺察其微，即行糾劾。」

除職事官不經給舍

舒清國試起居郎，仍詔以見闕官日下供職。自是職事官除拜，不俟給、舍書讀，率得堂帖即視事。

己亥，僞齊陷鄧州。

福建漕憲復舊治

癸卯，詔福建憲、漕置司去處，並依舊制。

李横棄襄陽奔荆南，知隨州李道亦棄城去。趙鼎遣糧舟至，横遂以所部如洪州。

王𤫉敗於楊么

甲辰，荆潭制置使王𤫉率水軍至鼎口，與賊遇，接戰不利，𤫉爲流矢及木老鴉所中，遂趨鼎州。

僞齊陷郢州，守將李簡棄城去。

詔革注擬弊

丁未，手詔曰：「邇來注擬榜闕之際，姦弊百出，貨賂公行，寒士困苦，安得如毛玠清公，使天下之士，莫不廉潔自厲。三省可行措置，柏臺嚴加糾察。」初，上以吏部注擬多弊，手詔戒飭，略曰：「安得如皇甫鏄之流，銓制吏姦，除其弊源？」既而上以鏄迎合貢羨，恐臣下有疑，翌日，御筆改用毛玠

許改正詔語

事。且諭朱勝非曰：「他時詔語未當，三省便可進呈改定。」徐俯曰：「此所以見盛德。」

罷類省歸行在

戊申，詔今後省試並就行在。自諸路置類省試，行之纔二舉，議者以爲奸弊百端，且言：「本朝省試，必於六曹尚書、翰林學士中擇知舉，諸行侍郎、給事中擇同知舉，卿、監爲參詳官，館職、學官爲點檢官，又以御史監視，故能至公至當，厭服士心。」詔檢累降指揮，申嚴行下，於是遂罷諸路類試。

復寺監丞

庚戌，復置宗正少卿一員；太府、司農寺、軍器、將作監各復置丞一員；太府寺、大理左斷刑、右治獄，各復增丞一員[一六]，始用常同請也。

減州縣添差額

辛亥，詔添差官，州十縣已上勿過十員，三縣已上五員，已下二員。縣萬户已上三員，已下二員，仍並以二年爲任。

修浚運河

十有一月丙辰，執政進呈修運河畫一，朱勝非曰：「修河似非急務，而饋餉艱難，故不得已。但時方盛寒，役者良苦，居民遷避，皆非所便，恐議者或以爲言。」上曰：「禹卑宫室，而盡力乎溝洫，浮言何恤焉？」

走馬承受不復除

廣西經略司走馬承受俞似爲諸司所劾罷。自是走馬承受遂不復除。

容李漢英狂易

丁巳，開封府布衣李漢英上書言：「國家之弊，在用柔太過，故虜得逞[一七]。」

上曰：「光武治天下以柔，漢室復興。漢英所言狂易，朕不以爲忤，聞罷可也。」

定銓試法

庚申，禮部員外郎虞澐請：「銓試初出官人，以經義、詩賦、時義、斷案、律義爲五場，就試人十分取七，榜首循一資。」從之。

舉劾稽違錢物

癸亥，詔諸路上供錢物，令户部歲終舉劾稽違侵隱去處，申朝廷取旨責罰。

崔增死於楊么

御前忠鋭第一將崔增、統制吴全與湖寇遇于陽武口，死之。

虜使偕韓肖胄來

甲子，樞密院言韓肖胄、胡松年使還。上即位，遣人入虜〔一八〕，六七年未嘗報聘，至是，宗維始遣李永壽、王翊等九人與肖胄偕來。

常同論諸司不隸臺察

不改祖宗成憲

乙丑，殿中侍御史常同言：「皇城司以鄆王提領，而不隸臺察；閤門、客省、四方館以内侍鄧文説提領，而不隸臺察；秘書省以新置，而不隸臺察。若謂近要之司不當察，則三省、樞密院尚有分察之法，豈有官司在六部之下，而不隸臺察之理？」時閤門、皇城司皆援靖康詔旨，依祖宗法，隸屬中書省。同復奏御史臺格，乃詔並隸臺察。同又言：「六曹尚書、侍郎拘執繩墨，願少假以權，使隨事裁決。」上曰：「國朝以法令御百執事，故凡有司以奉法爲能，而不敢以私意更令。祖宗成憲，朕不敢改也。」

臣留正等曰：任人固愈於任法，而自秦、漢以來，鮮不爲法之用，何哉？公道不行，私意交勝，人不足任而法爲可守爾。況乎一代之興，必有一代之法，而所謂一代之法者，本非成於一代，其所循治亦遠矣，特因時之宜而少爲損益爾。遵之可以致治，違之則至於亂，蓋已有明效，大驗於前世，庸可率意而輕之歟？常同之請，知任人、任法之説，而未察公道、私意於時世也。尚書、侍郎雖未必皆徇私之人，要其所御，皆宿姦巨猾。法明如是，彼猶舞而用之，法意一縱，則將何所不至哉？臣謂今日弊，正在於不知謹守祖宗之法，而上下因循廢弛。儻每事一以祖宗之法御之，何患於不治？太上皇帝謂：「祖宗成憲，朕之家法，不敢改也。」是宜寶之，以爲致治之龜鑑。

詔沿淮諸寨鄉兵，毋得輒擅侵擾齊國界分。詔勿侵擾齊界

庚午，臨安府火。

壬申，御筆：「皇城司係專一掌管禁庭出入，祖宗法不隸臺察。已降指揮，更不施行。」先是，常同援臺格奏陳，而幹辦皇城司馮益等復言：「本司自祖宗至今，並無隸臺察指揮。」輔臣進呈，上曰：「政使皇城司隸臺察，何所

憚？顧祖宗法不可易，今如易之，後將輕言變祖宗成憲者衆，故不可不愼也。」

重失火罪

癸酉，詔：「行在民居失火，延燒官屋數多者，取旨依軍法。」

明橐薦董弁等

甲戌，廣南宣諭明橐奏廣西提點刑獄董弁等十二人治行。詔並進官一等，俟滿秩赴行在。

復司馬光十科

乙亥，詔復司馬光十科舉士之制，令文武侍從官歲各舉三人，用宰相朱勝非請也。

議宣諭劾贓吏罪

丁丑，詔宣諭官所劾贓吏，罪至死者，令刑寺責出情理巨蠹之人三兩名，令所在留禁俟旨。時議舉祖宗杖黥之制，故有是命。

令四州專管買馬

初令賓、横、宜、觀四州守臣專管買發戰馬，如邕州例，以提舉廣西買馬李預言，逐州並係接連外界，可以招誘故也。

蠲南劒獻納錢

己卯，蠲南劒州所負民間獻納錢十六萬緡。葉濃之亂，諸司悉取爲軍費，至是，户部責償，而侍御史辛炳言：「本州累經殘破，今再取於民，其爲數百萬户之害，豈特十六萬緡而已？」乃寢其命。

命憲司奏大辟

庚辰，詔：「諸州大辟應奏者，從提刑司具因依繳奏。」申舊制也。

省虔饒監官吏

十有二月壬午，玉山縣丞張絢除正字，用劉大中薦也。

初，監察御史劉大中自江南還，言：「虔、饒兩監，二年所鑄新錢纔二十萬緡，而用本錢十二萬緡，吏卒之費又二十三萬緡，得不償費，望減併官吏。」癸未，從之。

臨安兩次火

乙酉，臨安火。後二日，又火，燔民居其衆。宰相朱勝非引咎乞罷政，不許。

私茶鹽行重法

己丑，詔四川諸州犯私茶鹽人，並不用赦蔭原免。自是天下茶鹽皆用重法矣。

不許具闕乞差

壬辰，詔：「諸路監司，令三省選擇差除。自今臣僚差遣，並不得自具闕乞差。」時御史建言：「祖宗朝除用監司，必擇累任知州、通曉政事、實有政績，或久任省府推判、練達老成之人，故使按察吏治，發摘姦伏，薦舉人材，撫存百姓，無有不宜。若有本路利害，就委措置，無有不當。近年任用太易，以一路耳目之寄，付新進望輕之人，欲使政事修舉，姦宄消伏，難矣。望令中書慎簡聰明公正之人，參之衆論，書之於籍，以待有闕，按籍除授。」疏入，上諭輔臣曰：「今奔競之風未息，每有一闕，必至干乞。宜明戒諭，毋得具闕乞差，庶修士檢。」然循習已久，終不能革也。

迎奉祖宗神御

癸巳，詔修蓋殿宇，迎奉祖宗神御赴行在。

改官許注教官

乙未，詔初磨勘改官人，許注外路教官，著爲令。

宰執進呈差沈昭遠催軍糧事，上曰：「差官數有言者，蓋常賦自有轉運司，官苟不職，自當別選能吏，豈可每每差官催督乎？ 至於因事差官出外，自祖宗時有之，亦不得俱廢也。」

臣留正等曰：天下之事，以安靜爲利，以騷動爲害，此不可不察也。安靜而事集，則於事所當爲之外，不復有餘事矣。 騷動而事集，則於所當爲之外，其弊未易數也。 且天下常賦，治之者有常職，以常職而治常賦，取足而止，寧有他費哉？ 苟惟不然，而差官以督之，彼承天子之命，挾勢以恐動州縣，酷者肆虐，貪者妄取，從吏又倚其勢以爲奸〔一九〕，其所至之患，甚於常賦。 雖能辦集，常賦之外，又不知其費之幾何？ 此其所以爲利害也。 太上皇帝不從言者差官之請，而謂常賦自有轉運司。 可謂深明利害之所在矣。 若夫因事差官，必有所不得已者，亦豈聖意之所欲哉？ 時焉而已爾！

復睦親宅名

甲辰，詔南班宗室新第，仍舊以睦親宅爲名。

丙午，虜使李永壽、王翊至行在〔二〇〕。

虜拔和尚原

是歲，宗弼引兵攻和尚原，拔之。

海寇敬蘇内翰

海寇黎盛犯潮州，焚民居。盛登開元寺塔，望吳氏故居，問曰：「是非蘇内翰藏圖書處否？」麾兵救之，民賴免者甚衆。

王寵不汙僞命

王寵既陷僞齊，劉豫令赴京擢用，終不受僞命而去。

增入名儒講義皇宋中興聖政卷之十四

校勘記

〔一〕始建議置吏部架閣官　「官」原作「宫」，據明抄本、宋史全文卷一八及繫年要録卷六六改。

〔二〕玉山縣丞張絢清修廉潔　「玉」原作「王」，據宋史全文卷一八及繫年要録卷六六改。

〔三〕壬子　繫年要録卷六六繫於「癸丑」。

〔四〕進呈左司諫唐煇奏　「唐」原作「谷」，據繫年要録卷六七及皇朝中興紀事本末卷二六改。

〔五〕則祇應之類不乏也　「乏」原作「泛」，據繫年要録卷六七所引改。

〔六〕命前宰執供具建炎四年二月以前時政記　「供」原作「恭」，據宋刊本、明抄本及繫年要録卷六八改。

〔七〕郡縣多將糴本留不即支　「本」原作「米」，據繫年要録卷六八及皇朝中興紀事本末卷二六改。

〔八〕未嘗廢而不講　「講」原作「降」，據宋刊本、明抄本及繫年要録卷六八所引改。

〔九〕案召朱敦儒事，繫年要録卷六八繫於「己巳」。

〔一〇〕威夷狄　「夷狄」原作「四方」，據宋刊本、明抄本及宋史全文卷一八改。

〔一一〕詔自今非急速不可待時者並報　「並」，繫年要録卷六八作「勿」。

〔一二〕豈特爲令者之罪　「令」原作「今」，據宋史全文卷一八及繫年要録卷六八改。

〔一三〕坐章去　「章」原作「贓」，據宋刊本、明抄本及繫年要録卷六九改。

〔一四〕事下户部　「户部」，繫年要録卷六九作「户兵部」。

〔一五〕自有狄難　「狄難」原作「國事」，據宋刊本、明抄本及宋史全文卷一八改。

〔一六〕各復增丞一員　「一」原作「二」，據宋史全文卷一八及繫年要録卷六九改。

〔一七〕故虜得逞　「虜」原作「敵」，據宋刊本、明抄本及宋史全文卷一八改。

〔一八〕遣人入虜　「虜」原作「北」，據宋刊本、明抄本及宋史全文卷一八改。

〔一九〕從吏又倚其勢以爲奸　「奸」原脱，據繫年要録卷七一所引補。

〔二〇〕虜使李永壽王翊至行在　「虜」原作「北」，據宋刊本、明抄本及宋史全文卷一八改。